W0066660

Recht für Erzieherinnen und Erzieher

Simon Hundmeyer

TR-Verlagsunion

Die Deutsche Bibliothek – CIP-Einheitsaufnahme

Hundmeyer, Simon:
Recht für Erzieherinnen und Erzieher / Simon Hundmeyer. –
15. überarbeitete Aufl. – München: TR-Verlagsunion, 1995
   ISBN 3-8058-2408-4

16., gegenüber der 15. unveränderte Auflage 1996
© 1974 by TR-Verlagsunion GmbH, München
Alle Rechte vorbehalten
Entwurf des Einbandes: Struve Design, München
Druck: CW Niemeyer, Hameln
ISBN: 3-8058-2408-4

Inhaltsverzeichnis

Erzieher als Arbeitnehmer

Begriff – Entstehung und Rechtsgrundlagen des Arbeitsverhältnisses – Rechte und Pflichten aus dem Arbeitsverhältnis – Auflösung des Arbeitsverhältnisses und Kündigungsschutz

VORWORT zur 15. Auflage

»Recht für Erzieher«, das seit der 10. Auflage den Titel »Recht für Erzieherinnen und Erzieher« trägt, ist aus dem »Jugendrecht« hervorgegangen. »Jugendrecht« war Begleitmaterial zu einer Hörfunkreihe im *Telekolleg für Erzieher* des Bayerischen Rundfunks, die 13 Sendungen umfaßte. Bei der Auswahl der Themen und hinsichtlich der Darstellungsweise hat sich der Verfasser von folgenden Gesichtspunkten leiten lassen:

Erzieher müssen sich mit ihrem pädagogischen Handeln, wie andere Bürger auch, im Rahmen der gesetzlichen Regelungen halten. Sie müssen wissen, wann und in welcher Hinsicht solche Regelungen für ihre Arbeit und ihre Entscheidungen von Belang sind. Gelegentlich wird ihnen dabei bewußt werden, daß pädagogische Erkenntnisse und beruflicher Auftrag in Widerstreit zu den gesetzlichen Bestimmungen treten können. Nicht nur in solchen Konfliktfällen trägt die Kenntnis der jeweiligen rechtlichen Situation zur Sicherheit der Erzieherinnen und ihrer Berufspraxis bei. Das gilt in gleicher Weise für ihre Beziehungen zu dem Minderjährigen, zu dessen Eltern und zum Jugendamt.

Der Verfasser wollte kein juristisches Lehrbuch schreiben. Die Auswahl der behandelten Rechtsmaterie ist streng an dem Berufsauftrag und der beruflichen Praxis der Erzieherinnen orientiert und berücksichtigt die amtlichen Lehrpläne der Fachschulen und Fachakademien für Sozialpädagogik. Bei der Konzeption dieses Buches ließ sich der Verfasser auch nicht von rechtswissenschaftlichen Ambitionen, sondern von seiner Lehrerfahrung an Fachschulen bzw. Fachakademien für Sozialpädagogik und Fachhochschulen für Sozialwesen sowie bei der Fortbildung von Erzieherinnen leiten. Ferner war die didaktische Überlegung maßgebend, daß den Studierenden die für ihre berufliche Arbeit notwendigen Rechtskenntnisse besser im Zusammenhang mit praktischen Fällen nahegebracht werden. Soweit es die Materie erlaubt, bilden deshalb Fälle und Beispiele aus der Berufspraxis der Erzieherinnen die Ausgangspunkte der einzelnen Kapitel.

Notgedrungen mußte sich der Verfasser dabei auf die Darstellung des geltenden Rechts und, soweit neue Regelungen in Sicht sind, auf die wesentlichen Punkte dieser Neuerungen beschränken. Kritische Anmerkungen waren schon aus Platzgründen nur bei einigen aktuellen Problemen möglich.
Die einzelnen Kapitel sind ohne Zuhilfenahme weiterer Bücher verständlich. Nur die angesprochenen Rechtsbestimmungen sollten unbedingt nachgelesen werden. Als Gesetzessammlung empfiehlt sich das Jugendrecht (»JugR«), Deutscher Taschenbuch-Verlag (dtv Nr. 5008).
Das Buch ist nicht nur für die Studierenden der Fachschulen bzw. Fachakademien für Sozialpädagogik geschrieben. Es kann auch im Studiengang Sozialwesen an den Fachhochschulen verwendet werden, desgleichen an den Universitäten im Studiengang Diplompädagogik.
Nicht zuletzt war der Verfasser auch um Allgemeinverständlichkeit bemüht, damit alle, die sich für Erziehung interessieren, dieses Buch lesen können. Um die Lesbarkeit nicht zu beeinträchtigen, wird nicht die Doppelform, sondern abwechselnd die männliche oder weibliche Form (Erzieherin, Erzieher) gebraucht.

Das Lehrbuch entspricht mit seiner 15. Auflage dem Rechtsstand vom 1. Juli 1995. Bereits in der 10. Auflage wurde das Jugendhilferecht neu bearbeitet (Kapitel 8–10). Das Kapitel 10 wurde in der 11. Auflage durch den Abschnitt Geheimnisschutz/Datenschutz in der Jugendhilfe ergänzt. Dieser Abschnitt wurde mit der 15. Auflage neu bearbeitet.

Besonders danken möchte der Verfasser den Rezensenten, Gutachtern und Dr. Benedikt Höfner, Vorsitzender Richter am Landgericht (Jugendkammer) i. R., für die Durchsicht des Buches, die wertvollen Anregungen und Verbesserungsvorschläge.

Simon Hundmeyer

Das Recht als Teil unserer Sozialordnung

Das erste Kapitel will das Recht als eine gesellschaftliche Erscheinung, als einen Teil unserer Sozialordnung begreiflich machen, der neben anderen Ordnungen die zwischenmenschlichen (sozialen) Beziehungen regelt. Außerdem führt dieses Kapitel in wichtige Rechtsbegriffe ein, deren Kenntnis zum Verständnis des Rechts notwendig ist.

Die Studierenden einer Fachakademie für Sozialpädagogik wurden zu Beginn des Unterrichts im Fach »Rechtskunde« befragt, was sie unter »Recht« verstünden, und welche Funktion das Recht habe. Sie gaben Antworten, die verschiedene Gesichtspunkte der Erscheinung »Recht« ansprechen.

> »Recht sind staatliche Regeln, an die man sich halten muß«
>
> »Recht kann man an, auf oder zu etwas haben«
>
> »Recht ist notwendig, damit wir miteinander auskommen können, damit nicht der Stärkere die Oberhand gewinnt oder behält«
>
> »Recht ist, was gerecht ist, wenn jeder erhält, was er zum Leben benötigt«
>
> »Recht ist etwas ähnliches wie Gebräuche und Moral«
>
> »Recht sind die Gesetze«
>
> »Recht ist, was die Herrschenden dafür erklären, und was ihnen nützt«

Ein Teil der Aussagen bezieht sich mehr auf den Begriff und die Funktion des Rechts, ein anderer mehr auf seine Entstehung und auf die Ordnungen, die mit dem Recht in Verbindung stehen. Wir wollen diese Gesichtspunkte jetzt genauer untersuchen.

1. Begriff und Funktion des Rechts

Definition 1
- Unter Recht verstehen wir die Rechtsordnung, das ist die Gesamtheit der Rechtsvorschriften (Rechtsnormen), die das Zusammenleben der Menschen in der Gemeinschaft verbindlich, d.h. notfalls mit staatlicher Hilfe regeln und gestalten.   *Rechtsordnung*

Ohne Recht wäre ein friedliches Zusammenleben in größeren Gesellschaften nicht möglich. Es hieße, die Menschen unzulässig idealisieren, wollte man annehmen, ein Mindestmaß an rechtlicher Ordnung könnte sich irgendwann erübrigen. Ohne eine solche Ordnung wäre niemand vor den Übergriffen anderer geschützt. Zu den Zielen jeder Rechtsordnung gehört also die Gewährleistung der persönlichen Sicherheit und der notwendigen Lebensbedingungen der Menschen.

Rechtsverhältnis

Definition 2
● Die durch Rechtsnormen geordneten Beziehungen zwischen Personen (z.B. Eltern-Kind-Verhältnis, Mietverhältnis) oder Personen und Sachen (z.B. Eigentumsverhältnis) werden Rechtsverhältnisse genannt.

Aus Rechtsverhältnissen können Befugnisse, Berechtigungen oder Ansprüche entstehen (z.B. ein Mietzinsanspruch). Auch sie werden als Recht verstanden.

Im Privatrecht sind alle gleichberechtigt

Soweit Rechtsnormen die Rechtsbeziehungen der einzelnen Bürger auf der Grundlage der Gleichberechtigung und Selbstbestimmung regeln, sprechen wir vom Privatrecht oder von der Privatrechtsordnung. Hier bewegen sich also die am Rechtsverkehr teilnehmenden Personen auf gleicher Ebene. Jeder kann seinen privaten Lebensraum grundsätzlich nach seinen Wünschen und Bedürfnissen gestalten, soweit er dadurch nicht die Interessen seiner Mitmenschen oder das Gemeinwohl beeinträchtigt. Das Mittel hierfür ist meist der Vertrag.

Beispiel 1
Jeder ist frei, wem er sein Vermögen vererben will, ob und mit wem er eine Ehe eingehen will; niemand kann einen anderen zwingen, ihm zu einem bestimmten Preis eine Ware abzukaufen oder eine Wohnung zu vermieten, wenngleich der wirtschaftlich Stärkere dazu neigen wird, seine Machtstellung zum Nachteil des Schwächeren auszunützen.

In solchen Fällen ist der Gesetzgeber aufgerufen, entsprechende Schutzbestimmungen zu erlassen. Der wichtigste Bereich des Privatrechts ist das BGB, typisch hier vor allem das Vertrags- und Schadensersatzrecht.

Ist öffentliches Recht obrigkeitsstaatlich?

Kennzeichen: Über- und Unterordnung

Das öffentliche Recht umfaßt jenen Teil der Rechtsordnung, der die Beziehungen des Bürgers zu Staat, Gemeinden und anderen öffentlichen Rechtsträgern (z.B. Hochschulen, Sozialversicherungsanstalt, öffentliche Krankenkassen) und die Beziehungen dieser Rechtsträger untereinander regelt. Das Mittel der Regelung ist meistens der Verwaltungsakt (z.B. Zulassungsbescheid für ein Studium; Ausbildungsförderungsbescheid). Im öffentlichen Recht stehen sich öffentliche Rechtsträger und Bürger nicht gleichberechtigt, sondern im Verhältnis von Über- und Unterordnung gegenüber. Besonders deutlich tritt das im Polizei- und im Strafrecht in Erscheinung. Der Begriff der Über- und Unterordnung gegenüber dem Staatsapparat weckt unangenehme Erinnerungen an Polizei- und Obrigkeitsstaaten und an die Willkür, mit der dort Gesetze und Verordnungen gemacht und angewendet werden. Wie ist die Bundesrepublik Deutschland als

Grundrechte

Rechtsstaat gegen einen solchen Mißbrauch der Macht gesichert? Im Grundgesetz, dessen Einhaltung das Bundesverfassungsgericht überwacht, wird den gesetzgebenden Organen des Staates (z.B. dem Bundestag), den Verwaltungsorganen (z.B. der Bundesregierung) und der Rechtsprechung (den Gerichten) die unabdingbare Pflicht auferlegt, die im Grundgesetz festgelegten Grundrechte (Art. 1 bis 19) zu beachten. Das ergibt sich aus Art. 1 Abs. 3 und Art. 20 Abs. 3 GG.

Art. 1 Abs. 3 GG
Die nachfolgenden Grundrechte binden Gesetzgebung, vollziehende Gewalt und Rechtsprechung als unmittelbar geltendes Recht.

Art. 20 Abs. 3 GG
Die Gesetzgebung ist an die verfassungsmäßige Ordnung, die vollziehende Gewalt und die Rechtsprechung sind an Gesetz und Recht gebunden.

Damit binden die Grundrechte die Staatsorgane »Gesetzgebung«, »Verwaltung« (vollziehende Gewalt) und »Rechtsprechung« als unmittelbar geltendes Recht. Ferner ist festgelegt, daß die Verwaltung des Staates (und anderer öffentlicher Rechtsträger) an das Recht gebunden ist. Für die Rechtsbeziehungen zwischen der Verwaltung und den einzelnen Bürgern bestehen Rechtsschranken, deren Einhaltung durch die Verwaltungsgerichte überprüft werden kann. Diese Möglichkeit des Überprüfens unterscheidet den Rechtsstaat vom Obrigkeitsstaat. *Rechtsschranken*

Anordnungen und Zwang

Das öffentliche Recht kennt dessen ungeachtet einseitige Anordnungen, die mit Zwang durchgesetzt werden können, noch bevor der Bürger Gelegenheit hat, sie auf ihre Rechtmäßigkeit überprüfen zu lassen.
So darf die Polizei an einem Ort, an dem ihm sittliche Gefahr oder Verwahrlosung droht, einen Jugendlichen auffordern, den Ort zu verlassen. Sie ist berechtigt, den Jugendlichen notfalls auch den Erziehungsberechtigten zuzuführen oder ihn in die Obhut des Jugendamtes zu bringen.
Beispiele für öffentliches Recht sind das Jugendhilferecht, Jugendschutzrecht, Strafrecht, Jugendstrafrecht, Sozialrecht, Ausbildungsförderungsrecht.

Öffentliches und privates Recht

Die Grenzen zwischen dem öffentlichen und privaten Recht sind fließend. Manchmal finden sich in einem Gesetz privat-rechtliche und öffentlich-rechtliche oder sogar beiden Bereichen zugleich angehörende Rechtsvorschriften. *Fließende Grenzen*

Bedeutung für den Rechtsweg

Die Unterscheidung zwischen öffentlichem und privatem Recht ist von praktischer Bedeutung, weil davon im Streitfall der Rechtsweg abhängt. Ist das strittige Rechtsverhältnis privat-rechtlicher Natur, muß man sich an die ordentlichen Gerichte (in der Regel Amts- oder Landgerichte) wenden, wenn nicht gesetzlich die Zuständigkeit anderer Gerichte festgelegt ist wie z.B. die Zuständigkeit der *Ordentliche Gerichte*

11

*Verwaltungs-
gericht,
Sozialgericht*

Arbeitsgerichte in Arbeitssachen. In allen öffentlich-rechtlichen Streitigkeiten hingegen müssen, soweit gesetzlich nicht ausdrücklich der Weg zu einem anderen Gericht, z. B. zum Sozialgericht, vorgeschrieben ist, die Verwaltungsgerichte angerufen werden.

Öffentliches Recht ist zwingendes Recht

Ein weiterer wichtiger Unterschied zum Privatrecht liegt darin, daß öffentliches Recht zwingendes Recht ist; seine Anwendung kann von den Beteiligten (das sind die miteinander in Rechtsbeziehung tretenden oder stehenden Personen) nicht ausgeschlossen werden, denn öffentliches Recht wahrt oder schützt öffentliche Interessen.

Vertragsfreiheit

Das Privatrecht ist größtenteils »nachgiebiges« Recht, d. h. es gilt nur insoweit, als die Beteiligten nichts anderes vereinbaren; sie können also vom Gesetz abweichende Regelungen treffen. Diese Tatsache wird auch als Vertragsfreiheit bezeichnet. Danach ist jeder frei, vertragliche Bedingungen mit einem anderen so zu gestalten, wie er will.

Beispiel 2
Im Laufe der Jahre wurde dieser Grundsatz der Vertragsfreiheit vielfach in unerträglicher Weise von wirtschaftlich Stärkeren zum Nachteil wirtschaftlich Schwächerer mißbraucht. Es wurden »Allgemeine Geschäftsbedingungen« – meist standen sie kleingedruckt auf der Rückseite der Vertragsformulare – entwickelt, denen sich der wirtschaftlich Schwächere unterwerfen mußte, wenn er nicht auf die Ware verzichten wollte. Nach dem BGB hat jemand, der etwa einen fehlerhaften Kühlschrank kauft, den Anspruch, daß ihm der Verkäufer statt dessen ein einwandfreies Gerät liefert. Durch das »Kleingedruckte« wurde aber meist bestimmt: »Ist die Ware nicht fehlerfrei, muß sie auf Kosten des Verkäufers repariert werden.« Dadurch begnügte sich der Käufer auch mit einem minderwertigen, weil schon reparierten Kühlschrank.

AGB-Gesetz

Aus diesem Beispiel ist zu ersehen, daß sich in der praktischen Auswirkung der Grundsatz der Vertragsfreiheit häufig ins Gegenteil verkehrte.
Dem soll nun das Gesetz zur Regelung des Rechts der Allgemeinen Geschäftsbedingungen (ABG-Gesetz) entgegenwirken. Es soll die Verbraucher besser gegen die Tücken des Kleingedruckten in Verträgen schützen. Den Schwerpunkt des Gesetzes bildet ein Katalog von Klauseln, die wegen unangemessener Benachteiligung des Kunden in den Allgemeinen Geschäftsbedingungen nicht mehr verwendet werden dürfen. Der Katalog wird ergänzt durch eine Generalklausel, die bestimmt, daß Allgemeine Geschäftsbedingungen grundsätzlich unwirksam sind, wenn sie die Interessen der Vertragspartner nicht angemessen ausgleichen. Das ABG-Gesetz bestimmt außerdem, daß die Allgemeinen Geschäftsbedingungen nur dann Bestandteil des Vertrages sind, für die Vertragspartner also nur dann verbindlich sind, wenn der Kunde bei Vertragsabschluß in der Regel ausdrücklich auf sie hingewiesen wird, die Möglichkeit zur zumutbaren Kenntnisnahme hat und mit ihrer Geltung einverstanden ist.

Zwingende Vorschriften im Privatrecht

*Besondere Schutz-
bedürftigkeit*

Darüber hinaus findet sich im Privatrecht zwingendes Recht vor allem in den Fällen, wo ein Vertragspartner besonders schutzbedürftig ist, z. B. in Zeiten der Wohnungsknappheit der Mieter, oder wo es um Rechtsbeziehungen von besonderer Tragweite geht; das gilt besonders für das Familienrecht. So äußert sich das staatliche Interesse an der Familie als der wichtigsten Zelle der sozialen

Ordnung in erster Linie darin, daß die Familiengründung, d.h. das Eingehen der Ehe, unter strengen sachlichen Voraussetzungen und unter zwingenden Formvorschriften steht. Auch die Rechtsbeziehungen zwischen den Ehegatten, den Eltern und den Kindern sind zwingend geregelt. Es gibt kein freiwilliges Ausscheiden oder keinen Ausschluß aus der Familie. Ob eine Rechtsnorm zwingendes oder nichtzwingendes Recht ist, muß in der Regel dem Inhalt und dem Zweck der Norm entnommen werden. Läßt ihr Schutzcharakter (z.B. Jugendschutznorm) oder das öffentliche Interesse an dem Rechtsverhältnis (z.B. Eltern-Kind-Verhältnis) für abweichende Regelungen keinen Raum, so handelt es sich um zwingendes Recht; will der Gesetzgeber dem Privatinteresse und Gestaltungswillen der am Rechtsverkehr Teilnehmenden freien Raum lassen, haben wir es mit nachgiebigem Recht zu tun.

Staatliches Interesse

2. Natürliche und juristische Personen als Rechtsträger

Nach unserer Rechtsordnung können Berechtigte oder Verpflichtete, d.h. Träger von Rechten und Pflichten, nur Menschen oder juristische Personen sein.

Juristische Personen

Definition 3
● Juristische Personen sind rechtlich anerkannte Vereinigungen von Personen oder Vermögensmassen, die mit eigener Rechtspersönlichkeit ausgestattet sind.

Das Recht unterscheidet dabei zwei Arten von juristischen Personen: Juristische Personen des öffentlichen Rechts und solche des privaten Rechts.
Die juristischen Personen des öffentlichen Rechts kennen wir als Körperschaften, Anstalten und Stiftungen des öffentlichen Rechts. Sie werden geschaffen, um öffentliche Aufgaben zu erfüllen. Ihre Gründung, Verfassung (Satzung) und Aufgaben sind durch öffentliches Recht geregelt. Als Beispiele seien genannt: Der Bund, die Bundesländer, Bezirke, Landkreise, Städte und Gemeinden; ferner Hochschulen, Ortskrankenkassen, Sozialversicherungsanstalten und Rundfunkanstalten.

Juristische Personen des öffentlichen Rechts

Dagegen verfolgen juristische Personen des privaten Rechts (z.B. eingetragene Vereine, Aktiengesellschaften) private Zwecke. Ihre Gründung und ihre Satzungen sind im Privatrecht geregelt.
Die Träger von Rechten und Pflichten sind bei diesen Vereinigungen nicht etwa die Mitglieder, sondern die juristische Person als solche, so als handele es sich gleichsam um *einen* Menschen.

Juristische Personen des privaten Rechts

Beispiel 3
Die Landeshauptstadt München, vertreten durch den Oberbürgermeister, kann ein Rechtsgeschäft abschließen, ohne daß dadurch der einzelne Bürger zu etwas verpflichtet wird.

Aus diesem Beispiel ist zu ersehen, warum die Rechtskonstruktion »juristische Person« notwendig ist. Wenn die Stadt München nicht selbst Rechtsträger sein könnte, müßten ihre Bürger einzeln die jeweils notwendigen Rechtshandlungen vornehmen. Das wäre praktisch nicht durchführbar.

Anders ist es meist bei Kindergärten oder Heimen einer Stadt oder eines eingetragenen Vereins. Sie haben als Rechtsträger die Stadt bzw. den Verein und sind
rechtlich unselbständige Einrichtungen ihres Rechtsträgers, also selbst keine
juristischen Personen.

**Teilzusammen-
fassung**

**Das Recht ist ein wesentlicher Teil unserer Sozialordnung. Es regelt die
Beziehungen der einzelnen Personen untereinander; insofern spricht
man von Privatrecht. Als öffentliches Recht werden Rechtsnormen bezeichnet, welche die Beziehungen der einzelnen Personen zum Staat
oder anderen öffentlichen Rechtsträgern und deren Verhältnis zueinan-
der regeln. Während das Privatrecht zum größten Teil nachgiebiges
Recht ist, ist das öffentliche Recht zwingend. Öffentliches Recht gilt
auch gegen den erklärten Willen der Beteiligten.
Träger von Rechtsbeziehungen und der damit verbundenen Rechte und
Pflichten können Menschen – das Gesetz bezeichnet sie als natürliche
Personen – und juristische Personen des öffentlichen oder privaten
Rechts sein.**

3. Recht soll gerecht sein

*Recht als
Machtinstrument*

Das Recht wird weitgehend durch Zweckmäßigkeitserwägungen bestimmt. Es
spiegelt die Herrschaftsstrukturen einer Gesellschaft wider und legitimiert sie.
Aber andererseits erschöpft es sich nicht darin, der Macht zu dienen, sondern
ist zugleich ein Instrument, Macht zu beschränken, die Freiheit des einzelnen
zu schützen und das soziale Leben gerecht zu gestalten.

*Forderungen
der Gerechtigkeit*

Keine Rechtsordnung wird aber je die vollkommene Verwirklichung der Gerechtigkeit sein. Die Gerechtigkeit fordert, jedem das Seine zu geben und alle gleich
zu behandeln. Diese Forderungen stehen in einem Spannungsverhältnis zueinander. Sie sind gleichsam die Pole, zwischen denen die Gerechtigkeit gesucht
werden muß. Je geringer der Abstand zwischen der Gerechtigkeit und der bestehenden Rechtsordnung ist, um so mehr wird das Recht von den einzelnen
anerkannt und von ihrer Überzeugung getragen sein. Wo Menschen eine
Rechtsordnung freiwillig anerkennen und von ihrer Notwendigkeit überzeugt
sind, dort unterscheidet sich das Recht von einer bloßen Machtäußerung im
Gewand von Gesetzen. In diesem Sinne waren z.B. die Rassengesetze des
»Dritten Reiches« nicht Recht, sondern Unrecht.

4. Rechtsordnung und andere Ordnungen der Gesellschaft

Die Rechtsordnung erfaßt die gesellschaftliche Wirklichkeit nur unvollkommen
und lückenhaft. Neben ihr gibt es noch andere Ordnungen, die mit ihr in Verbindung stehen und auf die das Recht immer wieder verweist: die Ordnungen von
Sitte und Moral.
Allen drei Ordnungen ist ihre Funktion gemein, das menschliche Zusammenleben zu regeln. In unserer heutigen Gesellschaft kann aber nur das Recht notfalls mit der Hilfe staatlicher Instanzen durchgesetzt werden.

Sitten

● Die in einer Gesellschaft geltenden Anstandsregeln, Umgangsformen und
Gebräuche bezeichnen wir mit dem Begriff Sitte.

Die Sitte regelt, wie das Recht, das Verhalten von Menschen zueinander. Sie beruht meist auf Tradition und findet ihre Anerkennung in der gemeinsamen vertrauten Übung. Im Unterschied zum Recht ist die Beachtung der Sitte aber nur erzwingbar, soweit dies von Rechtsvorschriften gefordert wird. So ist z. B. in den §§ 157 und 242 BGB bestimmt, daß der Grundsatz von Treu und Glauben und die Verkehrssitte im gesellschaftlichen Leben Beachtung finden müssen. Aber auch ohne rechtlichen Zwang kann die Mißachtung der Sitte nicht unerhebliche wirtschaftliche oder gesellschaftliche Nachteile zur Folge haben.

Beachtung nicht erzwingbar

Moral

Im Gegensatz zu Recht und Sitte regelt die Moral (Sittlichkeit, Ethik) nicht direkt das Verhalten der Menschen zueinander, sondern wendet sich vielmehr an ihre Gesinnung und gibt Motive für ein Verhalten, das an gesellschaftlichen, religiösen oder philosophischen Normen orientiert ist. Vor allem die Beziehungen der Ehegatten und Kinder untereinander sind von sittlichen Geboten geprägt. Das Recht tritt hier vielfach erst in Erscheinung, wenn der sittliche Bereich gestört ist.

Trotz des grundsätzlichen Unterschiedes besteht zwischen Recht und Moral ein enger Zusammenhang. Rechtsnormen, die ihre Wurzeln nicht in den sittlichen Wertvorstellungen haben oder ihren Normen zuwiderlaufen, können auf die Dauer keinen Bestand haben. Die Autorität einer Rechtsordnung hängt u. a. auch davon ab, ob sie mit den sittlichen Wertvorstellungen vereinbar ist. Das Einhalten von sittlichen Geboten ist nur erzwingbar, sofern diese Eingang in die Rechtsordnung gefunden haben, wenngleich Verstöße gegen die Moral eine gesellschaftliche Ächtung nach sich ziehen können.

Recht und Moral

Neben der Rechtsordnung beeinflussen die Sittenordnung und die Moral das menschliche Zusammenleben.
Während die Rechts- und die Sittenordnung direkt das Verhalten der Menschen zueinander regeln, spricht die Moral die Gesinnung des Menschen an und motiviert ein Verhalten, das an sittlichen Werten und Normen orientiert ist. Die Rechtsordnung kann, falls erforderlich, mit der Hilfe staatlicher Behörden durchgesetzt werden. Verstöße gegen Sitten- und Moralgebote haben in der Regel nur gesellschaftliche oder wirtschaftliche Folgen.
Die Autorität der Rechtsordnung hängt von ihrer Vereinbarkeit mit den anerkannten sittlichen Wertvorstellungen ab, aber auch davon, ob und inwieweit sie der Idee der Gerechtigkeit entspricht.

Teilzusammenfassung

5. Rechtsquellen

Wir unterscheiden geschriebenes Recht und Gewohnheitsrecht. Beides sind Rechtsnormen, d. h. für eine unbestimmte Vielzahl von Personen geltende, allgemeinverbindliche Regelungen. Die älteste und ursprüngliche Rechtsquelle ist das Gewohnheitsrecht. Im Lauf der Geschichte ist es in den meisten Rechtsordnungen in den Hintergrund getreten. Das geltende deutsche Recht beruht zum weitaus größten Teil auf geschriebenen Rechtssätzen (Rechtsnormen), die in der Form von Gesetzen, Rechtsverordnungen und autonomen Satzungen niedergelegt sind.

Geschriebenes Recht, Gewohnheitsrecht

Was ist ein Gesetz?

Gesetz hat Vorrang

Die wichtigste Rechtsquelle sind die Gesetze. Sie haben Vorrang vor den anderen Formen des geschriebenen Rechts und können auch wieder nur durch Gesetz aufgehoben oder geändert werden. Soweit eine Rechtsverordnung oder eine autonome Satzung einem Gesetz oder mehreren Gesetzen widerspricht, ist sie ungültig. Der besondere Rang des Gesetzes drückt sich darin aus, daß ein Eingriff in die Rechte einer Person (z.B. Freiheitsentzug, Herausnahme eines Kindes aus der Familie gegen den Willen der Eltern) nur aufgrund eines verfassungsmäßig zustande gekommenen Gesetzes möglich ist.

Definition 4

● Als Gesetz gelten Rechtsvorschriften, die von den gesetzgebenden Organen (z.B. vom Bundestag oder von den Landtagen) in einem verfassungsrechtlich festgelegten Verfahren und in der dort vorgeschriebenen Form erlassen worden sind.

Bundes- und Landesgesetze

Ob und in welchen Lebensbereichen der Bund oder die Länder zur Rechtsetzung berufen sind, ist im Grundgesetz bestimmt. Dementsprechend kennen wir Bundesgesetze und Landesgesetze.
Für den Erlaß jugendrechtlicher Vorschriften, soweit sie nicht hauptsächlich den Bildungsbereich betreffen, liegt die Zuständigkeit (Gesetzgebungskompetenz) nach dem Grundgesetz beim Bund. Häufig begnügt sich der Bundesgesetzgeber jedoch mit grundsätzlichen Regelungen und ermächtigt die Länder, in Ausführungsgesetzen Näheres zu bestimmen.

Rechtsverordnungen der Verwaltungsbehörden

Durch Gesetz ermächtigt

Ähnlich wie der Bundesgesetzgeber die Länder ermächtigen kann, Ausführungsgesetze zu einem Bundesgesetz zu erlassen, können Bundes- und Landesgesetzgeber Verwaltungsbehörden (z.B. ein Ministerium) zum Erlaß von Rechtsverordnungen (VO) ermächtigen. Anders als Gesetze sind Rechtsverordnungen verhältnismäßig schnell zu beschließen, zu ändern oder aufzuheben und können deshalb dem Wechsel der Verhältnisse und Anschauungen in der Gesellschaft rasch angepaßt werden. Oft will der Gesetzgeber dadurch das Gesetz auch nur von Einzelbestimmungen entlasten oder Raum für die Berücksichtigung örtlicher Bedürfnisse lassen.

Beispiel 4
Durch § 1615f Abs. 2 BGB wird die Bundesregierung ermächtigt, durch VO den Regelbedarf der nichtehelichen Kinder für einen bestimmten Zeitraum festzusetzen.

Sind Rechtsverordnungen rechtsstaatlich?

Streng genommen wird mit der VO das rechtsstaatliche Prinzip der Gewaltenteilung durchbrochen, wonach die drei Staatsgewalten Gesetzgebung, Verwaltung und Rechtsprechung zu trennen sind und sich gegenseitig zu kontrollieren haben. Um den Machtzuwachs der Verwaltung in Grenzen zu halten, schreibt deshalb Art. 80 GG vor, daß eine VO nur erlassen werden darf, wenn ein Gesetz die betreffende Behörde dazu ermächtigt. Die ermächtigende Gesetzesvorschrift muß außerdem Inhalt, Zweck und Ausmaß der VO festlegen; sie muß also spezielle Angaben darüber enthalten, was in der VO geregelt werden soll. Zu allgemein und unbestimmt gehaltene Ermächtigungsnormen sind verfassungswidrig. Letztlich hat es also der Gesetzgeber in der Hand, ob und in welchem Umfang die Verwaltung Rechtsvorschriften erlassen darf.

Autonome Satzungen

Definition 5
● Unter autonomer Satzung versteht man Rechtsvorschriften, die von juristischen Personen des öffentlichen Rechts mit Selbstverwaltungsrecht zur Regelung ihres Aufgabenbereichs erlassen werden.

Die Satzungsbefugnis (Autonomie) wird durch ein Gesetz verliehen. Sie kann nur im Rahmen des konkreten Aufgabenbereichs der juristischen Person ausgeübt werden.

Beispiel 5
Die Bundesversicherungsanstalt, die Ortskrankenkassen und die Hochschulen können im Rahmen ihrer gesetzlichen Aufgabenstellung die Rechtsbeziehungen zu ihren Mitgliedern regeln.
Gemeinden sind befugt, Satzungen für den Wasser- und Strombezug, die Müllabfuhr oder die Friedhofsbenutzung zu erlassen.

Gewohnheitsrecht

Im Gegensatz zum geschriebenen Recht läßt sich der Entstehungszeitpunkt des Gewohnheitsrechts nicht festlegen. Diese Art des Rechts ist das Ergebnis einer Entwicklung, einer langjährigen gleichmäßigen Übung, verbunden mit der Überzeugung, daß diese Übung notwendig und richtig ist. *Langjährige Übung*

Beispiel 6
Es ist gewohnheitsrechtlich anerkannt, daß die Eltern ein Züchtigungsrecht haben, vorausgesetzt, daß ein begründeter Anlaß besteht, die Züchtigung maßvoll ist und zu Erziehungszwecken geschieht. Für Lehrer und Berufserzieher wird ein solches Recht verneint.

In Gemeinschaften, deren Mitglieder schreiben und lesen können, bildet sich Gewohnheitsrecht nur noch selten. Hier tritt meist der Gesetzgeber auf, wenn sich die Notwendigkeit einer verbindlichen Regelung ergibt. In unserer Rechtsordnung sind Eingriffe in die Rechte eines Bürgers ohnehin nur aufgrund eines Gesetzes erlaubt.
Praktisch entsteht heute Gewohnheitsrecht nur noch durch die Rechtsprechung und in beschränktem Maße durch die Rechtslehre, wenn zur gleichbleibenden Entscheidung einer Rechtsfrage durch oberste Gerichte die allgemeine Überzeugung von der Richtigkeit dieser Entscheidung hinzukommt. Das heißt aber nicht, die Gerichtsurteile – auch nicht die oberster Gerichte, mit Ausnahme der Entscheidungen des Bundesverfassungsgerichts und der Länderverfassungsgerichte – seien Rechtsquellen, also verbindliche Rechtssätze. Daran ändert auch die Tatsache nichts, daß in der gleichen Rechtsfrage untere Gerichte nur selten von den Entscheidungen oberer Gerichte abweichen. *Gewohnheitsrecht durch Rechtsprechung*

Naturrecht

Dem geschriebenen Recht wird vielfach das Naturrecht gegenübergestellt.

Definition 6
● Naturrecht ist ein überzeitliches, mit dem Wesen des Menschen untrennbar verbundenes Recht, das dem Gesetzgeber Grenzen setzt.

Der Gesetzgeber muß sich an das Naturrecht halten, sonst schafft er gesetzliches Unrecht, wie es z.B. die Rassengesetze des »Dritten Reiches« waren.

Das Wesen des Naturrechts ist in der Rechtslehre umstritten. Sicher scheint heute nur, daß es in einer bestimmten Kultur und in einer bestimmten Zeit Grundwerte gibt, die eine Rechtsordnung nicht mißachten darf. Die in unserer Zeit anerkannten Grundwerte sind in der »Römischen Konvention zum Schutz der Menschenrechte und Grundfreiheiten«, in der »Allgemeinen Erklärung der Menschenrechte« und in der »Konvention über die Rechte des Kindes« der Vereinten Nationen, ferner in den Grundrechten des Grundgesetzes und in den Verfassungen der Länder enthalten.

6. Auslegung und Anwendung des Rechts

Jeder wendet im täglichen Leben Recht an, z. B. wenn er sich an eine Verkehrsregel hält. Auch die Erzieherin, die ihre Gruppe beaufsichtigt, wendet Recht an. Allgemein ausgedrückt heißt Recht anwenden, einen Sachverhalt einer abstrakten Norm (Rechtsbestimmung, Rechtsregel) unterordnen und prüfen, ob er mit ihr in Deckung zu bringen ist. Die Schlußfolgerung ergibt dann das für den Einzelfall maßgebende Recht. Diesen Vorgang nennt man Subsumtion (Beispiele – Aufgaben und Lösungen dieser Aufgaben – für eine solche Subsumtion sind in den folgenden Kapiteln zu finden).

Häufig ist die anzuwendende Vorschrift unklar. Dann muß erst der Sinn der Vorschrift klargestellt werden, d. h. man muß die Vorschrift auslegen. Jede Auslegung geht vom Wortlaut der Vorschrift aus. Der Wortsinn wird nach dem gesetzlichen Sprachgebrauch und im Zusammenhang mit anderen gesetzlichen Vorschriften ermittelt. Führt die Wortauslegung zu keinem befriedigenden Ergebnis, muß nach dem Sinn und Zweck der Rechtsnorm gefragt werden. Die Begründung, die jedem Gesetzentwurf beigegeben ist, die Beratungsprotokolle des Bundestags oder des betreffenden Landtags leisten dabei oft gute Dienste.

Zusammenfassung
Das Recht ist ein wesentlicher Bestandteil unserer Gesellschaftsordnung. Es soll ein friedliches Zusammenleben der Bürger gewährleisten. Man unterscheidet öffentliches und privates Recht. Öffentliches Recht ist zwingend, privates Recht ist nachgiebiges Recht, d. h. es gilt nur, insofern die Beteiligten nichts anderes vereinbart haben. Das heutige Recht ist überwiegend geschriebenes Recht. Seine Quellen sind Gesetze und Rechtsverordnungen. Gesetze müssen nach einem in der Verfassung festgelegten Verfahren verabschiedet werden und mit der Verfassung übereinstimmen. Rechtsverordnungen dürfen nur erlassen werden, wenn eine bestimmte Behörde durch Gesetz dazu ermächtigt ist. Außerdem können Körperschaften des öffentlichen Rechts, die das Selbstverwaltungsrecht haben, Satzungen erlassen. Über dem geschriebenen Recht steht das mit dem Wesen des Menschen untrennbar verbundene Naturrecht. In ihm spiegeln sich die in einer bestimmten Zeit und in einer bestimmten Kultur anerkannten Werte wider. Das Grundgesetz hat in den Grundrechten die wichtigsten Normen des Naturrechts als geschriebenes Recht über alle Gesetze gestellt.

Rechtsstellung des jungen Menschen

Bereits dem Minderjährigen gesteht unsere Verfassung Grundrechte zu. Er hat auch andere Rechte, die er aber – ebenso wie jeder andere – nicht schrankenlos ausüben darf. Daß Minderjährige Rechte haben, nicht nur Pflichten, ist nicht allgemein bekannt. Deshalb geht dieses Kapitel der Frage nach, welche Rechtsstellung dem Minderjährigen von der Verfassung und von der übrigen Rechtsordnung zugewiesen wird. Besonders wichtig ist das Spannungsverhältnis zwischen dem von der Verfassung garantierten Elternrecht und dem ebenfalls in der Verfassung verankerten Recht des Minderjährigen auf freie Entfaltung seiner Persönlichkeit.

Der Begriff der Minderjährigkeit ist im Bürgerlichen Gesetzbuch (BGB) definiert. Im § 2 BGB wird als minderjährig bezeichnet, wer das 18. Lebensjahr noch nicht vollendet hat. *Mit 18 volljährig*
Eine vorzeitige Volljährigkeitserklärung ist nicht möglich.

1. Rechte der Minderjährigen in der Verfassung

Unsere Verfassung, das Grundgesetz (GG), enthält einen sogenannten Katalog der Grundrechte, die Gesetzgebung, vollziehende Gewalt und Rechtsprechung binden (Art. 1 Abs. 3 GG). Gelten diese Grundrechte auch für Minderjährige? In den Art. 1 bis 19 GG, die sich mit den Grundrechten befassen, ist über die Grundrechtsfähigkeit der Minderjährigen, d.h. über die Frage, ob die Grundrechte auch für sie gelten, ausdrücklich nichts gesagt. Aus Art. 6 Abs. 2 GG läßt sich jedoch entnehmen, daß zumindest bestimmte Gruppen von Minderjährigen, nämlich die minderjährigen Mütter, Grundrechtsträger sein können. Das Recht auf freie Wahl der Ausbildungsstätte (Art. 12 Abs. 1 S. 1 GG) und das Recht auf Chancengleichheit für nichteheliche Kinder (Art. 6 Abs. 5 GG) werden sogar in der Regel nur Minderjährigen zukommen. *Grundrechts-fähigkeit*

Art. 6 Abs. 2 GG
Pflege und Erziehung der Kinder sind das natürliche Recht der Eltern und die zuvörderst ihnen obliegende Pflicht. Über ihre Betätigung wacht die staatliche Gemeinschaft.

Art. 6 Abs. 5 GG
Den unehelichen Kindern sind durch die Gesetzgebung die gleichen Bedingungen für ihre leibliche und seelische Entwicklung und ihre Stellung in der Gesellschaft zu schaffen wie den ehelichen Kindern.

Art. 12 Abs. 1 S. 1 GG
Alle Deutschen haben das Recht, Beruf, Arbeitsplatz und Ausbildungsstätte frei zu wählen.

*Kind ist
Grundrechtsträger*

Aus solchen Gründen und aus der Erkenntnis, daß allein das Menschsein und die damit verbundene Menschenwürde, nicht aber Alter und Reife entscheidend für die Zuerkennung der Grundrechte sein können, sagt das Bundesverfassungsgericht in seiner Entscheidung vom 29.7.1968, das Kind sei »ein Wesen mit eigener Menschenwürde und mit eigenem Recht auf Entfaltung seiner Persönlichkeit im Sinne der Art. 1 Abs. 1 und Art. 2 Abs. 2 GG« und somit auch Grundrechtsträger.

> Art. 1 Abs. 1 GG
> Die Würde des Menschen ist unantastbar. Sie zu achten und zu schützen ist Verpflichtung aller staatlichen Gewalt.
>
> Art. 2 Abs. 1 GG
> Jeder hat das Recht auf die freie Entfaltung seiner Persönlichkeit, soweit er nicht die Rechte anderer verletzt und nicht gegen die verfassungsmäßige Ordnung oder das Sittengesetz verstößt.

Fragen, die die Grundrechte Minderjähriger berühren

*Grundrechts-
mündigkeit*

Fraglich ist aber jetzt noch, ob und gegebenenfalls in welcher Weise Minderjährige ihre Grundrechte selbst geltend machen können, d. h. ob sie auch grundrechtsmündig sind oder ob bei Minderjährigen die Eltern über die Ausübung der Grundrechte entscheiden. Da jede Maßnahme der Eltern, die die Entfaltungsfreiheit des Minderjährigen gegen seinen Willen beeinträchtigt, auch in dessen Grundrechte eingreift, müssen wir schließlich noch klären, ob der Minderjährige sich auch gegenüber seinen Eltern auf seine Grundrechte berufen kann.
Um die Tragweite dieser Fragestellung deutlich zu machen, werden hier einige Probleme genannt, deren Lösung in diesem und dem nächsten Kapitel vorbereitet und die endgültig im übernächsten Kapitel geklärt werden sollen:

- Kann ein Jugendlicher seine Kleidung und Frisur selbst bestimmen?
  Ist körperliche Züchtigung zulässig?
  Darf ein Vater Einfluß auf die Entscheidung des Sohnes nehmen, den Wehrdienst zu verweigern?
  Ist es einem Vater erlaubt, den Artikel seines Sohnes für die Schülerzeitung zu zensieren?
  Können Jugendlichen Meinungsäußerungen in politischen Versammlungen oder Tageszeitungen verboten werden?
  Können Eltern der minderjährigen Tochter den Umgang mit ihrem Freund untersagen?
  Können die Eltern ihrem minderjährigen Sohn verbieten, einer Gewerkschaft beizutreten?
  Ist eine Briefzensur durch die Eltern zulässig?
  Können die Eltern den Schulwechsel ihres Sohnes verhindern?
  Inwieweit können Eltern die Berufswahl des Kindes bestimmen?
  Können Eltern jugendgefährdende Literatur ihres Sohnes einziehen?

Wenn die Eltern bestimmen dürfen, ob und auf welche Weise das Kind von seinen Grundrechten Gebrauch machen kann, die ihrer Entstehung nach Freiheitsrechte und Abwehrrechte gegen den Staat sind, und in welchem Umfang sie die Handlungsfreiheit ihrer Kinder gegen sich selbst einschränken, dann muß unser Grundgesetz ihnen ebenfalls ein Grundrecht einräumen, das zumindest den gleichen Rang hat wie die Grundrechte der Minderjährigen.

2. Das Elternrecht in der Verfassung

Das Grundrecht der Eltern, das den Grundrechten der Minderjährigen entgegensteht, ist in Art. 6 GG enthalten.

> Art. 6 Abs. 1–3 GG
> (1) Ehe und Familie stehen unter dem besonderen Schutz der staatlichen Ordnung.
> (2) Pflege und Erziehung der Kinder sind das natürliche Recht der Eltern und die zuvörderst ihnen obliegende Pflicht. Über ihre Betätigung wacht die staatliche Gemeinschaft.
> (3) Gegen den Willen der Erziehungsberechtigten dürfen Kinder nur auf Grund eines Gesetzes von der Familie getrennt werden, wenn die Erziehungsberechtigten versagen oder wenn die Kinder aus anderen Gründen zu verwahrlosen drohen.

Dieser Artikel ist die grundlegende Verfassungsbestimmung für den Lebensbereich der Familie. Gegenstand des Art. 6 GG in seinen Absätzen 1 bis 3 ist die Familie als Lebensgemeinschaft zwischen Eltern und Kindern, wobei unter Eltern im Sinne des Abs. 2 die Eltern ehelich geborener Kinder, die Mutter eines nichtehelichen Kindes, die Adoptiveltern und unter Kindern die noch nicht 18-jährigen jungen Menschen zu verstehen sind. *Familie als Lebens- gemeinschaft*

Art. 6 Abs. 1 GG enthält ein umfassendes, an die Adresse des Staates gerichtetes Schutzgebot. Die Verfassung garantiert damit die Einrichtung, das Institut der Familie. Sie räumt ihr das Grundrecht auf Schutz vor störenden Eingriffen des Staates ein. *Institutsgarantie*

Darüber hinaus ist diese Bestimmung gemäß einer Entscheidung des Bundesverfassungsgerichts (BVerfG) eine wertentscheidende Grundsatznorm für das gesamte die Ehe und Familie betreffende Recht. In allen diesen Bestimmungen ist die Familie als ein geschlossener, eigenständiger Lebensbereich zu verstehen. Die Verfassung verpflichtet den Staat, diese Einheit und Selbstverantwortlichkeit der Familie zu respektieren und zu fördern. *Wert- entscheidende Grundsatznorm*

»Demgegenüber betreffen Art. 6 Abs. 2 und 3 GG als speziellere Bestimmungen die Eltern-Kind-Beziehung und bestimmen zugleich die Funktion des Staates und ihre Grenzen in diesem Bereich. Abs. 2 S. 1 hebt den Vorrang der Eltern bei der Erziehung und Pflege der Kinder hervor und garantiert ihn verfassungsrechtlich; jedoch läßt schon das Wort ›zuvörderst‹ erkennen, daß neben den Eltern auch der Staat die Funktion des Erziehungsträgers mit entsprechenden Pflichten hat«, z.B. die Schule. »Darüber hinaus legt Abs. 2 S. 2 dem Staat das Amt auf, über die Pflege und Erziehung der Kinder durch die Eltern zu wachen.« In diesem Zusammenhang wird oft vom »Wächteramt« des Staates gesprochen. »Abs. 3 enthält schließlich einen speziellen Eingriff des Staates in die Pflege und Erziehung«, indem er festlegt, daß Kinder gegen den Willen der Erziehungsberechtigten nur auf Grund einer gesetzlichen Bestimmung von der Familie getrennt werden dürfen und dies nur, wenn die Erziehungsberechtigten versagen oder wenn die Kinder aus anderen Gründen zu verwahrlosen drohen. *Wächteramt des Staates*

Abs. 2 und 3 des Art. 6 GG grenzen also den Freiheitsraum der elterlichen Betätigung im Verhältnis zum Staat ab. Sie »garantieren den Vorrang der Eltern, ihre Eigenständigkeit und Selbstverantwortlichkeit bei der Pflege und Erziehung der Kinder, bestellen aber zugleich die staatliche Gemeinschaft zum Wächter« (BVerfG). *Versagen der Eltern*

Pflege und Erziehung als natürliches Recht der Eltern

Die im Zusammenhang mit unserer Fragestellung interessierende Verfassungs-norm ist Art. 6 Abs. 2 GG. Sie garantiert den Eltern das *natürliche* Recht der Pflege und Erziehung der Kinder (d. h. nicht ein vom Staat geschaffenes Recht, sondern familiäres Urrecht und Menschenrecht vorstaatlichen Charakters). Die Eltern können also die Entwicklung und Lebensrichtung ihrer Kinder nach ihren eigenen Vorstellungen frei bestimmen und gestalten, sofern sie dadurch nicht gegen die Rechte anderer, das Sittengesetz oder die verfassungsmäßige Ord-nung verstoßen (Art. 2 Abs. 1 GG, siehe S. 20).

Verfassungs-schranken des Elternrechts

> Beispiel 1
> Das Schulrecht des Staates, Art. 7 GG, ist »das Recht eines anderen«.
> Wenn die Eltern ihre Kinder zu Verbrechern erziehen, verstoßen sie gegen das Sittenge-setz im Sinne des Art. 2 Abs. 1 GG.
> Die Eltern können sich auch nicht auf ihr Elternrecht berufen, wenn sie ihre Kinder zu offe-ner Tätigkeit gegen die verfassungsmäßige Ordnung anleiten.

Elternrecht ist pflichtgebundenes Recht

Das BVerfG hat zu Art. 6 Abs. 2 GG festgestellt: »Dieser Grundrechtsschutz darf außerdem nur für ein Handeln in Anspruch genommen werden, das bei weitester Anerkennung der Selbstverantwortlichkeit der Eltern noch als Pflege und Erziehung gewertet werden kann.« Das wird von der Verfassung durch die »Verknüpfung des Rechts zur Pflege und Erziehung mit der Pflicht zu dieser Tätigkeit« ausgedrückt.

Eltern-verantwortung

● »Die Pflichtbindung unterscheidet das Elternrecht von allen anderen Grund-rechten. Recht und Pflicht sind von vornherein unlöslich miteinander verbun-den. Die Pflicht ist ein wesensbestimmender Bestandteil des Elternrechts, das insoweit treffender als Elternverantwortung bezeichnet werden kann« (BVerfG).

»Kindesrecht«

Ein dem Elternrecht entsprechendes Recht des Kindes auf Pflege und Erziehung kennt die Verfassung nicht. Die Sicherung von Pflege und Erziehung geschieht nicht durch die Gewährung eigener Rechte, sondern durch die Pflichtbindung des Elternrechts. Man spricht in diesem Zusammenhang auch von einem Re-flexrecht des Kindes und meint damit, daß das Kind durch die Pflichtbindung des Elternrechts zwar begünstigt ist, aber keinen eigenen einklagbaren Rechts-anspruch gegen die Eltern hat.

Am Wohl des Kindes orientieren

Elternpflicht

Das pflichtgebundene Elternrecht findet seine über Art. 2 Abs. 1 GG (siehe S. 20) hinausgehende Beschränkung im Wohl des Kindes. Die Bestimmung des Kindeswohls bleibt dabei normalerweise der Entscheidung der Eltern überlas-sen. Erst wenn ihr Verhalten in der gegenwärtigen Gesellschaftsordnung als nicht mehr tragbar angesehen werden kann, greift der Staat aufgrund seines Wächteramtes ein.

> »Nicht jedes Versagen oder jede Nachlässigkeit berechtigt also den Staat, die Eltern von der Pflege und Erziehung des Kindes auszuschalten oder gar selbst die Aufgabe zu über-nehmen. Vielmehr muß der Staat dem grundsätzlichen Vorrang der Eltern Rechnung tra-gen. Zudem gilt auch hier der Grundsatz der Verhältnismäßigkeit. Art und Ausmaß des

Eingriffs bestimmen sich nach dem Ausmaß des Versagens der Eltern und danach, was im Interesse des Kindes geboten ist. Der Staat muß daher nach Möglichkeit versuchen, durch helfende, unterstützende, auf Herstellung oder Wiederherstellung eines verantwortungsgerechten Verhaltens der natürlichen Eltern gerichtete Maßnahmen sein Ziel zu erreichen« (BVerfG).

So muß das Vormundschaftsgericht nach § 1631 Abs. 3 BGB die Eltern auf ihren Antrag hin bei der Erziehung unterstützen. Gemäß § 27 KJHG haben Eltern einen Anspruch auf Hilfe zur Erziehung, wenn eine dem Wohl des Kindes oder Jugendlichen entsprechende Erziehung nicht gewährleistet ist und die Hilfe für seine Entwicklung geeignet und notwendig ist.

»Der Staat ist aber nicht darauf beschränkt, sondern kann, wenn solche Maßnahmen nicht genügen, den Eltern die Erziehungs- und Pflegerechte vorübergehend oder sogar dauernd entziehen. In diesen Fällen muß er zugleich positiv die Lebensbedingungen für ein gesundes Aufwachsen der Kinder schaffen« (BVerfG).

Folgen der Pflichtverletzung

Der Minderjährige hat also zwar kein eigenes einklagbares Recht gegen seine Eltern. Wenn diese aber ihre verfassungsmäßigen Pflichten ihm gegenüber verletzen, hat er als Grundrechtsträger einen Anspruch auf den Schutz des Staates (Art. 6 Abs. 2 S. 2 GG, siehe S. 21).
Die entsprechenden Schutzbestimmungen ergeben sich aus den Gesetzen.

Beispiel 2
Wenn die Eltern z.B. ihr Kind in einen Beruf drängen wollen, für den es weder geeignet ist noch Neigung hat, kann das Kind das Vormundschaftsgericht um eine Entscheidung bitten (§ 1631a Abs. 2 BGB).
Bei einer Gefährdung des Kindeswohls kann gemäß § 1666 BGB den Eltern die elterliche Sorge eingeschränkt oder entzogen werden.

Jeder Mensch ist unabhängig von Alter und Reife Grundrechtsträger. Den Grundrechten des Minderjährigen, vor allem seinem Grundrecht auf freie Entfaltung der Persönlichkeit, steht das Grundrecht der Eltern auf Pflege und Erziehung ihrer Kinder gegenüber. Dieses Recht ist unlöslich mit der Pflicht der Eltern verbunden, ihre Kinder zu erziehen. Die Sicherung dessen, wessen das Kind bedarf, geschieht also durch die Pflichtbindung des Elternrechts. Das Elternrecht muß sich am Wohl des Kindes orientieren. Den Eltern ist hinsichtlich der Erziehung ein weiter Ermessensspielraum eingeräumt. Nur wenn ihre Erziehungsmaßnahmen generell ungeeignet sind oder wenn die Eltern die Pflege der Kinder erheblich vernachlässigen, ist der Staat berechtigt und verpflichtet, sein Wächteramt auszuüben und einzugreifen.

Teilzusammenfassung

3. Erziehung und Erziehungsziele

Das Grundgesetz stellt mit »Pflege und Erziehung« zwar die Kernbereiche der den Eltern zustehenden Befugnisse und Pflichten heraus, es definiert sie aber nicht. Auch die Bestimmungen des Bürgerlichen Gesetzbuches zum Elternrecht (§§ 1626ff. BGB) schweigen sich darüber aus. Die Bestimmung dieser Begriffe obliegt daher im wesentlichen den zuständigen Wissenschaften, z.B. der

Durch Gesetz nicht festgelegt

Rechtswissenschaft, der Pädagogik, der Psychologie, der Soziologie. Es wäre auch unzweckmäßig, Begriffe wie Pflege, Erziehung, Wohl des Kindes usw. durch Gesetz zu definieren. Die Auffassungen über Erziehung und vor allem über die Erziehungsziele sind von den Sitten und Wertvorstellungen der jeweiligen Gesellschaft abhängig und ändern sich auch im Laufe der Zeit. Außerdem würde der weite Ermessensspielraum eingeschränkt, den die Verfassung den Eltern bei der Ausübung ihres Rechts garantiert.

Da aber andererseits die Grundrechtsmündigkeit mit den Erziehungszielen zusammenhängt, soll hier versucht werden, die Begriffe Pflege und Erziehung und die Erziehungsziele genauer zu bestimmen.

Pflege

Als Pflege im Sinne des Art. 6 Abs. 2 GG verstehen Rechtslehre und Rechtsprechung die Sorge für die körperliche Existenz und für die angemessene geistige und seelische Entwicklung. In der Pädagogik sind mit Erziehung alle seelischen und geistigen Einwirkungen gemeint, die von einem erwachsenen Erzieher auf das Kind bewußt, planvoll und methodisch ausgeübt werden, um es zur geistigen Selbständigkeit und Selbstbestimmung zu befähigen. Beide Begriffe gehen ineinander über.

Erziehung

Erziehungsziele

Erziehung in diesem Sinne schließt das allgemeine Erziehungsziel, »den mündigen Menschen«, mit ein, das selbst wieder eine Vielzahl von Teilzielen umfaßt. Danach wird als Leitziel der Erziehung der Mensch angesehen, der vernünftig, sachkundig und sozial verantwortlich über sich selbst bestimmen kann.

Ähnliche Versuche, Erziehungsziele zu formulieren, finden sich in Art. 126 Abs. 1 BV und § 1 KJHG.

> Art. 126 Abs. 1 BV
> Die Eltern haben das natürliche Recht und die oberste Pflicht, ihre Kinder zur leiblichen, geistigen und seelischen Tüchtigkeit zu erziehen.

> § 1 Abs. 1 KJHG
> Jeder junge Mensch hat ein Recht auf Förderung seiner Entwicklung und auf Erziehung zu einer eigenverantwortlichen und gemeinschaftsfähigen Persönlichkeit.

> § 22 Abs. 1 KJHG
> In Kindergärten, Horten und anderen Einrichtungen, in denen sich Kinder für einen Teil des Tages oder ganztags aufhalten (Tageseinrichtungen), soll die Entwicklung des Kindes zu einer eigenverantwortlichen und gemeinschaftsfähigen Persönlichkeit gefördert werden.

4. Gesetzlich normierte Rechte des heranwachsenden Menschen

Selbständige Ausübung von Rechten

Auch aus der Erkenntnis, daß dem heranwachsenden Menschen, entsprechend dem gerade skizzierten Erziehungsziel, zunehmend Rechte eingeräumt werden müssen, wenn er sich zu einer eigenverantwortlichen Persönlichkeit entwickeln soll, hat der Gesetzgeber den Minderjährigen in bestimmten Fällen die selbständige Ausübung von Rechten bereits vor Erlangung der Volljährigkeit zuerkannt. So setzt bereits mit Vollendung des 12. Lebensjahres das Recht des Kindes auf religiöse Selbstbestimmung ein. Nach § 5 S. 2 des Gesetzes über die religiöse Kindererziehung (RelKErzG) kann nach diesem Zeitpunkt ein Kind nicht mehr gegen seinen Willen in einem anderen Bekenntnis als bisher erzogen werden. Mit Vollendung des 14. Lebensjahres steht einem Kinde auch die Entscheidung darüber zu, ob und an welches religiöse Bekenntnis es sich halten will (§ 5 S. 1 RelKErzG); als minderes Recht ferner die Befugnis zu entscheiden, ob es am Gottesdienst seines Bekenntnisses teilnehmen und den Religionsunterricht be-

Religiöses Bekenntnis

suchen will (in Bayern ist dem jungen Menschen die Teilnahme am Religionsunterricht und an kirchlichen Handlungen und Feierlichkeiten erst mit Vollendung des 18. Lebensjahres zur freien Entscheidung überlassen, Art. 137 Abs. 1 BV). Nach dem Gesetz über die Angelegenheiten der freiwilligen Gerichtsbarkeit (FGG) ist ebenfalls ab Vollendung des 14. Lebensjahres dem Jugendlichen ein selbständiges Beschwerderecht in persönlichen Angelegenheiten (§ 59 FGG) eingeräumt, und er kann die Einwilligung in die Adoption selbst geben (§ 1746 BGB).

In Bayern haben erst Achtzehnjährige das Recht, über ihre Teilnahme am Gottesdienst selbst zu bestimmen.

Aus der Tatsache, daß der Gesetzgeber dem Minderjährigen in einigen Fällen die selbständige Ausübung von Rechten eingeräumt hat, kann aber nun nicht geschlossen werden, daß der Minderjährige auch seine Grundrechte selbständig geltend machen könnte.

Beschwerderecht

5. Selbständige Wahrnehmung von Grundrechten durch Minderjährige

Wir haben am Anfang des Kapitels zu dieser Frage lediglich festgestellt, daß ein Minderjähriger bereits alle Grundrechte besitzt, aber bezweifelt, ob er diese auch selbständig wahrnehmen kann – vielleicht sogar gegen seine Eltern, die ihrerseits, wie wir gesehen haben, ein verfassungsmäßiges Recht auf Erziehung haben.

Die Frage der Grundrechtsmündigkeit

Daß sich nicht jeder Mensch auf die ihm zustehenden Grundrechte berufen kann, ist selbstverständlich. So etwa ist es für ein Kleinkind ausgeschlossen, schon seinen Beruf frei zu wählen. Anders beim Minderjährigen. Hier würde es sich nicht mit dem Erziehungsziel der Mündigkeit vertragen, sollte der Minderjährige seine Grundrechte erst mit dem Erreichen der Volljährigkeit ausüben. Das geltende Recht läßt den Minderjährigen zunehmend Teilmündigkeit erlangen.
Aus solchen Gründen verknüpft ein Teil der Rechtsmeinungen die Frage der Grundrechtsmündigkeit mit bestimmten Altersstufen und will die Grundrechtsmündigkeit entweder an die Regelung des BGB zur Geschäftsfähigkeit (§§ 104 ff. BGB) binden oder an das 14. oder 16. Lebensjahr, mit deren Vollendung das geltende Recht häufig Teilmündigkeiten erreichen läßt. Feste Altersgrenzen lassen sich aber weder aus der Verfassung herleiten, noch sind sie immer mit dem Erziehungsziel der Mündigkeit vereinbar. Die Rechtsprechung, die bisher eine allgemeine Grundrechtsmündigkeit ablehnt, hat für einige Teilbe-

Meinungen zur Grundrechtsmündigkeit

25

reiche eine selbständige Entscheidungsbefugnis des Minderjährigen (z. B. Einwilligung in einen ärztlichen Eingriff) anerkannt, sofern der Minderjährige nach seiner geistigen und sittlichen Reife (Einsichts- und Urteilsfähigkeit) die Bedeutung und Tragweite seiner Entscheidung zu ermessen vermag. Aber auch das befriedigt nicht, denn diese Rechtsauffassung will die Ausübung der Grundrechte in einer Weise beschränken, die aus der Verfassung nicht herausgelesen werden kann.

Im konkreten Rechtsfall ist dieses Problem nur zu lösen, wenn man eine Interessenabwägung zwischen dem grundsätzlich ranggleichen Elternrecht und den Grundrechten des Minderjährigen vornimmt. Dabei ist die wesensmäßige Funktion der einzelnen Grundrechte zu berücksichtigen, die bei den gegeneinander abzuwägenden Grundrechten der Kinder und der Eltern erhalten bleiben muß.

Kein absoluter Maßstab

Es wäre also in jedem Fall zu prüfen, welche Beschränkungen der Grundrechte ein Minderjähriger hinnehmen muß, wenn das Elternrecht nicht ausgehöhlt werden soll. Eine für alle Grundrechte gleiche Antwort wird dabei nicht zu finden sein; denn es gibt keinen absoluten Maßstab für die Grundrechtsmündigkeit. Bei den einzelnen Grundrechten erweisen sich verschiedene Einschränkungen als notwendig, wobei auch das Erziehungsziel der Mündigkeit als Richtschnur für den Grad der Einschränkung dienen sollte. Mit anderen Worten: Die Grund-

Gruppen von Grundrechten

rechte sind darauf zu untersuchen, welche Einschränkungen sie sich vom Elternrecht her gefallen lassen müssen. Bei dieser Abwägung muß man zwei Gruppen von Grundrechten unterscheiden:

- Grundrechte, deren Ausübung oder Aufgabe schwerwiegende Folgen haben können (Folgen rechtlicher oder tatsächlicher Art), und
- andere Grundrechte, bei denen solche Folgen zu den Ausnahmen gehören.

Nach der Rechtsprechung des BVerfG haben Eltern die Pflicht, Jugendliche bei einer Ausübung von Grundrechten, die schwerwiegende Folgen haben kann, vor Schaden zu bewahren.

Entscheidungen mit erheblichen Folgen

Grundrechte der ersten Gruppe sind vor allem das Grundrecht der körperlichen Unversehrtheit (Art. 2 Abs. 2 GG), der freien Berufswahl (Art. 12 Abs. 1 GG) und das Eigentum (Art. 14 Abs. 1 GG). Entscheidungen dieser Art können erhebliche Folgen nach sich ziehen und weit in die Zukunft hinein wirken. Wegen der möglichen Folgen dieser Entscheidungen müssen die Eltern kraft ihres Elternrechts darauf sehen, daß der Jugendliche die genannten Grundrechte nicht zu seinem Schaden gebraucht. Die Interessenabwägung zwischen Elternrecht und Minderjährigen-Grundrecht führt hier zu dem Ergebnis, daß das Grundrecht des Minderjährigen zugunsten des Elternrechts zurücktreten muß. Das kann natürlich nur dort gelten, wo dem Minderjährigen wirklich Schaden droht. Mit steigen-

Ohne schwerwiegende Folgen

dem Lebensalter wird er die Folgen seiner Handlungen immer mehr übersehen können, so daß sich das Elternrecht immer weniger bestimmend äußern wird. Eine feste Altersgrenze läßt sich dafür nicht setzen. Bei einigen anderen Grundrechten wird man zur gegenteiligen Vermutung kommen: Meinungsäußerungen (Art. 5 Abs. 1 S. 1, 1. Halbsatz GG), Teilnahme an Versammlungen (Art. 8 GG), Geheimhaltung des Briefwechsels (Art. 10 GG) werden meist keine schwerwie-

Elterlicher Schutz

genden Folgen nach sich ziehen. In der Regel wird der Minderjährige bei der Ausübung von Grundrechten, deren Ausübung keine schwerwiegenden Folgen hat, des elterlichen Schutzes nicht bedürfen und deshalb insoweit grundrechtsmündig sein. Ausnahmen sind aber auch hier möglich, sobald im konkreten Einzelfall ein Schaden droht. So ergeben sich aus dem elterlichen Pflegerecht (Schutz vor Schadenersatzprozessen, vor Strafverfolgung und vor sonstigen Nachteilen) Beschränkungsmöglichkeiten etwa bei beleidigenden Meinungsäußerungen des Jugendlichen und bei der Teilnahme an jugendgefährdenden oder verfassungsfeindlichen Veranstaltungen.

Schutz der Kinder bei Grundrechtsverletzungen

Wenn die Eltern ihr pflichtgebundenes Elternrecht mißbrauchen und die Ausübung der Grundrechte durch den Minderjährigen ohne Rücksicht auf das Kindeswohl beschränken und dabei sachlich nicht begründet ihre eigenen Interessen einseitig hervorheben, kann der Minderjährige zwar gegen seine Eltern
rechtlich nicht unmittelbar vorgehen. Er hat aber die Möglichkeit, vom Staat
Schutz zu verlangen. Das Vormundschaftsgericht wird dann nach § 1666 BGB
die dafür erforderlichen Maßnahmen treffen.

Zusammenfassung

**Jeder Mensch ist grundrechtsfähig. Eine an feste Altersstufen geknüpfte
Grundrechtsmündigkeit kennt unser Grundgesetz nicht. Ob ein Minderjähriger selbst ein Grundrecht wahrnehmen kann, hängt von der Abwägung
des Elternrechts gegen das einzelne Grundrecht des Minderjährigen ab.
Dabei ist zu prüfen, ob die Ausübung des Grundrechts für den Minderjährigen schwerwiegende Folgen haben kann oder ob solche Folgen nur ausnahmsweise eintreten. Im ersten Fall muß das Grundrecht des Minderjährigen gegenüber dem Elternrecht zurücktreten. Sind solche Folgen aber
nicht zu erwarten und verstößt die Beschränkung des Minderjährigen-
Grundrechts erheblich gegen die Pflege- und Erziehungspflicht der Eltern,
die sich am Wohl des Kindes und am Erziehungsziel der Mündigkeit zu orientieren haben, so muß das Vormundschaftsgericht in die Rechte der Eltern eingreifen. Der Minderjährige hat darauf als Grundrechtsträger einen
Anspruch.**

Anhang

Zusammenstellung der rechtlichen Entwicklungsstufen

Zeitpunkt	Entwicklungsstufe	Rechtsquelle
Vollendung der Geburt	Beginn der Rechtsfähigkeit, auch der Grundrechtsfähigkeit	§ 1 BGB
Vollendung des 6. Lebensjahres	Beginn der Schulpflicht	Schul- oder Schulpflichtgesetze der Länder
	Zulassung zu Filmveranstaltungen, die für solche Kinder freigegeben sind (Ende 20 Uhr)	§ 6 Abs. 3 und 4 JSchÖG
Vollendung des 7. Lebensjahres	Beschränkte Geschäftsfähigkeit	§§ 106–113 BGB
	Beginn der bedingten Schadenshaftung bei unerlaubten Handlungen (bedingte Deliktsfähigkeit)	§ 828 BGB
Vollendung des 10. Lebensjahres	Recht auf Anhörung bei Religionswechsel	§ 2 Abs. 3 RelKErzG
Vollendung des 12. Lebensjahres	Zulassung zu Filmveranstaltungen, die für solche Kinder freigegeben sind (Ende 20 Uhr)	§ 6 Abs. 3 und 4 JSchÖG
Vollendung des 13. Lebensjahres	Möglichkeit der Beschäftigung von Kindern über 13 Jahre mit leichten und für Kinder geeigneten Hilfeleistungen in der Landwirtschaft, beim Sport und Zeitungsaustragen	§ 5 Abs. 3 JArbSchG
Vollendung des 14. Lebensjahres	Bedingte Strafmündigkeit (Verantwortlichkeit)	§ 19 StGB, § 1 Abs. 2, § 3 JGG
	Zulassung zu Filmveranstaltungen, die für solche Jugendliche freigegeben sind (Ende 22 Uhr)	§ 6 Abs. 3 und 4 JSchÖG
	Abgrenzung zwischen Kindern und Jugendlichen im Jugendarbeitsschutz, sofern nicht Vollschulpflicht besteht	§ 2 JArbSchG
	Aktives und passives Wahlrecht für die Jugendvertretung im Betriebsrat	§ 61 BetrVG
	Recht auf Anhörung in einem Verfahren, das die elterliche Sorge betrifft	§ 50b Abs. 2 FGG
	Eigenes Beschwerderecht bei allen die Person betreffenden Angelegenheiten	§ 59 FGG
	Widerspruchsrecht gegen einen gemeinsamen elterlichen Vorschlag zur Übertragung der elterlichen Sorge nach der Ehescheidung	§ 1671 Abs. 3 BGB

Zeitpunkt	Entwicklungsstufe	Rechtsquelle
Vollendung des 15. Lebensjahres	Erlaubnis zum Erwerb eines Führerscheins für Kfz, ausgenommen Kraftfahrzeuge der Klassen 1–5	§ 7 StVZO
Vollendung des 16. Lebensjahres	Beginn der Eidesfähigkeit	§§ 393, 455 ZPO und § 60 Nr. 1 StPO
	Möglichkeit der Befreiung vom Erfordernis der Volljährigkeit für die Eheschließung	§ 1 Abs. 2 EheG
	Möglichkeit zum Erwerb eines Führerscheins der Klassen 4 und 5	§ 7 StVZO
	Pflicht zum Besitz eines Personalausweises	§ 1 Gesetz über Personalausweise
	Zulassung zu Filmveranstaltungen, die für solche Jugendliche freigegeben sind (Ende 24 Uhr)	§ 6 Abs. 3 und 4 JSchÖG
	Bedingte Zulassung zu öffentlichen Tanzveranstaltungen bis 24 Uhr	§ 5 Abs. 1 JSchÖG
	Ende des Verbots zum Aufenthalt in Gaststätten bis 24 Uhr	§ 3 Abs. 2 JSchÖG
	Ende des absoluten Verbots zur Verabfolgung von alkoholischen Getränken außer Branntwein	§ 4 Abs. 1 JSchÖG
	Ende des Rauchverbots in der Öffentlichkeit	§ 9 JSchÖG
Vollendung des 18. Lebensjahres	Eintritt der Volljährigkeit	§ 2 BGB
	Deliktsfähigkeit (volle Verantwortlichkeit für angerichteten Schaden)	§ 828 Abs. 2 BGB
	Bedingte Strafmündigkeit (Verantwortlichkeit)	§ 1 i.V.m. § 3 JGG
	Aktives und passives Wahlrecht für den Betriebsrat	§ 7 BetrVG
	Aktives Wahlrecht für die Vertreterversammlung bei den Sozialversicherungsträgern	§ 4 Abs. 3 Gesetz über die Selbstverwaltung pp. auf dem Gebiet der Sozialversicherung
	Aktives und passives Wahlrecht für den Bundestag	Art. 38 GG
	Ende des Verbots, sich in Nachtbars oder Nachtclubs und vergleichbaren Vergnügungsbetrieben aufzuhalten	§ 3 Abs. 3 JSchÖG
	Ende des Verbots, nach 24 Uhr an öffentlichen Tanzveranstaltungen teilzunehmen	§ 5 Abs. 1 JschÖG

Zeitpunkt	Entwicklungsstufe	Rechtsquelle
Vollendung des 18. Lebensjahres	Ende des Verbots, an Filmveranstaltungen nach 24 Uhr teilzunehmen	§ 6 Abs. 4 JSchÖG
	Ende des Verbots, nicht freigegebene Videokassetten, Bildplatten und vergleichbare Bildträger zugänglich zu machen	§ 7 Abs. 1 JSchÖG
	Ende des Verbots, Spielhallen zu besuchen und an Glücks- und Bildschirm-Unterhaltungsspielen teilzunehmen	§ 8 JSchÖG
	Ende des Verbots der Verabreichung und des Genusses von Branntwein	§ 4 Abs. 1 JSchÖG
	Aufhören des Schutzes gegen allgemeine Gefahren (Aufenthalt an Orten, an denen eine sittliche Gefahr oder Verwahrlosung droht)	§ 1 JSchÖG
	Grundsätzlich Ende des Jugendarbeitsschutzes	§ 2 Abs. 2 JArbSchG
	Möglichkeit zum Erwerb von Führerscheinen der Klassen 1 und 3	§ 7 StVZO
	Ende des Schutzes gegen jugendgefährdende Schriften und Abbildungen	§§ 1, 3 GjS
	Ende der vormundschaftsgerichtlichen Genehmigungspflicht bei der Auswanderung von Mädchen ohne sorgeberechtigte Angehörige	Verordnung gegen Mißstände im Auswanderungswesen
	Möglichkeit der Erlangung eines Waffenscheins	§ 30 Waffengesetz

Das Eltern-Kind-Verhältnis

Das Grundgesetz bezeichnet die Pflege und Erziehung der Kinder als natürliches Recht der Eltern und die zuvörderst ihnen obliegende Pflicht. Worin die Rechte und Pflichten der Eltern im einzelnen bestehen, ist durch Vorschriften des BGB geregelt. Für Erzieherinnen sind vor allem die Bestimmungen von Interesse, die sich mit dem Recht und der Pflicht der Eltern beschäftigen, ihre Kinder zu betreuen und zu erziehen; es ist nämlich ihre Aufgabe, dies anstelle der Eltern zu tun.

Artikel 6 Abs. 2 GG schützt das Recht der Eltern, ihre Kinder selbst zu erziehen, und verpflichtet sie, dies auch zu tun. Die nähere Ausgestaltung des Rechtsverhältnisses zwischen Eltern und Kindern regelt das BGB in seinem vierten Buch, das »Familienrecht« überschrieben ist.
Das BGB trat am 1. Januar 1900 in Kraft. Manche seiner Bestimmungen mußten im Laufe der Zeit den geänderten Verhältnissen, der durch das Grundgesetz neu geschaffenen Verfassungssituation und unserem heutigen Grundrechtsverständnis angepaßt werden. Das betrifft z.B. Vorschriften, durch die der im GG garantierte Grundsatz der Gleichheit von Mann und Frau berührt wird, und Bestimmungen zum Eltern-Kind-Verhältnis.

1. Das Wesen der elterlichen Sorge

Der wichtigste Begriff, den das BGB für das Rechtsverhältnis zwischen Eltern und Kind gebraucht, ist der Begriff der elterlichen Sorge.

> § 1626 BGB
> (1) Der Vater und die Mutter haben das Recht und die Pflicht, für das minderjährige Kind zu sorgen (elterliche Sorge). Die elterliche Sorge umfaßt die Sorge für die Person des Kindes (Personensorge) und das Vermögen des Kindes (Vermögenssorge).
> (2) Bei der Pflege und Erziehung berücksichtigen die Eltern die wachsende Fähigkeit und das wachsende Bedürfnis des Kindes zu selbständigem verantwortungsbewußtem Handeln. Sie besprechen mit dem Kind, soweit es nach dessen Entwicklungsstand angezeigt ist, Fragen der elterlichen Sorge und streben Einvernehmen an.

Der Gesetzgeber hat den Ausdruck »elterliche Gewalt« in »elterliche Sorge« abgeändert, weil der Begriff Gewalt den ursprünglich einmal in ihm enthaltenen verpflichtenden und fürsorgenden Anteil verloren hat. Nach unserem Sprachverständnis entspricht elterliche Sorge besser dem heutigen Rechtszustand. Danach ist das Rechtsverhältnis zwischen Eltern und Kind ein dem Interesse des Kindes dienendes Schutzverhältnis. Elternrecht ist Elternverantwortung! Die Eltern haben ihre Rechte zum Wohl des Kindes, d.h. zum Nutzen seiner Entwicklung zur selbständigen und eigenverantwortlichen Persönlichkeit auszuüben (§ 1627 BGB). Dazu gehört auch, daß sie ihm mit zunehmendem Alter in Angelegenheiten der elterlichen Sorge ein Mitspracherecht einräumen und ihm die Möglichkeit zu selbständigem verantwortungsbewußtem Handeln geben

Elterliche Sorge anstatt elterlicher Gewalt

Mitspracherecht

31

(§ 1626 Abs. 2 BGB). Die Eltern sollen das Kind also an Entscheidungen teilnehmen lassen (z. B. in Fragen des Taschengeldes, der Berufswahl, der Wahl des Ausbildungsplatzes, des Umgangs mit Verwandten und Freunden, der Gestaltung der Freizeit).

Gegenseitige Rücksichtnahme

§ 1618a BGB verlangt aber auch, daß die Kinder auf die Interessen und Bedürfnisse der Eltern Rücksicht nehmen.
Halten sich Eltern und Kinder nicht an diese Verpflichtungen, wird das – mit Ausnahme der Fälle, in denen das Vormundschaftsgericht wegen einer Gefährdung der Entwicklung des Kindes einschreiten muß (§§ 1631a und 1666 BGB) – keinen Eingriff in das Recht der elterlichen Sorge rechtfertigen.

Was dürfen nun die Eltern aufgrund ihrer elterlichen Sorge und was dürfen sie nicht? Wir wollen uns das am Beispiel eines Streits der Eltern über den Berufsweg ihrer Tochter klarmachen.

> Beispiel 1 (Aufgabe)
> Die Eltern der 17jährigen Sabine sind sich darüber nicht einig, ob sie dem Wunsch ihrer Tochter nachkommen und sie die Fachakademie für Sozialpädagogik besuchen lassen sollen.
> Sabines Vater meint, die mittlere Reife wäre genug Bildung für Mädchen, die ohnehin heiraten würden. Er habe Sabine auf die Handelsschule geschickt, damit sie möglichst bald Geld verdiene.
> Die Mutter ist dagegen der Auffassung, Sabine habe durch ihre bisherigen Schulleistungen bewiesen, daß sie für ein Studium die notwendigen Voraussetzungen besitze. Außerdem seien die Berufsaussichten für Kindergärtnerinnen sehr günstig, ganz zu schweigen davon, daß die von Sabine gewünschte Ausbildung eine gute Ehevorbereitung sei.

Was geschieht, wenn sich die Eltern nicht einigen? Bevor wir das beantworten können, müssen wir noch einige weitere Bestimmungen des BGB kennenlernen.

2. Inhaber der elterlichen Sorge

Die Bestimmungen des BGB zum Eltern-Kind-Verhältnis sind überschrieben mit »Elterliche Sorge über eheliche Kinder«. Das Gesetz geht also vom Regelfall der ehelichen Geburt aus.

Eheliches – nichteheliches Kind

Ehelichkeit

Ehelich ist ein Kind, das während der Ehe oder innerhalb von 302 Tagen nach ihrer Auflösung geboren ist. Wenn ein Kind zwar in dieser Zeit geboren ist, aber nicht vom Ehemann stammt, dann gilt es trotzdem solange als ehelich, bis seine Nichtehelichkeit gerichtlich festgestellt ist (§ 1593 BGB). Nichtehelich sind demnach Kinder, deren Nichtehelichkeit gerichtlich festgestellt ist, die nicht in einer Ehe oder die später als 302 Tage nach der Auflösung einer Ehe geboren sind.

Nichtehelichkeit

> Beispiel 2
> Die Behauptung eines Ehemannes, ein Kind, das von seiner Frau geboren wurde, sei nicht von ihm, hat rechtlich keine Bedeutung. Er wird vom Gesetz solange als Vater angesehen und behandelt, bis ein Gericht festgestellt hat, daß das Kind nicht von ihm stammt.

Nach § 1626 BGB haben beide Elternteile gemeinsam die elterliche Sorge. Nur wenn ein Elternteil gestorben ist, steht sie dem anderen Teil allein zu (§ 1681 Abs. 1 BGB).

Gemeinsames Elternrecht

Kommen wir auf die Frage zurück, wer entscheidet, wenn sich die Eltern nicht einig sind.

Die Eltern müssen die elterliche Sorge in gegenseitigem Einvernehmen ausüben; bei Meinungsverschiedenheiten müssen sie versuchen, sich zu einigen (§ 1627 BGB). Gelingt ihnen das nicht und handelt es sich um eine Angelegenheit, deren Regelung für das Kind von erheblicher Bedeutung ist, kann das Vormundschaftsgericht angerufen werden.

Anrufung des Vormundschaftsgerichts

Das Vormundschaftsgericht darf aber nicht anstelle der Eltern entscheiden. Es kann zunächst nur den Standpunkt eines Elternteils gutheißen. Wenn die Uneinigkeit dann noch bestehenbleibt, muß es dem Elternteil, dessen Meinung es beitritt, die Entscheidung in der strittigen Angelegenheit übertragen. Die Entscheidung bleibt also letztlich in der Familie.

3. Inhalt und Umfang der elterlichen Sorge

§ 1626 BGB
(1) Der Vater und die Mutter haben das Recht und die Pflicht, für das minderjährige Kind zu sorgen (elterliche Sorge). Die elterliche Sorge umfaßt die Sorge für die Person des Kindes (Personensorge) und das Vermögen des Kindes (Vermögenssorge).

Die elterliche Sorge besteht also in dem Recht und der Pflicht, für die Person und für das Vermögen des Kindes zu sorgen. Das Gesetz spricht hier von der Personensorge und der Vermögenssorge der Eltern.
Zur Personensorge gehört die Vertretung des Kindes in persönlichen Angelegenheiten, zur Vermögenssorge die Vertretung in Vermögensangelegenheiten (§ 1629 Abs. 1 BGB).

Personensorge, Vermögenssorge

● Die direkte Beziehung zwischen den Eltern und den Kindern wird tatsächliche Personensorge genannt,

Tatsächliche Personensorge

● die Vertretung des Kindes in persönlichen Angelegenheiten und in Vermögensangelegenheiten gegenüber Außenstehenden – das Gesetz sagt »Dritten« – heißt gesetzliche Vertretung.

Gesetzliche Vertretung

Beispiele für die tatsächliche Personensorge sind: Pflege, Betreuung, Erziehung, Aufsicht, Aufenthaltsbestimmung, Bestimmung des Umgangs (§§ 1631, 1632 BGB).
Beispiele für die gesetzliche Vertretung in persönlichen Angelegenheiten sind: Abschluß eines Ausbildungsvertrages; Vertretung der Interessen des Kindes gegenüber der Schule; Geltendmachung des Unterhaltsanspruchs.
Weniger üblich ist es, von der tatsächlichen Vermögenssorge zu sprechen, weil die Vermögenssorge meist eine Vertretungshandlung erfordert.
Beispiele für die gesetzliche Vertretung in Vermögensangelegenheiten: Abschluß eines Sparvertrages für das Kind; Abschluß eines Mietvertrages für ein dem Kind gehörendes Haus.

Vermögens-
verwaltung

Alles, was in Geld ausdrückbaren Wert hat, ist Vermögen. Unter Vermögenssorge ist Vermögensverwaltung zu verstehen, d.h. alle Handlungen haben der Erhaltung und Vermehrung – nicht dem Verbrauch! – des Kindesvermögens zu dienen. Das gilt auch für einen eventuellen Arbeitsverdienst des Kindes.

Teilzusammen-
fassung

Die Betreuung und Erziehung der Kinder sind nach unserem Grundgesetz das Recht und die Pflicht der Eltern. Das BGB bestimmt in § 1626 Abs. 1, daß Vater und Mutter für ihr minderjähriges Kind gemeinsam die elterliche Sorge haben. Die elterliche Sorge ist ein den Interessen und dem Wohl des Kindes dienendes Schutzverhältnis.
Sie beinhaltet die Personensorge und die Vermögenssorge sowie die gesetzliche Vertretung in beiden Angelegenheiten.

4. Der Umfang der Personensorge

Wir wollen uns nun der Personensorge, welche die tatsächliche Personensorge und die gesetzliche Vertretung in persönlichen Angelegenheiten einschließt, näher zuwenden. Das Gesetz versteht unter tatsächlicher Personensorge vor allem:

§ 1631 BGB
(1) Die Personensorge umfaßt insbesondere das Recht und die Pflicht, das Kind zu pflegen, zu erziehen, zu beaufsichtigen und seinen Aufenthalt zu bestimmen.

Erziehung

Gesetzliches
Leitbild

Der Gesetzgeber überläßt die Definition des Begriffes Erziehung den Erziehungswissenschaften. Er sagt auch nicht, *wie* Eltern ihre Kinder erziehen sollen. Als gesetzliches Leitbild will er jedoch verstanden wissen, daß Eltern bei der Pflege und Erziehung die wachsende Fähigkeit und das wachsende Bedürfnis des Kindes zu selbständigem verantwortungsbewußtem Handeln berücksichtigen und daß sie Fragen der elterlichen Sorge mit dem Kind besprechen und eine Einigung anstreben (§ 1626 Abs. 2 BGB).
Er schreibt damit letztlich den Eltern demokratische Verhaltensweisen gegenüber ihren Kindern vor.

Keine ent-
würdigenden
Erziehungs-
maßnahmen

Als unzulässig bezeichnet das Gesetz ausdrücklich entwürdigende Erziehungsmaßnahmen (§ 1631 Abs. 2 BGB), wie körperliche (s. S. 45 f.) und seelische Mißhandlungen. Eine maßvolle körperliche Züchtigung zu Erziehungszwecken gilt nach wie vor als rechtmäßiges Erziehungsmittel.

Ausbildung und Beruf

Rücksicht
auf Eignung
und Neigung

§ 1631a BGB hebt als besonders wichtig hervor, daß die Eltern bei der Ausbildungs- und Berufswahl auf die Eignung und Neigung des Kindes Rücksicht nehmen müssen. Tun sie das nicht und ist zu befürchten, daß dadurch die Entwicklung des Kindes nachhaltig und schwer beeinträchtigt wird, dann kann das Vormundschaftsgericht entscheiden. Das Gericht hört dabei auch das Kind an (§ 50b FGG). Vorher soll jedoch der Rat eines Lehrers oder einer anderen geeigneten Person eingeholt werden. Das Vormundschaftsgericht kann dann z.B. entscheiden, daß die Eltern nicht das Recht haben, das Kind in einen bestimmten Beruf zu drängen, für den es weder geeignet ist noch Neigung verspürt. Oder es kann z.B. die erforderliche Unterschrift der Eltern oder eines Elternteils bei einem Ausbildungsvertrag ersetzen.

34

Beaufsichtigung

Die Beaufsichtigung des Kindes umfaßt zweierlei:

● Das Kind vor Gefahren und Schädigungen zu bewahren und

● andere, Dritte, vor Schädigungen durch das Kind zu schützen.

Schutz des Kindes und anderer vor dem Kind

Zur Aufsichtspflicht gehören auch das Überwachen des Schulbesuchs, das Beachten der dem Wohl des Kindes dienenden gesetzlichen Bestimmungen, z.B. des Gesetzes zum Schutz der Jugend in der Öffentlichkeit (JSchÖG) und des Gesetzes über die Verbreitung jugendgefährdender Schriften (GjS).

Aufenthaltsbestimmung

Das Recht, den Aufenthalt des Kindes zu bestimmen, bedeutet, daß Eltern über den Ort des *tatsächlichen* Aufenthalts des Kindes zu befinden haben. Die Eltern dürfen das Kind z.B. bei Verwandten, in einem Kinderheim, einem Internat usw. unterbringen. Umgekehrt können sie ein ausgerissenes Kind nach Hause zurückholen und dazu notfalls vom Jugendamt oder der Polizei Unterstützung verlangen.

Tatsächlicher Aufenthalt

Herausgabe des Kindes

Nach § 1632 Abs. 1 BGB umfaßt die Personensorge der Eltern auch das Recht, die Herausgabe des Kindes von jedem zu verlangen, der es ihnen ohne Recht vorenthält.

Anspruch auf Herausgabe

Wenn ein Kind aber längere Zeit bei Pflegeeltern gelebt hat und die Herausnahme des Kindes aus der Pflegefamilie als Mißbrauch der elterlichen Sorge anzusehen ist, wodurch die Entwicklung des Kindes gefährdet wird, kann das Vormundschaftsgericht anordnen, daß das Kind in der Pflegefamilie verbleibt (§ 1632 Abs. 4 BGB). Das Gericht hört dazu auch das Jugendamt (§ 50 Abs. 1 KJHG, § 49 Abs. 1 Nr. 1e FGG) und das Kind, jedenfalls wenn es das 14. Lebensjahr vollendet hat (§ 50b FGG).

Verbleib in der Pflegefamilie

Umgang

Aufgrund ihres Personensorgerechts können die Eltern auch bestimmen, mit welchen Personen und in welchem Umfang das Kind Umgang hat (§ 1632 Abs. 2 BGB). Die Grenzen des Bestimmungsrechts liegen dort, wo dadurch das körperliche, geistige oder seelische Wohl, also die Entwicklung des Kindes, gefährdet würde.

Kontakt zu den Eltern

Ein Elternteil, dem die Sorge für die Person des Kindes nicht zusteht (z.B. nach der Ehescheidung, § 1671 Abs. 1 und 4 BGB), behält trotzdem das Recht, mit dem Kind persönlich oder brieflich Verbindung zu halten. Beide Elternteile sind in einem solchen Fall verpflichtet, alles zu unterlassen, was das Verhältnis des Kindes zum anderen beeinträchtigt oder die Erziehung erschwert (§ 1634 Abs. 1 BGB).

Recht zum Umgang

Wenn sich die Eltern nicht einigen können, wie der persönliche Umgang gehandhabt werden soll, muß das Familiengericht nähere Regelungen über den Besuch und den Briefverkehr treffen. Wenn es zum Wohl des Kindes erforderlich ist, kann das Umgangsrecht auch eingeschränkt oder ganz ausgeschlossen werden (§ 1634 Abs. 2 BGB). Das Gericht hört dazu auch das Jugendamt (§ 50 Abs. 1 KJHG, § 49 a Abs. 1 Nr. 1 FGG) und das Kind, jedenfalls wenn es das 14. Lebensjahr vollendet hat.

Was dürfen die Eltern?

*Im Interesse des
Kindes handeln*

Jetzt haben wir genügend Kenntnisse, um den Fall zu untersuchen, der in Beispiel 1 dargestellt wurde, und die Frage zu beantworten, was geschieht, wenn sich die Eltern über den Berufsweg ihres Kindes nicht einigen können.

Beispiel 1 (Lösung)
Sabines Eltern haben gemeinsam die elterliche Sorge für ihre Tochter. Die elterliche Sorge umfaßt die Personensorge (§ 1626 Abs.1 BGB), die auch die Entscheidung über die Ausbildung und den Beruf einschließt (§ 1631 Abs. 1 BGB). Die Entscheidung über die Berufsausbildung darf wegen ihrer Bedeutung für Sabines Zukunft nicht aufgehoben werden. Wenn eine Einigung der Eltern, zu der sie nach § 1627 BGB verpflichtet sind, nicht gelingt, können der Vater oder die Mutter oder beide das Vormundschaftsgericht anrufen (§ 1628 BGB).
Das Vormundschaftsgericht soll vor einer Entscheidung darauf hinwirken, daß sich die Eltern auf eine dem Wohl des Kindes entsprechende Regelung einigen. Kommt keine Einigung zustande, wird das Vormundschaftsgericht den Standpunkt der Mutter unterstützen und ihr das alleinige Entscheidungsrecht in dieser Angelegenheit einräumen, da sie auf die Eignung und Neigung ihrer Tochter für den angestrebten Beruf mehr Rücksicht nimmt. Sabine hat durch ihre bisherigen schulischen Leistungen gezeigt, daß sie die angestrebte Ausbildung schaffen kann. Zu ihrer Neigung muß sie der Vormundschaftsrichter hören (§ 50 b Abs. 2 FGG). Der Vater hingegen ist nur daran interessiert, daß Sabine möglichst bald ihren Unterhalt selbst verdient und ihm nicht länger auf der Tasche liegt.

5. Elterliche Sorge nach der Ehescheidung

*Familiengericht
entscheidet*

Bei der Ehescheidung muß das Familiengericht bestimmen, welcher Elternteil die elterliche Sorge für die gemeinsamen Kinder weiter ausüben soll. Der andere ist dann von der Ausübung der elterlichen Sorge ausgeschlossen (§ 1671 Abs. 1 BGB). Er behält lediglich die Befugnis zum persönlichen Umgang mit den Kindern, die aber auch eingeschränkt werden kann, wenn es zum Wohl der Kinder erforderlich ist. Die elterliche Sorge kann auch beiden Elternteilen übertragen werden, wenn sie willens und geeignet sind, die Elternverantwortung zum Wohle des Kindes weiterhin gemeinsam zu tragen. Vor der Entscheidung über die elterliche Sorge hat das Familiengericht das Jugendamt (§ 50 Abs. 1 KJHG, § 49 a Abs. 1 Nr. 2 FGG) und das Kind zu hören, jedenfalls dann, wenn das Kind das 14. Lebensjahr bereits vollendet hat (§ 50 b FGG).

6. Ruhen und Beendigung der elterlichen Sorge

*Rechtliches
Hindernis*

Die elterliche Sorge des Elternteils, der nicht voll geschäftsfähig, also geschäftsunfähig oder beschränkt geschäftsfähig ist (§§ 104, 106 BGB), ruht, d.h. dieser Elternteil ist nicht berechtigt, sie auszuüben (§§ 1673, 1675 BGB). Lediglich die tatsächliche Personensorge erhält oder behält er, falls seine elterliche Sorge nur wegen beschränkter Geschäftsfähigkeit ruht.

Vormundschaft und Pflegschaft

Für den Fall, daß Minderjährige keine Eltern mehr haben oder Eltern zwar vorhanden sind, aber die elterliche Sorge nicht ausüben dürfen, hat der Staat in der Vormundschaft und Pflegschaft Ersatzeinrichtungen geschaffen.
Der Unterschied zwischen Vormundschaft und Pflegschaft ist folgender:

- Die Vormundschaft kann alle Rechte und Pflichten umschließen, die bei den Eltern zur elterlichen Sorge gehören.   *Vormundschaft*
- Die Pflegschaft erstreckt sich immer nur auf einzelne Rechte und Pflichten.   *Pflegschaft*

Der Vormund steht also an Stelle der Eltern, während der Pfleger neben den Eltern oder dem Vormund nur für bestimmte Aufgaben, z. B. die Aufenthaltsbestimmung des Kindes, zuständig ist.

Ruhen der elterlichen Sorge bei tatsächlichem Hindernis

Die elterliche Sorge kann auch ruhen, weil ein Elternteil tatsächlich für längere Zeit verhindert ist, sie auszuüben, etwa wegen Krankheit, weil er in Strafhaft ist oder eine Auslandsreise unternimmt (§1674 BGB).
Daß die elterliche Sorge des betreffenden Elternteils ruht, muß vom Vormundschaftsgericht ausdrücklich festgestellt werden. Elternteile, deren elterliche Sorge ruht, sind dann aber auch nicht mehr berechtigt, sie auszuüben, z. B. wenn sie wieder gesund oder wenn sie aus der Haftanstalt entlassen sind. Das Vormundschaftsgericht muß förmlich feststellen, daß der Grund des Ruhens nicht mehr besteht. Erst dann lebt die elterliche Sorge wieder auf.   *Vormundschaftsgericht muß feststellen*

Ende der elterlichen Sorge

Die elterliche Sorge eines Elternteils endet normalerweise: *Tod, Volljährigkeit*
- durch den Tod des Elternteils,
- durch den Tod des Kindes,
- mit der Volljährigkeit des Kindes.

Schließlich endet die elterliche Sorge für die leiblichen Eltern auch, wenn jemand ihr Kind adoptiert, d. h. ein Eltern-Kind-Verhältnis zu Adoptiveltern hergestellt wird.   *Adoption*
Endet die elterliche Sorge wegen der Volljährigkeit des Kindes, so ist das Kind mündig.   *Mündigkeit*

Heirat macht nicht mündig

Wenn ein minderjähriges Mädchen oder ein minderjähriger Mann heiratet, erlischt die tatsächliche Personensorge der Eltern des Minderjährigen. Dieses Recht lebt auch nicht wieder auf, falls die Ehe aufgelöst wird. Die gesetzliche Vertretung in persönlichen Angelegenheiten und die Vermögenssorge bleiben aber den Eltern des verheirateten minderjährigen Kindes erhalten, bis es volljährig ist (§ 1633 BGB).

7. Elterliche Sorge über ein nichteheliches Kind

Mutter hat elterliche Sorge

● Die elterliche Sorge über ein nichteheliches Kind steht allein der Mutter zu, nicht auch dem Vater (§ 1705 BGB).

Der Gesetzgeber hat sich bei dieser Regelung von der Erfahrung leiten lassen, daß Väter oft nicht ermittelt werden oder wenig Interesse am Kind zeigen.

Vater kann elterliche Sorge erhalten

Wenn der Vater neben der Mutter die elterliche Sorge erlangen will, muß er die Mutter heiraten (§ 1719 BGB). Es gibt auch die Möglichkeit, daß der Vater die elterliche Sorge erlangt, wenn er das Kind für ehelich erklären läßt (§§ 1723, 1736 BGB) oder adoptiert (§§ 1741 Abs. 3, 1754 Abs. 2 BGB). Beides kann nur mit dem Einverständnis der Mutter geschehen.
Abgesehen von den beiden Ausnahmefällen der Ehelicherklärung und der Adoption hat also in der Regel die Mutter die elterliche Sorge. Der Vater hat nicht einmal das Recht, mit dem Kind in Verbindung zu treten, es sei denn, die Mutter ist damit einverstanden oder das Vormundschaftsgericht hat es erlaubt (§ 1711 BGB).

Ermittelter nichtehelicher Vater in der Sicht des Gesetzgebers.

Elterliche Sorge der Mutter in der Regel beschränkt

Die Rechte der Mutter sind aber im Interesse des Kindes eingeschränkt. Der Gesetzgeber geht davon aus, daß sich die Mutter häufig scheuen wird, die Rechte des Kindes gegenüber dem Vater mit dem nötigen Nachdruck zu verfolgen. Deshalb wird dem Kind ein Amtspfleger zur Seite gestellt, der seine Interessen beim Feststellen der Vaterschaft und beim Geltendmachen der Unterhalts- und Erbansprüche gegen den Vater oder dessen Verwandte vertritt (§ 1706 BGB). Der Pfleger hat insoweit dann die Rolle eines gesetzlichen Vertreters. Wenn die Mutter aber meint, sie sei imstande, die Interessen des Kindes in diesen Angelegenheiten auch ohne fremde Hilfe wahrzunehmen, kann sie den Antrag an das Vormundschaftsgericht stellen, daß die Pflegschaft aufgehoben oder der Wirkungskreis des Pflegers eingeschränkt wird. Das Vormundschaftsgericht kann auf Antrag der Mutter auch schon vor der Geburt des Kindes anordnen, daß eine Pflegschaft überhaupt nicht eintritt (§ 1707 BGB).

Amtspfleger

Im Regelfall wird mit der Geburt des Kindes das Jugendamt Pfleger (§ 1709 BGB). Nur wenn die Mutter minderjährig ist, muß das Jugendamt die Funktion eines Amtsvormunds ausüben (§ 1791 c BGB). In diesem Fall hat die Mutter lediglich die tatsächliche Personensorge.

Amtsvormund

Die Personensorge umfaßt neben der Pflege und der Betreuung des Kindes vor allem die Erziehung, Beaufsichtigung und Aufenthaltsbestimmung. Ein Elternteil, dem die Personensorge nicht mehr zusteht, bleibt berechtigt, mit dem Kind persönlichen und brieflichen Kontakt zu haben. Welcher Elternteil nach einer Ehescheidung die elterliche Sorge für ein gemeinsames Kind ausüben darf, wird vom Familiengericht bestimmt. Ist ein Elternteil tatsächlich verhindert, die elterliche Sorge auszuüben, kann das Vormundschaftsgericht feststellen, daß die elterliche Sorge dieses Elternteils ruht. Der geschäftsunfähige oder beschränkt geschäftsfähige Elternteil ist nicht berechtigt, die elterliche Sorge auszuüben. Ihm verbleibt lediglich die tatsächliche Personensorge. Abgesehen vom Tod des Kindes oder der Eltern, endet die elterliche Sorge, wenn das Kind volljährig wird. Heiratet ein minderjähriges Mädchen oder ein minderjähriger Mann, so erlischt lediglich die tatsächliche Personensorge. Die elterliche Sorge für ein nichteheliches Kind steht der Mutter zu. Das Kind erhält jedoch einen Pfleger, der seine Interessen bei der Feststellung der Vaterschaft sowie beim Geltendmachen der Unterhalts- und Erbansprüche vertritt. Ist die Mutter minderjährig, wird das Jugendamt mit der Geburt des Kindes Amtsvormund. Der Mutter steht dann nur die tatsächliche Personensorge zu.

Teilzusammenfassung

8. Beschränkung der elterlichen Sorge

Wir haben zu Anfang dieses Kapitels festgestellt, daß die elterliche Sorge kein uneingeschränktes Herrschaftsrecht der Eltern ist, sondern sich am Wohl des Kindes zu orientieren hat. Gefährden die Eltern die Entwicklung des Kindes, dann kann das Vormundschaftsgericht unter den Voraussetzungen der §§ 1666 und 1666a BGB eingreifen.

Einschränkung der Personensorge

Das Vormundschaftsgericht kann entsprechend dem Grad der mißbräuchlichen Ausübung der elterlichen Sorge, der Vernachlässigung des Kindes, des Versagens der Eltern oder des Verhaltens Dritter und der damit verbundenen Gefährdung des Kindes die Personensorge teilweise einschränken, sie in vollem Umfang entziehen oder das Kind aus der Familie herausnehmen.

Mißbrauch

Beispiel 3
Als Mißbrauch gelten:
Übermäßige Züchtigungen,
übermäßige Ausnutzung der Arbeitskraft des Kindes,
Abhalten vom Schulbesuch.

Vernach-lässigung

Beispiel 4
Als Vernachlässigung gelten:
Eltern lassen es an Pflege und Ernährung fehlen,
sie veranlassen eine notwendige ärztliche Behandlung nicht,
sie beaufsichtigen das Kind nicht.

Versagen

Beispiel 5
Als Versagen gelten:
Eltern haben erzieherisch resigniert,
sie sind krank,
sie sind überfordert.

Verhalten Dritter

Beispiel 6
Als Gefährdung durch das Verhalten eines Dritten gelten:
Gefahr des sexuellen Mißbrauchs durch einen Bekannten,
wechselnde Männer- oder Frauenbekanntschaften eines Elternteils,
Zusammensein mit Alkohol- und Rauschgiftsüchtigen.

Entzug der Personensorge

Trennung von der Familie

Die gesamte Personensorge darf das Vormundschaftsgericht jedoch nur entziehen, wenn andere Maßnahmen erfolglos geblieben sind oder wenn anzunehmen ist, daß sie zur Abwendung der Gefahr nicht ausreichen (§ 1666a Abs. 2 BGB). Auch eine Trennung des Kindes von der Familie ist nur dann zulässig, wenn der Gefahr für die Entwicklung des Kindes nicht auf andere Weise, auch nicht durch wirtschaftliche Hilfen oder Leistungen der Jugendhilfe begegnet werden kann (§ 1666a Abs. 1 BGB).

Das Eingreifen des Vormundschaftsgerichts kann von einem Elternteil, vom Jugendamt, vom Kinde selbst oder von jedem Dritten veranlaßt werden.

Bei allen Maßnahmen nach §§ 1666 und 1666a BGB muß das Vormundschaftsgericht das Jugendamt (§ 50 Abs. 1 KJHG, § 49 Abs. 1 Nr. 1f FGG) und das Kind, jedenfalls dann, wenn es das 14. Lebensjahr vollendet hat, hören (§ 50b FGG).

9. Abgeleitetes Recht des Erziehers

● Die elterliche Sorge ist als natürliches Recht der Eltern an deren Person gebunden. Die Eltern können darauf nicht verzichten.

Erzieherin übt tatsächliche Personensorge aus

Die Eltern sind nicht gehalten, ihre mit der elterlichen Sorge verbundenen Rechte und Pflichten persönlich zu erfüllen. Sie können ihre Befugnisse und Pflichten ganz oder teilweise auf Hilfspersonen, wie z. B. Verwandte, Pflegeeltern, einen Heim- oder Internatsleiter und dessen Erzieher oder auf eine Kindergärtnerin übertragen. Meist wird das nur für die tatsächliche Personensorge mit Ausnahme der Aufenthaltsbestimmung in Frage kommen. Am weitesten geht diese Übertragung, wenn ein Kind zu einer Pflegefamilie oder in ein Heim gegeben wird. In diesem Fall überlassen die Eltern den Pflegeeltern oder dem Heim die Erziehung, die Aufsichtspflicht und Umgangsbestimmung nahezu im vollen Umfang. Weniger weit reicht die Übertragung, wenn ein Kind den Kindergarten besucht.

Übertragung der tatsächlichen Personensorge

● Kindergärtnerin und Heimerzieher haben also kein eigenes Erziehungsrecht, sondern die Ausübung des Erziehungsrechts wird ihnen von den Eltern übertragen.

Wie lange und in welchem Umfang Erzieher an Stelle der Eltern oder des Vormunds die tatsächliche Personensorge ausüben, hängt davon ab, welche Vereinbarung mit den Eltern bzw. dem Vormund getroffen wurde. Ist das nicht ausdrücklich (schriftlich oder mündlich) geschehen, so ergibt sich das (stillschweigend) daraus, welche Befugnis und Pflichten üblicherweise mit der Überlassung eines Kindes verbunden sind.

Dauer und Umfang der Übertragung

Heim darf Eltern vertreten

Wenn ein Minderjähriger vom Jugendamt Hilfe zur Erziehung (§ 27 KJHG) in einer Pflegefamilie oder in einem Heim erhält, sind die Pflegeperson und die im Heim für die Erziehung Verantwortlichen außerdem berechtigt, die Eltern oder den Vormund bei Rechtsgeschäften des täglichen Lebens und sonstigen Rechtshandlungen zu vertreten, die wegen ihrer Nähe zur Sache sinnvollerweise von der Pflegeperson oder dem Heim zu besorgen sind. Die Eltern oder der Vormund können diese Berechtigung aber ausdrücklich einschränken (§ 38 KJHG; s. dazu auch Kapitel 10).

Vater und Mutter haben gemeinsam die elterliche Sorge für ihr minderjähriges Kind. Die elterliche Sorge ist ein Schutzverhältnis, das den Interessen und dem Wohl des Kindes dient. Sie umfaßt die Personensorge, die Vermögenssorge und die gesetzliche Vertretung. Die elterliche Sorge kann vom Vormundschaftsgericht teilweise oder ganz entzogen werden. Welcher Elternteil nach einer Ehescheidung die elterliche Sorge ausübt, bestimmt das Familiengericht. Die elterliche Sorge über ein nichteheliches Kind steht der Mutter zu; das Jugendamt ist im Regelfall Amtspfleger des Kindes. Ist die nichtverheiratete Mutter minderjährig, wird das Jugendamt mit der Geburt des Kindes Amtsvormund. Die Ausübung der mit der elterlichen Sorge ver-

Zusammenfassung

bundenen Rechte und Pflichten kann ganz oder teilweise auf andere Personen, z.B. Erzieher, übertragen werden. Erzieher haben also kein eigenes Erziehungsrecht, sondern nur ein vom Inhaber der elterlichen Sorge zur Ausübung übertragenes Recht. Nur bei der Hilfe zur Erziehung vertritt das Heim die Eltern bei Rechtshandlungen des täglichen Lebens.

Konflikte zwischen Eltern und Kindern

Die elterliche Sorge ist kein uneingeschränktes Bestimmungsrecht der Eltern für ihre Kinder. Sie findet ihre Grenzen in den verfassungsmäßigen Rechten der Kinder und in der erzieherischen Verantwortung der Eltern. Aber wo liegen diese Grenzen? Was dürfen die Eltern und die von ihnen beauftragten Erzieher, was dürfen sie nicht? Das wird in diesem Kapitel anhand von Konfliktfällen zwischen Minderjährigen einerseits und Eltern und Erziehern andererseits besprochen.

In den Kapiteln 2 und 3 wurden die verfassungsrechtliche Stellung des Minderjährigen und sein Rechtsverhältnis zu den Eltern behandelt. Die Erkenntnisse, die wir dabei gewonnen haben, sollen nun auf Einzelfälle von Konflikten zwischen Eltern oder den von ihnen beauftragten Erzieherinnen und Minderjährigen angewandt werden. Besonders zu interessieren hat uns dabei die Frage, wo die Ausübung der elterlichen Sorge erlaubt und wo sie nicht zulässig ist.

1. Leitsätze für die Behandlung von Konflikten zwischen Eltern und Kindern

- Der junge Mensch ist ein Wesen mit eigener Menschenwürde. Er hat ein Recht auf die Entfaltung seiner Persönlichkeit. Seine von den Grundrechten gewährleistete Handlungsfreiheit ist aber durch das verfassungsmäßige Elternrecht eingeschränkt.

Grundrechte

- Im privaten Bereich – zwischen Eltern und Kindern – entfalten die Grundrechte des Minderjährigen ihre Wirkung nur insofern, als sie ihren Niederschlag in der übrigen Rechtsordnung, z. B. im Strafrecht, gefunden haben. Außerdem sind die in den Grundrechten zum Ausdruck kommenden Wertentscheidungen bei der Auslegung privatrechtlicher Normen und hier besonders bei der Auslegung der Generalklauseln, wie »Sittenwidrigkeit« oder »Treu und Glauben«, und der unbestimmten Rechtsbegriffe, wie »Mißbrauch« der elterlichen Sorge oder »Wohl« des Kindes, zu beachten.

Generalklauseln

- Überschreiten die Eltern die Grenzen der elterlichen Sorge, können strafrechtliche Folgen eintreten. Ferner schützt § 1666 BGB den Minderjährigen, wenn die Eltern sein geistiges oder leibliches Wohl gefährden, indem sie z. B. unter Mißbrauch ihrer elterlichen Sorge in die grundrechtlich gewährte Selbstbestimmung und Handlungsfreiheit des Minderjährigen eingreifen.

Mißbrauch der elterlichen Sorge

Wertmaßstäbe

● Wenn die Kinder ihre Grundrechte auch nicht unmittelbar gegen ihre Eltern geltend machen können, so setzen die in den Grundrechten zum Ausdruck kommenden Wertentscheidungen doch Maßstäbe, an denen der Gebrauch der elterlichen Sorge gemessen werden kann.

2. Einzelne Konfliktfälle

Sanktionen

Die Ausübung des Elternrechts muß dem Wohl des Kindes dienen. Gesetzliche Folgen, Sanktionen, können sich für die Eltern aber nur ergeben, wenn die einzelne elterliche Entscheidung erheblich gegen das Wohl des Kindes verstößt. Wir wollen uns nun den Fragen zuwenden, die wir im Kapitel 2 (S. 20f.) aufgeworfen haben, d.h. es geht um die Grenzen zwischen erlaubter und nicht mehr zulässiger Ausübung der elterlichen Sorge. Diese Grenzen sind in § 1666 BGB mit unbestimmten Rechtsbegriffen wie »Mißbrauch«, »Wohl des Kindes«, »Vernachlässigung« und »Gefährdung« beschrieben.

§ 1666 BGB

(1) Wird das körperliche, geistige oder seelische Wohl des Kindes durch mißbräuchliche Ausübung der elterlichen Sorge, durch Vernachlässigung des Kindes, durch unverschuldetes Versagen der Eltern oder durch das Verhalten eines Dritten gefährdet, so hat das Vormundschaftsgericht, wenn die Eltern nicht gewillt oder nicht in der Lage sind, die Gefahr abzuwenden, die zur Abwendung der Gefahr erforderlichen Maßnahmen zu treffen. Das Gericht kann auch Maßnahmen mit Wirkung gegen einen Dritten treffen.

Generelle Normen

Eigenart des Einzelfalls

Die Unterbringung des Kindes bei einer geeigneten Familie oder in einem Heim ist eine einschneidende Maßnahme. Deshalb ist vielfach der Wunsch aufgetaucht, Begriffe wie Mißbrauch oder Gefährdung sollten vom Gesetzgeber konkretisiert werden. Gerade das aber ist nicht möglich. Die Vielfalt der Lebensumstände läßt sich nicht in generelle Normen pressen, die zugleich der Eigenart jedes Einzelfalls voll entsprächen. Das wird auch deutlich, wenn wir jetzt die einzelnen Fragen beantworten.

Kann ein Minderjähriger seine Kleidung und Frisur selbst bestimmen?

Zweckmäßige Kleidung

Die Eltern oder auch andere von ihnen für längere Zeit mit der Betreuung und Erziehung beauftragte Personen haben grundsätzlich das Recht und die Pflicht, sich um Kleidung und Frisur des Kindes zu kümmern (§ 1631 Abs. 1 BGB). Sie müssen dafür sorgen, daß sich das Kind entsprechend der Jahreszeit anzieht.

Geschmacksfrage

Keine Entscheidung von Tragweite

Sofern die Kleidung oder die Haartracht aber lediglich dem Geschmack der Eltern nicht entspricht, der Jugendliche bereits der Pubertät entwachsen ist und man auch nicht befürchten muß, daß er dadurch Nachteile, z.B. in seinem Beruf oder in der Schule erfährt, wird die elterliche Einflußnahme rechtlich nicht mehr abgestützt sein. Es handelt sich dabei auch nicht um eine Entscheidung von großer Tragweite, so daß es gerechtfertigt wäre, hier das elterliche Bestimmungsrecht über das Recht des Jugendlichen auf Entfaltung seiner Persönlichkeit zu stellen. Wenn Eltern den Jugendlichen in dieser Hinsicht allzu sehr gängeln, wird eine Beschränkung des elterlichen Bestimmungsrechts durch das Vormundschaftsgericht dennoch nicht in Frage kommen, weil durch die Einfluß-

Die Einflußnahme der Mutter auf die Höhe des Rocksaumes bei ihrer der Pubertät entwachsenen Tochter gefährdet nicht das Wohl der Tochter.

nahme auf Kleidung und Haartracht die elterliche Sorge weder mißbraucht noch das Wohl des Jugendlichen dadurch gefährdet wird. Eine solche Einflußnahme wäre kein grober Verstoß gegen die elterlichen Pflichten, der einen staatlichen Eingriff rechtfertigte.

Keine Beschränkung der elterlichen Sorge

Dürfen die Eltern ihr Kind prügeln?

Man hört immer wieder die Meinung: »Eine Tracht Prügel hat noch niemandem geschadet!« Diese vor allem in der sozialen Unterschicht verbreitete Auffassung macht glauben, daß die körperliche Züchtigung zumindest kein ungeeignetes Erziehungsmittel ist. Nach allgemein anerkannten pädagogischen Erkenntnissen zeigen jedoch derartige »Erziehungsmethoden« vor allem bei schwierigen Kindern nicht den gewünschten Erziehungserfolg. Körperliche Züchtigungen können vielmehr die gesunde körperliche und geistige Entwicklung eines Kindes auf Dauer schädigen. Sie rufen häufig Angst, Mutlosigkeit und Verstörtheit hervor, führen zu Verlogenheit und bewirken nicht selten die Bildung von Neurosen und Perversionen.

Körperliche Züchtigung

Kein geeignetes Erziehungsmittel

Damit soll nichts gegen einen gelegentlichen »Klaps« oder auch einmal eine Ohrfeige zur rechten Zeit und bis zum Eintritt der Pubertät gesagt sein.

Die rechtliche Beurteilung der Prügelstrafe unterscheidet sich erheblich von der pädagogischen Beurteilung. Denn solange die Erkenntnisse der Pädagogik nicht in das Bewußtsein der Erziehenden eingedrungen sind, werden sowohl der Gesetzgeber als auch der durchschnittliche Richter in der bisherigen Weise weiterwirken. Auch sie werden ja von den allgemein verbreiteten Einstellungen, Wertvorstellungen und Verhaltensweisen beeinflußt.

Was sagen nun Gesetz und Rechtsprechung über die körperliche Züchtigung? Gemäß Art. 2 Abs. 2 S. 1 GG hat jeder das Recht auf Leben und körperliche Unversehrtheit. Seine besondere Ausformung hat dieses Grundrecht im Strafgesetzbuch (StGB) erhalten.

Körperliche Unversehrtheit

§ 223 Abs. 1 StGB

Wer einen anderen körperlich mißhandelt oder an der Gesundheit beschädigt, wird mit Freiheitsstrafe bis zu drei Jahren oder mit Geldstrafe bestraft.

Körperverletzung

Nach § 223 Abs. 1 StGB ist also jede Handlung, die das körperliche Wohlbefinden oder die körperliche Unversehrtheit eines Menschen beeinträchtigt, eine Körperverletzung und mit Strafe bedroht. Nur unerhebliche Beeinträchtigungen sind davon ausgenommen.

Strafverschärfende Umstände

Unter den Voraussetzungen des § 223b StGB ist sogar eine Mindestfreiheitsstrafe von 3 Monaten und in besonders schweren Fällen von einem Jahr angedroht.

§ 223b StGB

Obhut

(1) Wer Personen unter achtzehn Jahren oder wegen Gebrechlichkeit oder Krankheit Wehrlose, die seiner Fürsorge oder Obhut unterstehen oder seinem Hausstand angehören oder die von dem Fürsorgepflichtigen seiner Gewalt überlassen worden oder durch ein Dienst- oder Arbeitsverhältnis von ihm abhängig sind, quält oder roh mißhandelt, oder wer durch böswillige Vernachlässigung seiner Pflicht, für sie zu sorgen, sie an der Gesundheit schädigt, wird mit Freiheitsstrafe von drei Monaten bis zu fünf Jahren bestraft.
(2) In besonders schweren Fällen ist die Strafe Freiheitsstrafe von einem Jahr bis zu fünf Jahren, in minder schweren Fällen Freiheitsstrafe bis zu drei Jahren oder Geldstrafe.

Unter Obhut wird im Strafrecht die Pflicht zur Erziehung, Pflege und Aufsicht verstanden.

Züchtigungsrecht der Eltern?

Diese Vorschriften schützen grundsätzlich auch die Kinder vor der körperlichen Züchtigung durch ihre Eltern. Sie sind aber abzuwägen gegen das Erziehungsrecht der Eltern.

Die Eltern haben nach herrschender Lehre und Rechtsprechung in ihrem Erziehungsrecht gewohnheitsrechtlich (zum Gewohnheitsrecht s. Kapitel 1, Abschnitt 5) einen Rechtfertigungsgrund, ihr Kind auch körperlich zu züchtigen.

Rechtmäßige Züchtigung

Körperliche Züchtigungen sind demnach als Erziehungsmittel nicht rechtswidrig und können auch nicht bestraft werden, solange sie mit einem Erziehungszweck begründet sind. Entwürdigende Erziehungsmaßnahmen sind allerdings unzulässig (§ 1631 Abs. 2 BGB).
Die neuere Rechtsprechung zieht die Grenzen für eine rechtmäßige Züchtigung allerdings immer enger.

● Sie verlangt, daß dieses Erziehungsmittel objektiv angemessen sein muß, einen bestimmten Erziehungszweck zu erreichen, d.h. nicht übermäßig angewandt werden und nicht generell ungeeignet sein darf.

Beispiel 1
Grobe Mißhandlungen, wie Schläge mit geballter Faust oder mit einem harten Gegenstand und Gesundheitsschädigungen jeder Art sowie Prügel ausschließlich zur Abschreckung sind nicht gerechtfertigt. Generell ungeeignet ist eine Züchtigung nach Eintritt der Pubertät, jedenfalls ab dem 14. Lebensjahr.

● Die Züchtigung muß subjektiv vom Erziehungsgedanken beherrscht sein, d.h. der Vater oder die Mutter dürfen das Kind nur züchtigen, um es zu erziehen. Eine Züchtigung, die nicht pädagogischen Motiven entspringt, ist daher ungerechtfertigt.

Beispiel 2
Niemand darf zuschlagen, um sadistische Neigungen zu befriedigen oder um sich abzureagieren, wenngleich der Bundesgerichtshof in einer Entscheidung vom 10. 1. 1956 sagte: »Erregung, Wut... und mangelnde Selbstbeherrschung schließen ein Handeln zu Erziehungszwecken nicht aus.«

Wenn Eltern also keinen begründeten Anlaß für eine Züchtigung ihrer Kinder haben, keinen Erziehungszweck damit verfolgen oder die Züchtigung nicht maßvoll oder wenn sie entwürdigend ist (§1631 Abs. 2 BGB), begehen die Eltern eine strafbare Körperverletzung. Außerdem mißbrauchen sie dadurch ihr Personensorgerecht (Pflege-, Betreuungs- und Erziehungsrecht), was dazu führen kann, daß ihnen dieses Recht gemäß § 1666 Abs. 1 BGB eingeschränkt oder entzogen werden kann.

Haben Lehrer und Erzieher auch ein Züchtigungsrecht?

Ein gesetzliches Züchtigungsverbot kennt nur das Jugendarbeitsschutzgesetz.

§ 31 JArbSchG
(1) Wer Jugendliche beschäftigt oder im Rahmen eines Rechtsverhältnisses im Sinne des § 1 beaufsichtigt, anweist oder ausbildet, darf sie nicht körperlich züchtigen.
(2) Wer Jugendliche beschäftigt, muß sie vor körperlicher Züchtigung und Mißhandlung und vor sittlicher Gefährdung durch andere bei ihm Beschäftigte und durch Mitglieder seines Haushalts an der Arbeitsstätte und in seinem Haus schützen. Er darf Jugendlichen unter 16 Jahren keine alkoholischen Getränke und Tabakwaren, Jugendlichen über 16 Jahren keinen Branntwein geben.

Züchtigungen entgegen diesem Verbot sind strafbare Körperverletzungen.

Lehrern und Erziehern wurde wie den Eltern noch vor einem Jahrzehnt ein maßvolles und vom Erziehungsgedanken getragenes Züchtigungsrecht zuerkannt. Die in ministeriellen Anordnungen, in Anstellungsverträgen oder in Dienstanweisungen schon lange vorher ausgesprochenen Züchtigungsverbote konnten daran nichts ändern, da sie keine Rechtsnormen waren. Sie hatten aber doch die Wirkung, daß in Schulen und Heimen die körperliche Züchtigung als verbotswidrige Unsitte angesehen und dienst- oder arbeitsrechtlich (Disziplinarverfahren, Abmahnung, Kündigung) geahndet wurde. Auch als Folge davon ist in der Bevölkerung die Überzeugung geschwunden, daß ein solches Tun von Lehrern und Erziehern rechtens und notwendig ist. Damit sind die Voraussetzungen für eine gewohnheitsrechtliche Rechtfertigung der körperlichen Züchtigung für Berufspädagogen entfallen (zum Gewohnheitsrecht s. Kapitel 1, Abschnitt 5).

Kein Gewohnheitsrecht mehr

Jeder ist aufgerufen, Kindesmißhandlungen zu verhindern oder zu unterbinden. Am besten wendet man sich an das Jugendamt, wenn einem übermäßige Züchtigungen oder Anzeichen dafür bekannt werden. Das Jugendamt wird sich dann

Wachsamkeit bei Kindesmißhandlungen

der Angelegenheit annehmen, notfalls Strafanzeige erstatten oder dem Vormundschaftsgericht den Vorfall melden, je nach Lage des Falles, oder sogar beides tun.

Teilzusammenfassung

Die körperliche Züchtigung ist nur für Eltern ein erlaubtes Erziehungsmittel. Sie ist nur dann unzulässig, wenn sie dem Erziehungszweck objektiv unangemessen, generell ungeeignet, entwürdigend oder wenn sie nicht vom Erziehungsgedanken getragen ist. Als generell ungeeignet gilt die Züchtigung eines Minderjährigen nach dem 14. Lebensjahre. Ein ausdrückliches Verbot der Züchtigung kennt nur das JArbSchG für Auszubildende und Arbeitgeber.

Können Eltern den Umgang ihrer Kinder regeln?

Mit der Frage, ob Eltern den Umgang ihrer Kinder regeln dürfen, kann zugleich auch die Frage beantwortet werden, ob Eltern die Briefe ihrer Kinder öffnen dürfen.

Grundsätzlich ja, da Erziehungsrecht

Aufgrund des Personensorgerechts (§ 1632 Abs. 2) können die Personensorgeberechtigten grundsätzlich entscheiden, mit welchen Personen und in welchem Umfang der Minderjährige Umgang und Briefwechsel haben soll.

Nur in den Grenzen des § 1666 BGB

Ob sie dieses Recht zum Wohl des Kindes ausüben, unterliegt der Kontrolle in den Grenzen des § 1666 Abs. 1 BGB, d.h. Eltern dürfen eingreifen, wenn sie das Wohl des Kindes für gefährdet halten. Die Eltern selbst können das Wohl ihres Kindes gefährden, und zwar:

● durch Duldung schädlicher Einflüsse;

● durch Abschirmung vor förderlichen Einflüssen.

Gefährdung durch Duldung

Die Eltern gefährden das Wohl ihres Kindes, wenn sie einen Umgang oder einen Briefverkehr dulden, der seiner Entwicklung schaden kann.

> Beispiel 3
> Eltern unternehmen nichts dagegen, daß sich ihre 15jährige Tochter nächtelang in Gastwirtschaften oder Nachtlokalen aufhält oder daß ihr 14jähriger Sohn mit Rauschgiftsüchtigen verkehrt.

Wenn die Kinder bereits der Pubertät entwachsen sind, wird man den Eltern, die den Umgang und den Briefverkehr nicht mehr überwachen, allerdings kaum noch den Vorwurf machen können, daß sie die Kinder vernachlässigen oder ihr Elternrecht mißbrauchen.

Gefährdung durch Abschirmung

Eltern können das Wohl ihres Kindes aber auch gefährden, wenn sie es von der sozialen Umwelt abschirmen. Der Mensch ist naturgegeben ein gesellschaftliches Wesen, das zur gesunden sozialen Entwicklung auf Beziehungen und Umgang mit seinen Mitmenschen angewiesen ist. Das gilt unabhängig vom Alter des Kindes.

Mit zunehmendem Alter hat der Jugendliche – wie der Erwachsene – ein Recht darauf, sich nach seinen Anlagen und Fähigkeiten zu entfalten und Kontakte zu Mitmenschen zu pflegen (Art. 2 Abs. 1 GG). Dementsprechend kann nach der Pubertät ein Verbot freundschaftlicher Beziehungen nur gerechtfertigt sein, wenn konkrete Anhaltspunkte für eine körperliche, geistige oder sittliche Gefährdung durch diese Beziehungen vorhanden sind. Die Gefährdung muß dabei über das Risiko hinausgehen, das jede Lösung von den Eltern und jedes Eingehen von neuen Bindungen mit sich bringt. *Seine Freunde selbst suchen*

Ähnliches muß auch für den Briefverkehr gelten. In der ausgehenden Post sind meist keine besonderen Gefahren für das Kind zu vermuten. Es besteht daher auch so gut wie kein Anlaß, sie zu öffnen. Nach der Pubertät dürfen Eltern eingehende Briefe nur noch öffnen, wenn der konkrete Verdacht einer Fehlentwicklung des Minderjährigen oder einer unzulässigen oder schädlichen Beeinflussung durch den Briefpartner besteht. *Dürfen Eltern Briefe öffnen?*

Das unbefugte Öffnen von Briefen wäre nicht nur ein Mißbrauch des Elternrechts, sondern auch eine strafbare Handlung. Art. 10 GG, der das Brief-, Post- und Fernmeldegeheimnis schützt, hat seine strafrechtliche Ausformung in § 202 StGB erhalten. *Verletzung des Briefgeheimnisses*

§ 202 Abs. 1 StGB: Wer unbefugt
1. einen verschlossenen Brief oder..., die nicht zu seiner Kenntnis bestimmt sind, öffnet oder... wird mit Freiheitsstrafe bis zu einem Jahr oder mit Geldstrafe bestraft, ...

Was hier über den Umgang und den Briefverkehr der Kinder gesagt wurde, gilt grundsätzlich auch für Erzieher, die ihr Recht von den Personensorgeberechtigten ableiten.

Konkreter Anhaltspunkt für eine unzulässige Einflußnahme auf den Jugendlichen.

Können Eltern ihrer Tochter den Umgang mit einem Freund verbieten?

Unterlassungs-anspruch der Eltern

Die Personensorge ist ein Recht, das nicht nur gegenüber dem Kinde, sondern auch gegenüber jedem anderen wirkt und von jedem anderen beachtet werden muß (§ 1632 Abs. 2 BGB). Der Umgang des Freundes mit der Tochter gegen den Willen der Eltern stellt grundsätzlich einen widerrechtlichen Eingriff in die Personensorge der Eltern dar und gibt ihnen das Recht, vom Freund die Unterlassung des Umgangs zu verlangen.

Voraussetzungen des Unterlassungs-anspruchs

Für den Unterlassungsanspruch der Eltern genügt es allerdings nicht, daß ihnen der Umgang bloß unerwünscht ist. Sie haben die elterliche Sorge nicht in ihrem Interesse, sondern im richtig verstandenen Interesse oder zum Schutz ihrer Tochter auszuüben. Dabei werden sie auf die Entwicklungsstufe der Tochter Rücksicht nehmen müssen.

Nur bei triftigen Gründen

Die Freiheit der Partnerwahl und der Eheschließung setzt vorbereitende Kontakte unter den Geschlechtern voraus. Nach § 3 Abs. 3 Ehegesetz (EheG) kann die Eheschließung eines Minderjährigen von den Eltern nur verboten werden, wenn im Einzelfall triftige Gründe dafür vorliegen. Dasselbe muß für die vorbereitenden Kontakte gelten. Maßstab für die Triftigkeit der Gründe ist das Wohl des Minderjährigen. So hat die Rechtsprechung bisher als Grund für einen Unterlassungsanspruch gelten lassen, daß ein außerehelicher Geschlechtsverkehr verhindert oder unterbunden werden soll.

Teilzusammen-fassung

Eltern können auf Grund ihres Personensorgerechts den persönlichen und brieflichen Kontakt ihrer Kinder zur Außenwelt bestimmen. Dulden sie einen Umgang, der für die Entwicklung der Kinder schädlich ist, so mißbrauchen sie ihr Elternrecht; desgleichen wenn sie ihr Kind ohne triftigen Grund von der sozialen Umwelt oder von seinem Freundeskreis abschirmen. In beiden Fällen muß das Vormundschaftsgericht Abhilfe schaffen. Eltern, die ohne konkrete Verdachtsmomente die Briefe ihrer Kinder öffnen, können sich strafbar machen. Das Recht der Eltern, über den Umgang ihrer Kinder zu bestimmen, gibt ihnen auch die Befugnis, auf Unterlassung störender Einflüsse zu klagen. Von den Eltern beauftragte Erzieher haben grundsätzlich die gleichen Rechte wie die Eltern.

Gegen den Willen des Vaters den Wehrdienst verweigern?

Grundrecht auf Wehrdienst-verweigerung

Art. 4 Abs. 3 GG gewährt jedermann das Grundrecht, aus Gewissensgründen den Wehrdienst mit der Waffe zu verweigern. Er geht dem in Art. 6 Abs. 2 GG verankerten Elternrecht vor.
Ein Vater ist also nicht berechtigt, die Entscheidung seines Sohnes in dieser Hinsicht zu bestimmen.

Meinungsfreiheit für Minderjährige?

Darf der Vater den Artikel seines Sohnes für die Schülerzeitung oder eine Tageszeitung zensieren? Darf er ihm den Besuch von politischen Versammlungen und Meinungsäußerungen dort verbieten?

Interessen-abwägung

Die Interessenabwägung zwischen dem Grundrecht des Minderjährigen, seine Meinung in Wort, Schrift und Bild frei zu äußern (Art. 5 Abs. 1 S. 1 GG), und dem elterlichen Bestimmungsrecht (Art. 6 ABs. 2 GG) wird regelmäßig zugunsten des Grundrechts des Minderjährigen ausfallen, weil solche Äußerungen nur selten schwerwiegende Folgen nach sich ziehen.

Sind jedoch Schulstrafen oder Beleidigungsklagen zu befürchten, dann ist es allerdings Pflicht der Eltern, ihre Kinder davor zu schützen.

Das gleiche gilt für Äußerungen von Minderjährigen in politischen Versammlungen.

Informations- und Meinungsfreiheit des bald wahlberechtigten Minderjährigen

Endgültig wird sich die Waage zwischen dem Elternrecht und dem Kindesrecht zugunsten des Minderjährigen senken, wenn er auf die Vollendung des 18. Lebensjahres zugeht und damit wahlberechtigt wird. Er darf auf keinen Fall in seinem Grundrecht beschränkt werden, sich aus allgemein zugänglichen Quellen zu informieren und seine Meinung frei zu äußern. Um sich informieren zu können, muß dem bald wahlberechtigten Minderjährigen auch das Recht zugestanden werden, politische Versammlungen zu besuchen.

Keine Beschränkung

Das Recht, sich anderweitig, z.B. durch Lektüre über die zur Wahl stehenden politischen Parteien und deren Programme, zu informieren, wird man ihm ebenfalls schon geraume Zeit vorher voll einräumen müssen.

Dürfen die Eltern jugendgefährdende Schriften wegnehmen?

Obwohl Art. 14 GG das Eigentum garantiert, dürfen Eltern auf Grund des Elternrechts ihrem minderjährigen Kind Gegenstände wegnehmen, wenn dies zu seinem Schutz und zu seiner Erziehung geschieht. Das gilt vor allem für jugendgefährdende Schriften. Dasselbe Recht haben anstelle der Eltern auch Erzieher und Lehrer.

Zum Schutz, zur Erziehung

Was über die Grenzen des Elternrechts gesagt wird, gilt auch für Erzieher, die anstelle der Eltern die Personensorge ganz oder teilweise ausüben. Körperlich züchtigen dürfen Erzieher jedoch nicht. Auch die Züchtigung durch die Eltern darf dem Erziehungszweck nicht unangemessen, nicht übermäßig, entwürdigend und nicht generell ungeeignet sein. Arbeitgebern und Ausbildenden ist die Züchtigung durch das JArbSchG ausdrücklich verboten. Die Kindesmißhandlung ist ein Mißbrauch des Erziehungsrechts und darüber hinaus als Körperverletzung strafbar. Eltern dürfen den Umgang und den Briefverkehr ihrer Kinder nur beschränken, um Gefahren von ihnen abzuwenden. Das unbefugte Öffnen von Briefen ist strafbar. Wieweit Beschränkungen des Umgangs und des Briefverkehrs statthaft sind, richtet sich nach dem Alter des Kindes. Z.B. darf nach der Pubertät nur noch aus zwingenden Gründen in die Freiheit der Partnerwahl eingegriffen werden. Auch der Minderjährige ist frei, sich aus allgemein zugänglichen Quellen zu informieren und seine Meinung zu äußern. Dieses Recht darf ihm durch seine Eltern nur beschnitten werden, wenn er sich dadurch schaden würde. Auf keinen Fall kann der auf die Vollendung des 18. Lebensjahres zugehende Minderjährige gehindert werden, sich über die zur Wahl stehenden politischen Parteien und deren Programme zu informieren, Wahlversammlungen zu besuchen und sich dort zu äußern. Das volle Informationsrecht wird ihm schon geraume Zeit vor seinem ersten Gang zur Wahlurne zugestanden werden müssen. Ein Recht des Minderjährigen auf jugendgefährdende Schriften gibt es nicht. Sie können zu seinem

Zusammenfassung

Schutz sogar konfisziert werden. Elternrecht ist ein absolutes Recht, das jedermann zu beachten hat. Deshalb können Eltern auf Unterlassung klagen, wenn Dritte widerrechtlich, z.B. trotz des elterlichen Verbots, mit dem Kind Umgang pflegen.

Rechtsgeschäfte Minderjähriger

Jeder von uns nimmt fast täglich am Geschäftsverkehr teil; wir kaufen Lebensmittel, holen Zigaretten aus dem Automaten, bestellen ein Buch oder lösen eine Fahrkarte. Oft wird uns gar nicht bewußt, daß wir dabei rechtlich bedeutsame Handlungen vornehmen. In diesem Kapitel geht es vor allem um die Frage, ob und gegebenenfalls unter welchen Voraussetzungen auch Minderjährige solche Geschäfte tätigen können.

Jeder Mensch ist zwar rechtsfähig (§ 1 BGB), er kann also Rechte und Pflichten haben, z.B. Eigentümer eines Hauses sein; aber das bedeutet nicht, daß er damit auch schon die Fähigkeit hätte, durch eigenes Handeln bestimmte Rechtswirkungen hervorzurufen, etwa ein Buch zu kaufen oder ein Zimmer zu mieten.   *Rechtsfähigkeit*

Unsere Rechtsordnung gestattet einem Menschen erst dann und nur dann, seine Angelegenheiten mit Rechtsgültigkeit selbständig zu regeln, wenn er die körperliche und geistige Reife und Erfahrung besitzt, die Folgen seiner Handlungen abzusehen.

Diese Eigenschaften stehen dem einzelnen aber nicht auf der Stirn geschrieben. Deshalb mußte der Gesetzgeber aus Gründen der Rechtssicherheit – die anderen Teilnehmer am Rechtsverkehr haben ein Interesse an einer klaren Regelung – starre Altersgrenzen festlegen, ab wann und in welchen Fällen er einen Menschen für sein Handeln rechtlich verantwortlich sein läßt.   *Rechtssicherheit*

Vor diesem rechtspolitischen Hintergrund, d.h. der Aufgabe, den Minderjährigen einerseits zu schützen und zugleich seiner Entwicklung Rechnung zu tragen, muß die Regelung des BGB zur Rechtsstellung des Minderjährigen im Geschäftsverkehr gesehen werden.

In diese Rechtsmaterie soll uns ein Fall aus der Praxis einführen: Ein Minderjähriger kauft sich von seinem Taschengeld ein kleines Funkgerät.

Beispiel 1 (Aufgabe)
Der 17jährige J, der sich in einem Heim in G befindet, kauft in der nahegelegenen Stadt ein Brieftaschenfunkgerät für DM 80,–. Den Kaufpreis bestreitet er von seinem Taschengeld, das er seit Monaten zu diesem Zweck gespart hat. Als J eines Abends dabei ertappt wird, wie er nach dem Schlafengehen mit seinem Freund in einem anderen Schlafraum »funkt«, verlangt der Heimleiter, daß J das Gerät zurückgibt und die DM 80,– herausverlangt.
Der Geschäftsinhaber ist damit aber nicht einverstanden. Er ist der Auffassung, daß ein gültiger Kaufvertrag zustandegekommen sei. Ist diese Ansicht richtig?

Bevor wir prüfen, ob ein Minderjähriger einen gültigen Kaufvertrag schließen kann, wollen wir klären, was überhaupt ein Vertrag ist, wie er zustandekommt, was Willenserklärungen und Rechtsgeschäfte sind und welche Mängel sie aufweisen können.

1. Wie ein Vertrag entsteht

Definition 1

Willens-
übereinstimmung
● Unter Vertrag wird die erklärte Willensübereinstimmung zweier oder mehrerer Personen mit dem Ziel verstanden, eine einheitliche Rechtswirkung herbeizuführen.

Vertragstypus
Je nach dem Inhalt der Erklärungen handelt es sich z. B. um einen Kaufvertrag, Mietvertrag oder Arbeitsvertrag.
Der Kaufvertrag hat die Verpflichtung der Vertragsparteien zum Austausch von Ware gegen Geld zum Gegenstand.
Der Mietvertrag begründet die Verpflichtungen, den Gebrauch von Sachen – z. B. Wohnraum – gegen Entgelt, den sogenannten Mietzins, zu überlassen. Durch den Arbeitsvertrag wird der Arbeitnehmer gegenüber seinem Arbeitgeber zur entgeltlichen Arbeitsleistung verpflichtet.
Aus der Begriffsbestimmung kann man »herauslesen«, daß ein Vertrag durch übereinstimmende, wechselseitige Erklärungen der an ihm beteiligten Personen zustande kommt.

Der Antrag muß genau bestimmt sein

Definition 2

Antrag, Annahme
● Die Erklärung einer Person, die einer anderen vorschlägt, einen Vertrag zu schließen, wird Antrag (auch Angebot oder Offerte), die zustimmende Erklärung der anderen Person wird Annahme genannt.

Nur »ja«
muß genügen
Der Antrag muß dabei so bestimmt sein, d. h. er muß den Inhalt des abzuschließenden Vertrages so genau angeben, daß der andere Vertragspartner nur noch mit »Ja« zu antworten braucht, um die beabsichtigten Rechtswirkungen herbeizuführen.

Beispiel 2

Wenn A dem B ein Buch anbietet, so weiß damit B noch nicht, ob er das Buch geschenkt, geliehen oder zum Kauf angeboten bekommt. Bietet A dem B ein Buch zum Kauf an, so fehlen dem Angebot immer noch für einen Kauf wesentliche Aussagen, nämlich um welches Buch es sich handelt und wieviel das Buch kosten soll. Erst wenn A dem B z. B. die »Beck-Texte JugR, Auflage 1991«, zum Preis von DM 10,80 anbietet, sind Kaufobjekt und Kaufpreis, also das Kaufangebot, so genau bestimmt, daß B mit »Ja« antworten kann, um das Geschäft zustande zu bringen.

Der Katalog eines Versandhauses, die in einem Schaufenster ausgezeichneten Waren oder die Speisekarte einer Gastwirtschaft sind danach noch keine konkreten Kaufanträge. Durch sie werden mögliche Kaufinteressenten erst aufgefordert, genau bestimmte Kaufangebote abzugeben. *Speisekarte kein Kaufangebot*

Das wird sicher klar, wenn wir uns vorstellen: Wir gehen in eine Gastwirtschaft, setzen uns hin und antworten auf die Frage der Bedienung, was wir wünschen, mit »Ja«. Aus der Frage der Bedienung läßt sich schließen, daß sie von uns erst einen bestimmten Antrag erwartet.

Bindung an den Antrag

Der Antragende ist an seinen Antrag gebunden, wenn er die Bindung nicht ausdrücklich ausgeschlossen hat, was im Geschäftsleben durch Zusätze wie »Angebot freibleibend« oder »ohne Obligo« zum Ausdruck gebracht wird. Aber auch ohne solche Zusätze erlischt die Bindung des Antragenden, wenn der Antrag seitens des anderen Vertragspartners abgelehnt wird, oder die Annahmefrist abgelaufen ist. Eine verspätete Annahme gilt dann als neuer Antrag von seiten dessen, an den der ursprüngliche Antrag gerichtet war. *Ausschluß der Bindung*

Dauer der Bindung

Erklärung der Annahme

Ein Vertrag kommt, wie wir oben gesehen haben, durch die Annahme des Antrags zustande; die Annahme braucht aber ausnahmsweise dem Antragenden gegenüber nicht erklärt zu werden, wenn eine solche Erklärung nach der Verkehrssitte, d. h. nach den Geschäftsgepflogenheiten, nicht zu erwarten ist oder der Antragende auf sie verzichtet hat. Wenn Vertragspartner regelmäßig Geschäftsbeziehungen pflegen, wird häufig keine Annahmeerklärung erwartet, wenngleich auch hier meist Auftragsbestätigungen gegeben werden. *Oft nicht nötig*

2. Was ist eine Willenserklärung?

● Antrag und Annahme sind Willenserklärungen, d. h. private Willensäußerungen, die auf das Herbeiführen einer Rechtswirkung gerichtet sind.

Nicht jede Willensäußerung ist demnach eine Willenserklärung im rechtlichen Sinn. Wenn z. B. A sagt, er hätte heute genug studiert und wollte jetzt spazierengehen, so hat diese Äußerung keine rechtliche Bedeutung; wenn aber A seinem Arbeitgeber gegenüber erklärt, er hätte bei ihm lange genug gearbeitet und wollte sich jetzt um eine neue Arbeitsstelle umsehen, dann hat diese Äußerung nach unserer Rechtsordnung die Wirkung, daß das Arbeitsverhältnis nach Ablauf der Kündigungsfrist aufgelöst ist. *Willensäußerungen mit Rechtswirkung*

Formen der Willensäußerung

Erklärter Wille

Unsere Rechtsordnung mißt nur dem erklärten Willen eine rechtliche Bedeutung zu. Der Wille kann dabei durch Sprechen, Schreiben, Zeichen oder durch schlüssiges Handeln, aus dem auf einen Rechtswillen zu schließen ist (konkludentes Handeln), zum Ausdruck gebracht werden.

Beispiel 3
Der Händler reicht dem Kunden die gewünschte Tafel Schokolade über den Ladentisch. Dadurch nimmt er das Kaufangebot des Kunden an.

Schweigen keine Willenserklärung

Schweigen kann grundsätzlich nicht als Willenserklärung gewertet werden, wenn das Gesetz nicht ausdrücklich etwas anderes bestimmt. Das ist von Bedeutung, wenn jemand, etwa von einer Buchgemeinschaft, unverlangt Ware zugesandt bekommt.

Unverlangte Ware

Beispiel 4
Der Briefträger bringt A von einer ihm unbekannten Buchgemeinschaft eine nicht bestellte Schallplatte zum Preis von DM 20,–. In einem beiliegenden Brief heißt es, daß der Kaufpreis binnen acht Tagen zu zahlen ist, es sei denn, daß A das ebenfalls beiliegende Antwortschreiben mit dem Vermerk »kein Interesse« an die Buchgemeinschaft zurückschickt. A legt die Schallplatte zur Seite und sendet das Antwortschreiben nicht ab.

Ist in einem solchen Fall ein Kaufvertrag zustande gekommen? Wenn dies möglich wäre, ergäben sich für unser Privatleben unabsehbare Folgen. Schweigen auf ein Angebot bedeutet also nicht Zustimmung.
Die Frage wird anders zu beantworten sein, wenn A die Platte in sein Plattenregister aufnimmt und spielt. Hier läßt er durch schlüssiges Handeln erkennen, daß er den Kaufvertrag annimmt. In einem solchen Fall muß er auch zahlen. Der

Angebot verpflichtet nicht

Adressat unverlangt zugesandter Warenproben ist auch nicht verpflichtet, sich zu äußern und schon gar nicht, die Ware zu bezahlen. Die Rechtsprechung mutet ihm allerdings zu, die Waren, sofern sie nicht sperrig sind, für angemessene Zeit – etwa 4 Wochen – aufzubewahren und zur Abholung bereitzuhalten. Werden sie bis dahin nicht abgeholt, können sie weggeworfen oder auch gebraucht oder verbraucht werden.

Auslegung der Willenserklärungen

Auslegung

Oft kommt es vor, daß Erklärungen nicht eindeutig sind. In diesem Fall muß man sie »auslegen«, d.h. ihr Sinn muß ermittelt werden. Dabei ist der wirklich geäußerte Wille zu erforschen. Es kommt also nicht darauf an, welchen Sinn der Erklärende seiner Erklärung beilegt, sondern wie die Erklärung unter den gegebenen Umständen als Äußerung eines vernünftigen Menschen allgemein verstanden werden muß.

Beispiel 5
A geht zu einer Auto-Vermietung, um sich für das Wochenende einen Wagen auszuleihen. Selbst wenn er mit dem Vermieter befreundet ist und weder mündlich noch schriftlich ein Vertrag geschlossen wurde, darf er nicht erwarten, daß ihm das Auto unentgeltlich zur Verfügung gestellt wird.

Anfechtung

Wenn die Erklärung vom Willen des Erklärenden abweicht und das dem Erklärenden nicht bewußt ist, so muß er sich dennoch an seine Erklärung, wie sie bei objektiver Betrachtung verstanden werden kann, halten. Er kann allerdings die Erklärung anfechten und sie dadurch ungültig machen.

> **Beispiel 6**
> Der Heimleiter verschreibt sich und bestellt statt 100 schokoladenen Nikolausfiguren 1000 Stück. Er kann die Bestellung u. U. rückgängig machen.

Jemand kann eine Erklärung auch anfechten, wenn er zu ihrer Abgabe durch arglistige Täuschung bestimmt wurde.

> **Beispiel 7**
> A erklärt B, das Auto, das er ihm verkaufen will, sei garantiert unfallfrei, und bestimmt B so zum Kauf. Ist das Auto nicht unfallfrei, kann B den Kaufvertrag anfechten und ihn so ungültig machen.

Wann wird eine Willenserklärung wirksam?

Das BGB unterscheidet zwischen der Abgabe einer Willenserklärung und ihrem *Abgabe* Wirksamwerden. Abgegeben ist eine Willenserklärung, sobald ihr Urheber sie vollendet hat, wenn er alles getan hat, um sie wirksam zu machen. Unter Anwesenden ist sie abgegeben, wenn sie ausgesprochen ist, unter Abwesenden, wenn sie abgegangen, also z. B. zur Post gegeben ist.
Mit der Abgabe allein werden aber nur wenige Willenserklärungen auch schon wirksam, so etwa die Erbeinsetzung durch ein Testament.
Fast alle Willenserklärungen sind empfangsbedürftig, weil sie für andere Perso- *Zugang* nen bestimmt sind. Solche Willenserklärungen können daher erst wirksam wer- den, wenn sie dem Empfänger zugegangen sind, d. h. in einer Weise in seinen Verfügungsbereich gelangt sind, daß er unter gewöhnlichen Umständen die Möglichkeit hat, davon Kenntnis zu nehmen.
Unter Anwesenden ist eine Erklärung zugegangen, wenn sie ausgesprochen worden ist und der Empfänger sie hören konnte, unter Abwesenden z. B. wenn der Brief in einen Briefkasten geworfen und unter gewöhnlichen Umständen mit der Leerung zu rechnen ist.

3. Das Rechtsgeschäft

Die Willenserklärung ist notwendiger Bestandteil jedes Rechtsgeschäfts.

- Ein Rechtsgeschäft, das aus nur einer Willenserklärung besteht, wird einseiti- *Einseitiges* ges Rechtsgeschäft genannt. *Rechtsgeschäft*

Einseitige Rechtsgeschäfte sind z. B. das Testament, die Anfechtung und die Kündigung.
Bei der Kündigung wird durch die einseitige Erklärung des Arbeitnehmers oder Arbeitgebers das Arbeitsverhältnis nach Ablauf der gesetzlichen oder der ver- einbarten Kündigungsfrist aufgelöst, es sei denn, es handelt sich um eine fristlo- se Kündigung. Einigen sich beide Vertragspartner über die Auflösung des Ar- *Einvernehmen* beitsverhältnisses (»im gegenseitigen Einvernehmen«), so ist dies ein Aufhe- bungsvertrag und keine Kündigung.
Dasselbe gilt für die Kündigung des Mietvertrages.

- Ein zweiseitiges Rechtsgeschäft, das zwei einander entsprechende Willens- *Vertrag* erklärungen verschiedener Personen enthält, heißt Vertrag.

Mängel eines Rechtsgeschäfts

Nichtigkeit

Eine Willenserklärung und – da die Willenserklärung notwendiger Bestandteil eines jeden Rechtsgeschäfts ist – somit auch ein Rechtsgeschäft können mit Mängeln behaftet sein, die sie nichtig, d. h. von vornherein rechtlich unwirksam sein lassen.

Schwebende Unwirksamkeit

Unsere Rechtsordnung kennt auch Fälle, wo ein Rechtsgeschäft, weil es unvollständig ist, keine Rechtswirkungen hervorbringt, bis das fehlende Erfordernis nachgebracht wird. Geschieht das, so wird das Rechtsgeschäft rückwirkend – d. h. von Anfang an – wirksam. Die Rechtslehre spricht in solchen Fällen von schwebender Unwirksamkeit.

Mit Mängeln dieser Art sind auch Willenserklärungen von Personen behaftet, denen das BGB wegen ihrer geistigen und körperlichen Entwicklung oder wegen einer Geistesstörung keine oder keine volle Geschäftsfähigkeit zuerkennt.

Teilzusammen-fassung

Im Geschäftsverkehr ist der Vertrag das häufigste Rechtsgeschäft. Er kommt durch Antrag und Annahme zustande. Beides sind Willenserklärungen, Äußerungen, die auf eine bestimmte Rechtswirkung abzielen. Die Willensäußerung kann durch Sprechen, Schreiben, Zeichen oder auch durch schlüssiges Handeln erfolgen. Wirksam wird eine Willenserklärung in der Regel, wenn sie dem Empfänger zugegangen, d. h. so in seinen Verfügungsbereich gelangt ist, daß er bei normalem Ablauf der Dinge von ihr Kenntnis nehmen konnte. Willenserklärungen können Mängel aufweisen, die sie unwirksam machen. Die geistige und körperliche Entwicklung und die Reife eines Menschen beeinflussen die Gültigkeit seiner Willenserklärungen und damit seiner Rechtsgeschäfte.

4. Die Geschäftsfähigkeit

Begriff

Definition 3
● Rechtslehre und Rechtsprechung verstehen unter Geschäftsfähigkeit die Fähigkeit, selbständig rechtswirksame Willenserklärungen abgeben oder entgegennehmen zu können.

Entsprechend dem Alter des Menschen oder dem Grad seiner geistigen Entwicklung oder Störung ist diese Fähigkeit abgestuft.

Wer ist geschäftsunfähig?

Kinder unter sieben Jahren

● Geschäftsunfähig sind Kinder unter sieben Jahren (§ 104 Nr. 1 BGB). Sie sind zwar rechtsfähig, d. h. sie können Rechte und Pflichten haben; rechtswirksam handeln können sie jedoch nicht.

Die von Kindern oder gegenüber Kindern abgegebenen Willenserklärungen sind nichtig (§ 105 Abs. 1 BGB), also rechtlich bedeutungslos. Nicht einmal Geschenke können Kinder rechtswirksam annehmen.

Allenfalls wie Boten anzusehen

Die Willensäußerungen von Kindern unter sieben Jahren können allenfalls wie die eines Boten angesehen werden. Der Bote macht nicht seinen eigenen Rechtswillen geltend, er übermittelt nur die von anderen abgegebenen Willenserklärungen.

58

Beispiel 8
Eine Mutter schickt ihr fünfjähriges Kind zum Einkaufen. Hier schließt nicht das Kind das Geschäft ab; der Kaufvertrag kommt vielmehr zwischen dem Geschäftsinhaber und der Mutter zustande. Das Kind ist nur Erklärungsübermittler. Wenn es nicht bewußt etwas anderes kauft, äußert es selbst keinen Rechtswillen. Aber auch wenn es etwas anderes kauft, würde die Mutter aus dem Kaufvertrag nicht verpflichtet, da sie vom Kind nicht vertreten werden kann. Das Kind selbst kann sich nach § 105 Abs. 1 BGB nicht verpflichten, denn es ist geschäftsunfähig.

Für geschäftsunfähige Kinder können nur ihre gesetzlichen Vertreter handeln, in der Regel also die Eltern.

● Geschäftsunfähig ist auch ein Volljähriger, wenn er nicht nur vorübergehend an einer geistigen Störung leidet, die so hochgradig ist, daß seine Fähigkeit zu vernünftiger Willensbildung der eines Kindes unter sieben Jahren gleichkommt (§ 104 Nr. 2 BGB). *Hochgradige geistige Störung*

Auch seine Willenserklärungen sind nichtig (§ 105 Abs. 1 BGB).
Für ihn kann vom Vormundschaftsgericht ein Betreuer für die Angelegenheiten bestellt werden, die er nicht mehr selbständig erledigen kann, z. B. Besorgungen für den Haushalt, Mietzahlungen. *Betreuung*
Auch Geschäftsfähige können vorübergehend durch Trunkenheit oder Drogeneinfluß eine schwere Störung ihrer Geistestätigkeit erleiden. Willenserklärungen, die sie in diesem Zustand abgeben oder entgegennehmen, sind nach § 105 Abs. 2 BGB ebenfalls ungültig.

5. Der beschränkt geschäftsfähige Minderjährige

● Beschränkt geschäftsfähig sind Minderjährige über sieben Jahren (§ 106 BGB).

● Sie können zwar im Gegensatz zu den Geschäftsunfähigen selbst Willenserklärungen abgeben und entgegennehmen, aber in der Regel nur mit Einwilligung des gesetzlichen Vertreters (§ 107 BGB), wobei das BGB unter Einwilligung die vorherige Zustimmung versteht.

Einwilligung des gesetzlichen Vertreters

Die Einwilligung des gesetzlichen Vertreters bedarf in der Regel keiner besonderen Form. Das gilt auch dann, wenn für das Rechtsgeschäft, zu dem die Einwilligung erforderlich ist, eine bestimmte Form vorgeschrieben ist. Sie kann also schriftlich gegeben werden, was von Geschäftspartnern der leichteren Beweisführung wegen manchmal verlangt wird, aber auch mündlich, durch schlüssiges Handeln oder sogar stillschweigend. *Keine besondere Form*
Erteilung und Verweigerung der Einwilligung können dem Minderjährigen oder dem Vertragspartner gegenüber erklärt werden.
Mit der in § 107 BGB geforderten Einwilligung des gesetzlichen Vertreters bezweckt das Gesetz den Schutz des beschränkt Geschäftsfähigen im Geschäftsverkehr. Es will verhindern, daß solche Personen zu ihrem Nachteil Verpflichtungen eingehen, die sie vielleicht nicht überblicken können. *Schutzzweck*

Rechtlicher Vorteil für den beschränkt Geschäftsfähigen

Da bei Willenserklärungen, die dem beschränkt Geschäftsfähigen ausschließlich rechtliche Vorteile bringen, die Gefahr eines Nachteiles nicht besteht, kann *Rechtliche Vorteile*

	er nach § 107 BGB Willenserklärungen dieser Art allein wirksam vornehmen.
Rechtliche Nachteile	Rechtliche Vorteile sind nur Berechtigungen; Verpflichtungen hingegen sind Rechtsnachteile. Wirtschaftliche Vor- und Nachteile haben dabei keine Bedeutung.

Beispiel 9
Ausschließlich rechtliche Vorteile bringen die Annahme einer Schenkung oder der Eigentumserwerb. Sie vermehren nur die Rechte, wenn nicht mit der Schenkung eine Auflage verbunden ist, in bestimmter Weise mit dem Geschenk zu verfahren. Ob das Geschenk wirtschaftlich vorteilhaft ist, ist ohne Belang.

Folgen fehlender Einwilligung

Einseitiges Rechtsgeschäft
- Fehlt die nach § 107 BGB erforderliche Einwilligung, dann ist ein einseitiges Rechtsgeschäft eines beschränkt Geschäftsfähigen, z. B. eine Kündigung, unwirksam (§ 111 BGB).

Vertrag
- Schließt ein Minderjähriger hingegen ohne die erforderliche Einwilligung einen Vertrag, dann ist dieses zweiseitige Rechtsgeschäft nicht wie das einseitige schlechthin unwirksam. Es kann durch eine Genehmigung, die vom BGB als nachträgliche Zustimmung verstanden wird, noch von Anfang an wirksam werden (§ 108 Abs. 1 BGB).

Bis zur Genehmigung schwebend unwirksam
Bis zur Genehmigung wird der Vertrag mit einem beschränkt Geschäftsfähigen als »schwebend unwirksam« bezeichnet. Die gewollte Rechtswirkung kann grundsätzlich erst eintreten, wenn die Genehmigung des gesetzlichen Vertreters vorliegt. Für die Form der Genehmigung gilt, was oben für die Einwilligung gesagt wurde; es ist also keine besondere Form erforderlich.

Geschäftspartner kann Schwebezustand beenden
Die Genehmigung ist an keine Frist gebunden. Will sich der Geschäftspartner eines Minderjährigen versichern, ob der gesetzliche Vertreter das Geschäft genehmigt, und fordert er ihn deshalb auf, sich über die Genehmigung zu erklären, so kann diese Erklärung nur dem Geschäftspartner des Minderjährigen gegenüber erfolgen. Eine dem Minderjährigen bereits erteilte Genehmigung oder deren Verweigerung wird dadurch unwirksam. Nach einer solchen Aufforderung muß die Genehmigung bis zum Ablauf von zwei Wochen nach dem Empfang der Aufforderung erteilt werden. Verstreicht die Frist, ohne daß eine Antwort beim Geschäftspartner eingeht, dann gilt die Genehmigung als verweigert (§ 108 Abs. 2 BGB).

Kein Schutz des guten Glaubens

Wahrheitswidrige Behauptung
Wenn jemand im guten Glauben an die Geschäftsfähigkeit eines Minderjährigen handelt oder in gutem Glauben, daß der gesetzliche Vertreter die Einwilligung erteilt hat oder den Vertrag noch genehmigen wird, so schützt ihn das BGB nicht. Selbst wenn der Minderjährige der Wahrheit zuwider behauptet, er sei volljährig oder sein gesetzlicher Vertreter sei mit dem Geschäft einverstanden, ändert das nichts an der Rechtslage. Das Gesetz schützt den Minderjährigen vorbehaltlos auch gegen seinen Willen.

Der Taschengeldparagraph

Vertrag durch Erfüllung wirksam
Nach § 110 BGB wird ein Vertrag, den ein Minderjähriger über sieben Jahre ohne die erforderliche Einwilligung seines gesetzlichen Vertreters schließt, auch ohne dessen Genehmigung von Anfang an wirksam, wenn der Minderjährige ihn voll erfüllt. Oder mit den Worten des Gesetzes: Der vom Minderjährigen ge-

schlossene Vertrag wird wirksam, »wenn der Minderjährige die vertragsmäßige Leistung (Vertragsverpflichtung) mit Mitteln bewirkt, die ihm... überlassen worden sind«.

Von wem der Minderjährige die Mittel hat – in der Regel werden es Geldmittel sein, aber auch Sachmittel, wie z.B. Schallplatten sind denkbar – ist gleichgültig. Meist werden es Geldbeträge sein, die er von seinen Eltern als Taschengeld bekommen hat. Es können aber auch Mittel sein, die dem Minderjährigen gehören oder Arbeitsverdienst, den ihm die gesetzlichen Vertreter als Inhaber der Vermögenssorge ausdrücklich, durch schlüssiges Handeln oder stillschweigend überlassen.

Taschengeld

Eigener Verdienst

Aus den Worten des § 110 BGB, »wird wirksam, wenn... bewirkt«, ergibt sich, daß diese Bestimmung in der Regel nur Bargeschäfte beschränkt Geschäftsfähiger deckt. Es sind aber auch Ratenkäufe nicht ausgeschlossen. Sie werden allerdings erst gültig, wenn die letzte Rate bezahlt ist. Vorher sind sie schwebend unwirksam.

Nur Bargeschäfte gültig

Wie man sieht, gibt § 110 BGB dem Minderjährigen einen Verfügungsspielraum, ohne ihm die Möglichkeit zu eröffnen, daß er sich verschuldet, denn die Geschäfte werden erst mit der Erfüllung gültig.

Verfügungs-spielraum

Werden sie nicht oder nicht ganz erfüllt, oder tritt der gesetzliche Vertreter während des Schwebezustandes dazwischen, sind sie ungültig mit der Konsequenz, daß etwa anbezahlte Beträge zurückgezahlt werden müssen. Sie müssen aber nicht zurückgezahlt werden, wenn angenommen werden kann, daß die vertragsmäßige Leistung eine teilbare Leistung ist, das Geschäft also für den erfüllten Teil wirksam sein soll.

Wirksamkeit bezüglich einzelner Teilleistungen

Beispiel 10

Ein Minderjähriger abonniert eine Zeitung oder Zeitschrift oder tritt einer Buchgemeinschaft bei. Diese Geschäfte sind nur soweit gültig, als die Zeitungen, Zeitschriften oder Bücher bereits bezahlt sind. Eine Bindung für die Zukunft ergibt sich daraus nicht. Bezüglich der noch nicht bezahlten Teilleistungen sind solche Geschäfte schwebend unwirksam. Anders ist es, wenn die Teilleistungen so eng zusammenhängen, daß nur die ganze Leistung einen Sinn hat. Hat ein Minderjähriger einen in mehreren Lieferungen erscheinenden Sprachkurs zum Teil bezogen und bezahlt und ist er einen Teilbetrag noch schuldig, dann ist das ganze Geschäft schwebend unwirksam, weil die Teilleistungen eng miteinander zusammenhängen und einzeln kaum einen Wert haben.

Praktisch erfaßt § 110 BGB nur Geschäfte, die mit den zur freien Verfügung stehenden Mitteln erfüllt werden können.

Mittel für bestimmte Zwecke

Werden dem Minderjährigen Mittel zu bestimmten Zwecken überlassen, so ist darin meist eine Einwilligung für die damit gemeinten Geschäfte zu sehen, die dann entgegen dem Wortlaut des § 110 bereits nach § 107 BGB gültig sind. Erst wenn der Minderjährige die Mittel zu anderen als den vorgesehenen Zwecken verwendet, kann § 110 BGB wieder zum Tragen kommen, sofern das Geschäft erfüllt wird.

6. Rechtsgeschäfte in der Ausbildung

Bei Geschäften, die ein in der Ausbildung stehender Minderjähriger im Zusammenhang mit der ihm gestatteten Ausbildung tätigt, liegt die Einwilligung der gesetzlichen Vertreter für diese Rechtsgeschäfte vor. Solche Geschäfte des Minderjährigen sind ebenfalls bereits nach § 107 BGB gültig.

Beispiel 11

Erhält ein minderjähriger Studierender einen Geldbetrag oder wird ihm die Ausbildungsbeihilfe überlassen, damit er seine Aufwendungen und Lebenshaltungskosten bestreiten kann, so liegt darin eine im voraus erteilte Einwilligung zu allen Geschäften, die ein Studierender üblicherweise abschließt. Er kann also rechtswirksam (§ 107 BGB) ein Zimmer mieten, selbst wenn er die notwendigen Geldbeträge für die nächsten Monate noch nicht zu Verfügung hat.

Tätigt er jedoch Geschäfte, die mit dem Studienzweck nicht zusammenhängen, dann werden diese Geschäfte erst mit deren Erfüllung wirksam (§ 110 BGB).

Bei minderjährigen Studierenden bezweckt § 110 BGB eine gewisse Sicherung des Geschäftsverkehrs.

Die von manchen Juristen vertretene Meinung, daß Geschäfte, die von Minderjährigen zu einem anderen als dem vorgesehenen Zweck vorgenommen werden, selbst mit der Erfüllung nicht wirksam sein können, läßt außer acht, daß § 110 BGB auch eine gewisse Sicherung des Geschäftsverkehrs bei Barzahlung bezweckt, vor allem dann, wenn es sich nach ihrem Wert um relativ geringfügige und übliche Rechtsgeschäfte handelt.

Beispiel 1 (Lösung)

J und der Geschäftsinhaber haben sich darüber geeinigt, daß J gegen Bezahlung von DM 80,– das Funkgerät erhalten soll. Die Rechtsgültigkeit dieser Einigung, die sich inhaltlich als Kaufvertrag darstellt, ist nicht dadurch beeinträchtigt, daß J nach § 2 BGB noch minderjährig und damit nach § 106 BGB beschränkt geschäftsfähig ist. Zwar kann ein beschränkt Geschäftsfähiger ohne Einwilligung seiner gesetzlichen Vertreter grundsätzlich keine Rechtsverpflichtungen, also auch keine Kaufpreisverpflichtung, eingehen, weil eine Verpflichtung ein Rechtsnachteil ist (§ 107 BGB). Da J aber den Vertrag mit den DM 80,– erfüllt hat, die er gespart hatte und die ihm zur freien Verfügung standen, ist der Vertrag nach § 110 BGB wirksam. Die Ansicht des Geschäftsinhabers entspricht also der Rechtslage.

Anmerkung: Da dem Heimleiter die Erziehung des J übertragen ist, kann er J die Benutzung des Funkgerätes verbieten, ihm das Gerät sogar wegnehmen. J bleibt aber Eigentümer des Geräts.

7. Der Minderjährige im Arbeitsleben

§ 113 BGB regelt die Teilgeschäftsfähigkeit des Minderjährigen in Dienst oder Arbeit. Ermächtigen die gesetzlichen Vertreter einen beschränkt Geschäftsfähigen, ein Dienst- oder Arbeitsverhältnis einzugehen, und machen sie keine Einschränkungen dabei, dann ist der beschränkt Geschäftsfähige in dieser Hinsicht unbeschränkt geschäftsfähig. Er kann also alle Rechtsgeschäfte gültig tätigen, die mit dem Eingehen oder Aufheben des Dienst- oder Arbeitsverhältnisses der gestatteten Art zusammenhängen oder die Erfüllung von Verpflichtungen betreffen, wie sie sich aus einem solchen Verhältnis ergeben. Dazu gehören die Vereinbarung der Arbeitsbedingungen, die Verlängerung, Änderung, Ergänzung und auch die Lösung (Kündigung) des Arbeitsvertrages, weiter die Klage auf Zahlung des Lohns sowie natürlich auch die Entgegennahme des Lohnes.

Teilgeschäfts-fähigkeit

Die gesetzlichen Vertreter können die Ermächtigung, ein Arbeitsverhältnis einzugehen, allgemein oder nur für bestimmte Arbeitsverhältnisse erteilen und sie jederzeit für die Zukunft einschränken oder zurücknehmen. Sie müssen dies nach h. A. sowohl dem beschränkt Geschäftsfähigen als auch dem Arbeitgeber gegenüber tun.

● Diese Regelung des § 113 BGB gilt aber nicht für Ausbildungsverträge, da bei ihnen die Auswahl des Vertragspartners wegen des persönlichen Charakters der Ausbildung von besonderer Bedeutung ist.

Es gibt einseitige Rechtsgeschäfte, z. B. das Testament, und zweiseitige Rechtsgeschäfte. Das zweiseitige Rechtsgeschäft heißt Vertrag. Ein Vertrag kommt durch Antrag und Annahme zustande. Beides sind Willenserklärungen. Willenserklärungen werden wirksam, wenn sie dem Empfänger zugegangen sind. Sie können Mängel aufweisen, die sie nichtig machen, z. B. weil ein Vertragspartner nicht geschäftsfähig ist. Das BGB unterscheidet zwischen Geschäftsunfähigkeit und beschränkter Geschäftsfähigkeit. Geschäftsunfähig sind Kinder unter sieben Jahren. Ihre Willenserklärungen sind rechtlich unwirksam. Am Geschäftsverkehr können sie nur durch ihre gesetzlichen Vertreter teilnehmen. Die beschränkt Geschäftsfähigen – das sind Minderjährige über sieben Jahre – können zwar am Geschäftsverkehr teilnehmen; die Gültigkeit der von ihnen vorgenommenen Rechtsgeschäfte hängt aber in der Regel von der vorherigen Zustimmung ihrer gesetzlichen Vertreter ab. Fehlt diese notwendige vorherige Zustimmung, dann sind einseitige Rechtsgeschäfte ungültig; Verträge können durch die nachträgliche Zustimmung der gesetzlichen Vertreter noch wirksam werden. Wenn der Minderjährige den Vertrag mit Mitteln erfüllt, die ihm zur freien Verfügung überlassen sind (z. B. Taschengeld), kann der Vertrag auch ohne vorherige oder nachträgliche Zustimmung der gesetzlichen Vertreter von Anfang an wirksam sein, selbst wenn er rechtlich unvorteilhaft ist. Teilgeschäftsfähig ist ein Minderjähriger, der mit Ermächtigung seiner gesetzlichen Vertreter in Dienst oder Arbeit steht. Er ist unbeschränkt geschäftsfähig für alle Rechtsgeschäfte, die ein Dienst- oder Arbeitsverhältnis der ihm erlaubten Art mit sich bringt, solange die gesetzlichen Vertreter ihre Ermächtigung nicht einschränken oder zurücknehmen.

Zusammenfassung

Kapitel 6

Haftung Minderjähriger und der für sie Verantwortlichen

Wenn jemand einen Schaden angerichtet hat, muß er meist auch dafür einstehen, muß er, wie man sagt, dafür haften; allerdings nicht unter allen Umständen, z. B. nicht, wenn er nicht einsehen konnte, daß seine Handlung unerlaubt war, oder wenn ihn keine Schuld trifft. In diesem Kapitel beschäftigen wir uns mit der Haftung Minderjähriger. Haften sie selbst? Haften andere, etwa die Erziehungsberechtigten, für sie?

Nur Einsichts-
fähige haften

● Unsere Rechtsordnung läßt nicht jede Person für einen von ihr angerichteten Schaden einstehen (haften). Fehlt ihr die Fähigkeit, die Unerlaubtheit und die Folgen ihrer Handlung einzusehen, dann wird sie nicht verantwortlich gemacht.

Nur bei Schuld-
vorwurf

● Die Einsichtsfähigkeit vorausgesetzt, soll nur derjenige für seine Handlung haften, dem der Vorwurf gemacht werden kann, daß er unerlaubt eine schädigende Handlung begangen hat (Schuldvorwurf).

Schutz des
Minderjährigen

Grundsätzlich bewahrt das BGB den gleichen Personenkreis vor der Haftung, den es durch die Regelungen der Geschäftsfähigkeit vor der Verantwortung für eigene Rechtsgeschäfte schützt.

Der Schutz geht bei der Haftung aber nicht ganz so weit wie bei der Geschäftsfähigkeit, weil der Gesetzgeber annimmt, daß ein Minderjähriger die Folgen eines unerlaubten Handelns eher abschätzen kann als die Folgen von Handlungen im Geschäftsverkehr, wo in der Regel eine größere Erfahrung notwendig sein wird, um nicht übervorteilt zu werden. Die übrigen Teilnehmer am Geschäftsverkehr können sich außerdem vor Handlungen Minderjähriger, wie etwa der Nichterfüllung vertraglicher Verpflichtungen, verhältnismäßig leicht schützen. Sie brauchen nur mit Minderjährigen keine Rechtsgeschäfte zu tätigen.

Kein absoluter
Maßstab für
Haftung

Während das Gesetz also aus Gründen der Rechtssicherheit im Geschäftsverkehr für die Geschäftsunfähigkeit einen objektiv bestimmbaren Maßstab, nämlich das Alter, festgelegt hat, hat es hinsichtlich der Haftung zwar auch Altersgrenzen bestimmt; ab dem vollendeten 7. Lebensjahr macht es aber die Haftung von der geistigen Entwicklung des Minderjährigen abhängig. Insofern gibt es keinen absoluten Maßstab für die Haftung von Kindern und Jugendlichen.

Die gesetzlichen Regelungen soll hier der praktische Fall eines 15jährigen veranschaulichen, der mit dem Fahrrad einen Verkehrsunfall verursacht.

Beispiel 1 (Aufgabe)

Der Heimleiter H schickt den 15jährigen F, der sich in einem vom eingetragenen Verein »Hilfe für Gefährdete« getragenen Erziehungsheim befindet, mit dem Fahrrad in das nahegelegene Dorf, um dort ein Ersatzteil für eine Küchenmaschine abzuholen. Das Dorf ist über einen Feldweg oder über eine öffentliche Straße zu erreichen. H ist weder Vorstandsmitglied noch in der Satzung des Vereins als verfassungsmäßig berufener Vertreter genannt.

Um schneller fahren zu können, benutzt F die Straße. Er schneidet eine unübersichtliche Kurve und zwingt dadurch den mit seinem Pkw entgegenkommenden P, der ebenfalls nicht auf der äußersten rechten Straßenseite fährt, zu einem Ausweichmanöver. P fährt in den Straßengraben, nachdem er vorher einen Begrenzungspfahl gestreift hat. Der Pkw wird dabei beschädigt.

P schickt die Rechnung über Reparaturkosten in Höhe von DM 800,– an das Heim und verlangt, daß sie von F oder dem Heim binnen 14 Tagen beglichen wird.

Muß F den Schaden ersetzen? Oder muß das Heim die Rechnung begleichen? Es ist also zu prüfen, ob ein 15jähriger für den Schaden haftet, den er angerichtet hat.

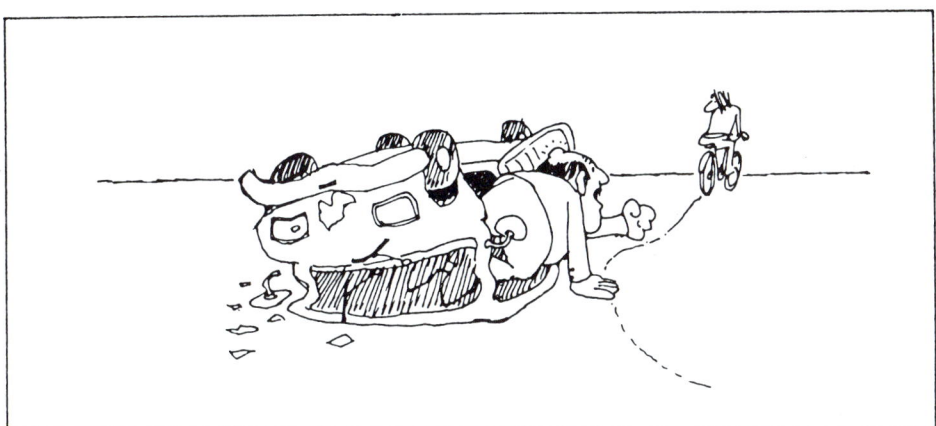

1. Haftung für unerlaubte Handlungen

Das BGB kennt neben der vertraglichen auch eine Haftung wegen widerrechtlichen Eingriffs in fremde Rechtspositionen. Das Gesetz nennt diese widerrechtlichen Eingriffe unerlaubte Handlungen.

Vertragliche Haftung, unerlaubte Handlungen

Vertragsparteien haben nicht nur einen Anspruch auf Erfüllung des Vertrages. Wird ein Vertrag nicht, nicht rechtzeitig oder schlecht erfüllt, dann kann Schadensersatz verlangt werden. Das macht folgendes Beispiel einer Aufsichtspflichtverletzung aus einem Kindergarten deutlich.

Beispiel 2
Wird wegen mangelnder Aufsicht durch die Erzieherin ein Kind verletzt, muß der Träger des Kindergartens Schadensersatz leisten, weil eine Rechtsverpflichtung aus dem Kindergartenvertrag, nämlich das Kind zu beaufsichtigen, verletzt und der Kindergartenvertrag also schlecht erfüllt worden ist.

Da das Kind verletzt worden ist, entsteht zugleich eine Haftung wegen einer unerlaubten Handlung.

Aus beiden Rechtsgründen kann das verletzte Kind, vertreten durch seine Eltern, Schadensersatzansprüche erheben, den Schaden aber selbstverständlich nur einmal ersetzt erhalten.

Ob ein vertraglicher oder ein Anspruch wegen unerlaubter Handlung gegeben ist, ist deswegen praktisch bedeutsam, weil beide Ansprüche rechtlich ungleich behandelt werden (s. u.).

Schadensersatz

Die Haftung für unerlaubte Handlungen drückt sich in der Verpflichtung aus, den durch einen widerrechtlichen Eingriff zugefügten Nachteil auszugleichen, also in der Verpflichtung, Schadensersatz zu leisten. Welche widerrechtlichen Eingriffe Schadensersatzverpflichtungen zur Folge haben, ist im Gesetz genau festgelegt.

Wann Schadensersatz?

Das BGB unterscheidet dabei die Haftung für eigene Unrechtshandlungen, die hier zunächst behandelt werden, die Haftung für fremde Unrechtshandlungen, etwa die Haftung der Eltern oder der Erzieher für die Schadenshandlungen der aufsichtsbedürftigen Kinder, und die Gefährdungshaftung (z. B. Haftung des Kraftfahrzeughalters für den Schaden, der durch den Betrieb eines Kraftfahrzeugs entstanden ist).

2. Haftung für eigene Unrechtshandlungen

Die wichtigste Haftungsnorm bei eigenen Unrechtshandlungen ist § 823 Abs. 1 BGB. Mit dieser Bestimmung wollen wir uns nun näher beschäftigen.

Voraussetzungen des § 823 Abs. 1 BGB

Nach § 823 Abs. 1 BGB macht sich haftbar, wer vorsätzlich oder fahrlässig das Leben, den Körper, die Gesundheit, die Freiheit, das Eigentum oder ein sonstiges Recht eines anderen widerrechtlich verletzt und dadurch einen Schaden verursacht.

Verletzung durch ein Tun oder Unterlassen

Rechtsgüter

Die im Gesetz genannten Rechtsgüter, wie Leben, Gesundheit und die sonstigen Rechte, können durch ein Tun oder ein Unterlassen verletzt werden.

> Beispiel 3
> Unterlassen: Infolge fehlender Aufsicht durch die Erzieherin verletzt sich ein Kind am Arm.

Sonstige Rechte

Unter sonstige Rechte, die verletzt werden können, fallen nur absolute Rechte, d. h. Rechte, die sich gegen jedermann richten und die deshalb jedermann verletzen kann.

> Beispiel 4
> Sonstige Rechte: das Recht am eingerichteten und ausgeübten Gewerbebetrieb; Ehre; elterliche Personensorge.

Eine Forderung, wie z. B. die Kaufpreisforderung, ist nur gegen eine bestimmte Person, den Käufer, gerichtet, also kein sonstiges Recht.

Widerrechtlichkeit

Verletzung durch ein Tun

Die Verletzung eines geschützten Rechtsgutes oder sonstigen Rechts durch ein Tun ist immer rechtswidrig, d. h. verboten, wenn die Handlung nicht ausnahmsweise durch unsere Rechtsordnung gerechtfertigt, d. h. erlaubt ist.

Gerechtfertigte Eingriffe

Gerechtfertigte Handlungen in diesem Sinne sind z. B. Notwehr oder Maßnahmen im Bereich der Personensorge, wie körperliche Züchtigungen unter den in Kapitel 4 erörterten Bedingungen. Die Notwehr muß angemessen sein. So darf man natürlich nicht gegen jemanden, der ein gering zu wertendes Rechtsgut verletzt (z. B. einen Bleistift stiehlt), mit Pistolenschüssen oder tödlichen Karateschlägen vorgehen.

Die Verletzung, die durch eine Unterlassung verursacht wurde, ist dagegen nur dann rechtswidrig, wenn für den Schädiger eine Rechtspflicht zum Handeln bestand und die Vornahme der gebotenen Handlung den Schaden verhindert hätte. Die Pflicht zum Handeln kann u. a. auf Gesetz oder Vertrag beruhen.

Wann ist Unterlassung rechtswidrig?

> **Beispiel 5**
> Die Eltern haben kraft Gesetzes die Aufsichtspflicht (§ 1631 Abs. 1 BGB), während die Erzieherin vertraglich zur Aufsichtsführung verpflichtet ist.

Eine besondere Rechtspflicht zum Handeln ergibt sich aus den sogenannten Verkehrssicherungspflichten, wobei folgender Grundsatz gilt: Wer eine Gefahrenquelle schafft, hat die nach Lage der Verhältnisse erforderlichen Sicherungsmaßnahmen zum Schutz anderer zu treffen.

Verkehrssicherungspflicht

> **Beispiel 6**
> Nach der Rechtsprechung ist ein Bauunternehmer verpflichtet, die Baustelle abzusichern und spielende Kinder von der Baustelle zu weisen. Das Schild »Eltern haften für ihre Kinder« entbindet ihn nicht von dieser Verpflichtung.
> Gefährliches Spielgerät darf nur an Kinder in Begleitung Erwachsener ausgehändigt werden.
> In einem Kindergarten stellt die Verglasung von Flügeltüren mit einfachem Glas eine Gefahrenquelle dar. Der Träger des Kindergartens haftet für dadurch entstehende Schäden.

Verschulden

Die rechtswidrige Verletzung eines fremden Rechtsgutes oder eines sonstigen Rechts allein reicht – abgesehen von den Fällen, die von der Gefährdungshaftung erfaßt sind – nicht aus, um eine Schadensersatzpflicht des Schädigers zu begründen. Sein Handeln muß zusätzlich schuldhaft sein, d. h. es muß ihm der Vorwurf gemacht werden können, daß er sich nicht normgemäß verhalten hat. Das BGB knüpft die Haftung – es spricht meist von Vertreten-müssen – also an das Verschulden. Als Verschuldensformen kennt es den Vorsatz und die Fahrlässigkeit.

Vorwurf nicht normgemäßen Verhaltens

Verschulden setzt Zurechnungsfähigkeit voraus

● Das Verschulden setzt die Zurechnungsfähigkeit des Handelnden voraus, von der Rechtslehre und Rechtsprechung auch Deliktsfähigkeit genannt.

Deliktsfähigkeit

Bevor geprüft werden kann, ob die handelnde Person vorsätzlich oder fahrlässig gehandelt hat, ist zu klären, ob sie überhaupt deliktsfähig war.
Ähnlich wie bei der Geschäftsfähigkeit unterscheidet das Gesetz auch bei der Deliktsfähigkeit drei Personengruppen:

● die Deliktunfähigen,
● die bedingt Deliktsfähigen und
● die voll Deliktsfähigen.

Deliktsunfähigkeit

Kinder unter sieben Jahren

Deliktsunfähig und damit nicht verantwortlich für ihre Unrechtshandlungen sind nach § 828 Abs. 1 BGB Kinder unter sieben Jahren sowie nach § 827 Abs. 1 BGB diejenigen – sofern sie den Nachweis dafür erbringen können –, die sich im Augenblick, da sie jemandem Schaden zugefügt haben, im Zustand der Bewußtlosigkeit oder in einem die freie Willensbestimmung ausschließenden Zustand krankhafter Störung der Geistestätigkeit befanden; es sei denn, sie haben sich durch Drogen oder andere Rauschmittel schuldhaft (vorsätzlich oder fahrlässig) in diesen Zustand versetzt. Die Deliktsunfähigkeit muß nachgewiesen werden, in der Regel durch ein ärztliches Attest oder durch ein Sachverständigengutachten.

Deliktsunfähigkeit eines noch nicht siebenjährigen Kindes

Bedingte Deliktsfähigkeit

Zwischen sieben und 18 Jahren

● Bedingt deliktsfähig sind gemäß § 828 Abs. 2 BGB Minderjährige über sieben, aber noch unter 18 Jahren und Taubstumme.

Einsichtsfähigkeit

Bedingt Deliktsfähige sind nicht verantwortlich, wenn sie nachweisen können, daß ihnen, als sie die schädigende Handlung begangen haben, die erforderliche Einsicht gefehlt hat, um ihre Verantwortlichkeit zu erkennen (§ 828 Abs. 2 BGB). Bei bedingt Deliktsfähigen kommt es also darauf an, ob sie nach ihrer gesamten Entwicklung das Unrecht (Widerrechtlichkeit) der Handlung erkennen und auch einsehen konnten, daß sie für die daraus entstehenden Folgen in irgendeiner Weise einstehen müssen.

Die Kenntnis der Gefährlichkeit einer Handlung läßt auf die erforderliche Einsichtsfähigkeit schließen. Diese ist auch dann zu vermuten, wenn der Handlung Warnungen und Verbote vorausgegangen sind und der Täter die nötige Verstandesreife besitzt, um seine Verantwortung zu erkennen.

Kenntnis der Gefährlichkeit

> Beispiel 7
> Ein 10jähriger, der mit seinen Spielkameraden ausmacht, daß bei einem Pfeilschießen nicht auf die Köpfe der Gegner gezielt werden darf, erkennt die Gefährlichkeit des Spiels und ist daher für seine Handlung voll verantwortlich.

Volle Deliktsfähigkeit

● Wer das 18. Lebensjahr vollendet hat, ist voll deliktsfähig und damit für einen angerichteten Schaden auch voll verantwortlich.

Mit 18 Jahren

Deliktsfähigkeit und Strafmündigkeit (strafrechtliche Verantwortlichkeit)

Die Deliktsfähigkeit darf nicht mit der Strafmündigkeit verwechselt werden. Deliktsfähigkeit ist eine Voraussetzung, aus der sich nach § 823 ff. BGB Schadensersatzpflicht ergibt. Hier geht es also um Wiedergutmachung – in der Regel durch Geldleistung – und nicht um Strafe.
Die Strafmündigkeit ist ein Begriff des Strafrechts.

Wiedergutmachung

Strafmündigkeit

● Strafrechtlich ist nicht verantwortlich, d.h. strafunmündig, wer zur Zeit der Straftat noch nicht 14 Jahre alt ist.

Ein noch nicht 14jähriger, der eine Körperverletzung begeht, hat noch keine strafrechtlichen Sanktionen, etwa Jugendstrafe, zu erwarten, wohl aber kann er schadensersatzpflichtig sein.
Auf einen Minderjährigen über 14 Jahren, der eine Körperverletzung oder eine Sachbeschädigung begeht, können demnach zwei Prozesse zukommen: ein Zivilprozeß und ein Strafprozeß.

3. Was ist zum Verschulden nötig?

Nun kehren wir zum Verschulden zurück. Das Gesetz läßt den Schädiger nur haften, wenn er eine rechtswidrige Handlung vorsätzlich oder fahrlässig begangen hat.

> Definition 1
● Unter Vorsatz versteht man den Willen zum Handeln mit dem Bewußtsein eines für einen anderen schädlichen Erfolges.

Vorsatz

Der Handelnde muß die Folgen also voraussehen; zu wünschen oder gar zu beabsichtigen braucht er sie nicht.

> Definition 2
● Fahrlässig handelt, wer »die im Verkehr erforderliche Sorgfalt außer acht läßt« (§ 276 Abs. 1 S. 2 BGB).

Fahrlässigkeit

Der Begriff »im Verkehr erforderlich« darf nicht verwechselt werden mit »im Verkehr üblich«. Die erforderliche Sorgfalt ist nicht auf verkehrsübliches Verhalten beschränkt. Sie geht oft darüber hinaus.

Erforderliche Sorgfalt

Beispiel 8
Verkehrsüblich mag es sein, mehr Reparaturaufträge anzunehmen, als in einem bestimmten Zeitraum ausgeführt werden können. Der erforderlichen Sorgfalt entspricht das nicht.

Mögliche Sorgfalt

Welche Sorgfalt erforderlich ist, bestimmt sich nach objektiven Gesichtspunkten, also danach, wie ein gewissenhafter Mensch in der konkreten Situation zu handeln hätte.
Im Gegensatz dazu handelt nach dem Strafrecht fahrlässig, wer diejenige Sorgfalt außer acht läßt, zu der er nach den Umständen und seinen persönlichen Verhältnissen und Fähigkeiten imstande ist.

Beispiel 9
Fahrlässig handelt, wer mit seinem Fahrzeug zu schnell fährt, weil er sich entweder über die Straßenverhältnisse bei schlechtem Wetter keine Gedanken macht oder nur hofft, daß es gutgehen wird.

*Grobe Fahr-
lässigkeit*

Wenn von grober Fahrlässigkeit die Rede ist, meint man ein besonders hohes Maß an Fahrlässigkeit.

**Teilzusammen-
fassung**

Unsere Rechtsordnung läßt grundsätzlich nur den für einen Schaden haften, welchen er einer anderen Person zufügt, wenn er die Unerlaubtheit seiner Handlung erkennt und die Folgen absehen kann. Deliktsunfähig, d.h. nicht verantwortlich für ihre unerlaubten Handlungen, sind Kinder unter sieben Jahren, ferner Bewußtlose und Zurechnungsunfähige, sofern sie sich nicht schuldhaft durch geistige Getränke oder andere Rauschmittel in diesen Zustand versetzt haben. Minderjährige über sieben, aber noch unter 18 Jahren und Taubstumme sind bedingt deliktsfähig. Sie haften nur, wenn sie nach ihrer gesamten Entwicklung in der Lage sind, das Unrecht ihrer Handlung zu erkennen und einsehen können, daß sie für die daraus entstehenden Folgen in irgendeiner Weise einstehen müssen.

4. Billigkeitshaftung

Wer für einen Schaden, den er verursacht hat, wegen Deliktsunfähigkeit nicht verantwortlich ist, muß nach § 829 BGB gleichwohl den Schaden insoweit ersetzen, als die Billigkeit nach den Umständen, insbesondere nach den Verhältnissen und den Unterhaltpflichten der Beteiligten, einen Schadensersatz erfordert. Das gilt nicht, wenn der Schadensersatz von einem aufsichtspflichtigen Dritten geleistet wird.

*Schadensersatz-
pflicht trotz De-
liktsunfähigkeit?*

Das hört sich kompliziert an, meint aber im Grunde etwas Einfaches: Mit dieser Bestimmung soll ein Ausgleich in Fällen geschaffen werden, in denen der Geschädigte den Schädiger wegen dessen Deliktsunfähigkeit eigentlich nicht in Anspruch nehmen kann und seinen Schaden auch nicht von einem aufsichtspflichtigen Dritten ersetzt erhält, weil dieser seine Aufsichtspflicht nicht verletzt hat oder weil bei ihm nichts zu holen ist. Wenn aber das Kind, das den Schaden angerichtet hat, vermögend ist, kann der Geschädigte u.U. Schadensersatz bekommen. Dabei sind nach § 829 BGB die beiderseitigen Vermögensverhältnisse ebenso zu berücksichtigen wie die sonstigen Lebensumstände und die Bedürfnisse, die sich nach dem Schadensereignis ergeben. Es wird also von Bedeutung sein, ob z.B. das Opfer eines Unfalls mit einem Deliktsunfähigen künftig pflegebedürftig ist oder ob es in einen anderen Beruf umgeschult werden muß. Auch die Tatumstände und das Verhalten des Geschädigten spielen eine Rolle.

Konnte das Opfer mit dem Geschehen rechnen oder hat es vielleicht sogar noch versucht, den Deliktsunfähigen vor Schaden zu bewahren und ist es erst dadurch selbst geschädigt worden?

Beispiel 10
Ein Kraftfahrer weicht einem plötzlich auf die Straße laufenden Kind aus und erleidet dadurch einen Unfall. In der Regel wird der Kraftfahrer nicht entschädigt werden, es sei denn, er weist nach, daß er mit dem auf die Straße laufenden Kind keinesfalls rechnen konnte.

Die Gerechtigkeit verlangt eine bessere Lösung

Besonders Fälle, in denen Kinder für andere unabwendbare Unfälle verursachen oder Verbrechen begehen, schreien geradezu nach einem Ausgleich. Bevor man jedoch den schutzwürdigen Deliktsunfähigen durch die von der Rechtsprechung immer weiter geöffnete Hintertür des § 829 BGB haften läßt, sollte der Gesetzgeber daran denken, eine Möglichkeit zu schaffen, die dem Interesse der Deliktsunfähigen und ihrer möglichen Opfer besser entspricht.

Die Interessen Deliktsfähiger und ihrer Opfer besser wahren

Haftpflichtversicherung heutiger Art reicht nicht aus

Die heute übliche Haftpflichtversicherung tritt nur ein, wenn der Versicherte, sein in seinem Haushalt lebender Ehegatte und die ebenfalls im Haushalt lebenden minderjährigen Kinder haften. Haben die versicherten Eltern ihrer Aufsichtspflicht genügt, ist das schädigende Kind deliktsunfähig und haftet es auch nach § 829 BGB nicht, dann bekommt das Opfer von der Versicherung den Schaden nicht ersetzt. Die Haftpflichtversicherung deckt den Schaden also nur ab, wenn der Versicherte, dessen Ehegatte oder die minderjährigen Kinder an sich haften. Nur für diesen Fall sind sie versichert.
Diese Sachlage entspricht nicht mehr unseren Vorstellungen von einer gerechten Rechtsordnung.

Haftpflichtversicherung deckt nur Schäden, für die jemand haftet

5. Art und Umfang des Schadensersatzes

● Schaden ist jeder Vermögensnachteil. Er schließt z.B. Arztkosten und Medikamente ein, auch Erholung und Rehabilitation.

Vermögensnachteile

Darüber hinaus kann sich der Schadensersatzanspruch auch auf Nachteile erstrecken, die der Verletzte für seinen Erwerb und sein Fortkommen hat (§ 842 BGB), wenn er in seiner Erwerbsfähigkeit beeinträchtigt ist.
Bei Freiheitsentziehung, Körperverletzung oder Gesundheitsschädigung kann der Verletzte auch eine angemessene Entschädigung für den erlittenen immateriellen Schaden verlangen (§ 847 BGB). Dieser Anspruch ist unter dem Begriff »Schmerzensgeld« bekannt.
Im Fall der Tötung muß der Ersatzpflichtige den Unterhaltsberechtigten (den Kindern und dem Ehegatten) des Getöteten Schadensersatz für den entgangenen Unterhalt leisten.

Schmerzensgeld

6. Mitverschulden des Geschädigten

Mitwirkendes Verschulden des Geschädigten – häufig im Straßenverkehr – kann den Schadensersatzanspruch mindern oder sogar ganz ausschließen. Wie weit sich die Ersatzpflicht mindert, hängt von den Umständen, vor allem von dem Maß des Verursachens und des Verschuldens von Schädiger und Geschädigtem ab.

7. Wer hat was zu beweisen?

Beweispflicht

Die Frage der Beweispflicht spielt in der Gerichtspraxis eine große Rolle. Es gilt folgender Grundsatz:

● Derjenige, der einen Anspruch gegen einen anderen geltend macht, muß beweisen, daß die Voraussetzungen für den Anspruch gegeben sind.

Beispiel 11
Wer vom anderen einen Kaufpreis verlangt, muß beweisen, daß ein Kaufvertrag geschlossen worden ist.
Wer Schadensersatz wegen einer unerlaubten Handlung begehrt, muß nachweisen, daß der andere ein Rechtsgut oder sonstiges Recht vorsätzlich oder fahrlässig verletzt und ihm damit einen Schaden zugefügt hat.

Erleichterung der Beweisführung

Beweis des ersten Anscheins

Da der Geschädigte diesen Beweis oftmals schwerlich oder gar nicht erbringen kann, wird ihm die Beweisführung durch den von der Rechtsprechung entwickelten Grundsatz über den Beweis des ersten Anscheins erleichtert. Dieser Grundsatz besagt: Weist ein Sachverhalt nach der Lebenserfahrung auf einen bestimmten Geschehensablauf hin, dann kann von einer feststehenden Ursache auf einen bestimmten Erfolg oder von einem feststehenden Erfolg auf eine bestimmte Ursache geschlossen werden. Man sieht die Behauptung, so sei es gewesen, als bewiesen an, falls nicht der Gegner Tatsachen anführt, aus denen sich die ernsthafte Möglichkeit eines anderen Geschehensablaufes ergibt.

Beispiel 12
Bei einem Verkehrsunfall auf einem Zebrastreifen oder beim Einparken spricht der Beweis des ersten Anscheins für ein Verschulden des Fahrers des rollenden Fahrzeugs.

Entkräftigung des Anscheins

Dieser Grundsatz gilt auch, wenn eine aufsichtsbedürftige Person, z. B. ein Kind, einen Schaden erleidet. Auch hier spricht der erste Anschein für mangelnde Aufsichtsführung, denn nach der Lebenserfahrung können Schäden durch ausreichende Aufsichtsführung verhindert werden. Treten solche Schäden auf, muß der Aufsichtspflichtige den Vorwurf entkräften, daß er seine Aufsichtspflicht

Beweislast

verletzt hat. Anders gesagt: Der Aufsichtspflichtige hat im Streitfall die Beweislast, daß er seiner Verpflichtung zur Aufsichtsführung genügt hat. Gelingt ihm dieser Beweis nicht, haftet er für die entstandenen Schäden.
Mit diesen Kenntnissen können wir nun den Fall in Beispiel 1 richtig beurteilen.

Beispiel 1 (Lösung)
F hat den dem P gehörenden Pkw widerrechtlich beschädigt. Ihm, dem 15jährigen, darf die Einsicht unterstellt werden, daß er einen Unfall heraufbeschwören kann, wenn er auf einer öffentlichen Straße eine unübersichtliche Kurve schneidet. Wenn er die im Straßenverkehr notwendige Sorgfalt beachtet hätte (§ 276 Abs. 1 S. 2 BGB), wäre P nicht zum Ausweichen gezwungen worden. Da F also widerrechtlich und fahrlässig das Eigentum des P geschädigt hat, muß er den dadurch entstandenen Schaden nach § 823 Abs. 1 BGB

ersetzen. P hat aber auch selbst zum Unfall beigetragen. Er ist nicht auf der äußersten rechten Straßenseite gefahren. Deshalb muß er sich eine Minderung seiner Ersatzansprüche gefallen lassen. F wird also nicht den vollen Rechnungsbetrag bezahlen müssen.

Wie steht es aber mit der Frage, ob nicht etwa das Heim die Rechnung begleichen muß?

Wir müssen davon ausgehen, daß P seine Forderungen gegen die Verantwortlichen des Heims, nämlich den Verein und den Heimleiter H, geltend machen will. Der Verein haftet für unerlaubte Handlungen des Vereinsvorstands und der verfassungsmäßig berufenen Vertreter (§ 31 BGB). Nach der Rechtsprechung haftet er außerdem, wenn dem Vorstand nachgewiesen werden kann, daß er den »falschen Mann«, der seiner Aufgabe nicht gewachsen ist, mit der Leitung des Heims beauftragt hat. H ist weder Vorstandsmitglied noch in der Satzung als sonstiger Vertreter des Vereins bestimmt. Außerdem ist nichts darüber ausgesagt, daß er seiner Aufgabe als Heimleiter nicht gewachsen ist.
Auch nach § 831 BGB (Haftung für Verrichtungsgehilfen) haftet der Verein für seinen Heimleiter nicht, weil der Nachweis gelingen wird, daß er bei der Bestellung des Heimleiters die erforderliche Sorgfalt beachtet hat.
H haftet ebenfalls nicht, weil er seine Aufsichtspflicht nicht verletzt hat (vgl. das nächste Kapitel).

Der geschädigte Kraftfahrer kann also Schadensersatz nur von dem minderjährigen Radfahrer bekommen.

Voraussetzung für eine Haftung wegen unerlaubter Handlung ist u. a. die Deliktsfähigkeit. Deliktsunfähig sind Kinder unter sieben Jahren, Bewußtlose und Unzurechnungsfähige. Sie haften nicht. Minderjährige zwischen sieben und 18 Jahren sind bedingt deliktsfähig. Sie haften, wenn sie aufgrund ihrer Entwicklung in der Lage sind, das Unrecht ihrer Handlung zu erkennen und einzusehen, daß sie für die Folgen aufkommen müssen. Trotz fehlender Deliktsfähigkeit kann ein Schädiger haften, wenn die Gerechtigkeit einen Ausgleich erfordert. Der Schadensersatzanspruch umfaßt alle Vermögensnachteile, die der Geschädigte durch die Schädigung erleidet, auch die Nachteile infolge einer Beeinträchtigung der Erwerbstätigkeit. Bei Freiheitsentziehung, Körperverletzung oder Gesundheitsschädigung kann der Geschädigte darüber hinaus Schmerzensgeld verlangen. Der Geschädigte muß sich eine Minderung seines Schadensersatzanspruches gefallen lassen, wenn er durch sein Verhalten den Schaden mitverursacht hat. **Zusammenfassung**

Aufsichtspflicht – Aufsichtspflichtverletzung

In diesem Kapitel geht es um die Aufsichtspflicht und um die Konsequenzen, die sich aus ihr, insbesondere für die erzieherische Praxis, ergeben. Eine Aufsichtspflichtverletzung kann für Eltern zivilrechtliche und strafrechtliche, für Erzieher außerdem noch arbeitsrechtliche oder dienstrechtliche Folgen haben. In diesem Zusammenhang muß auch die Frage erörtert werden, wie man sich hier vor Schadensersatzforderungen schützen kann.

Die Aufsichtspflichtverletzung ist das Schreckgespenst in der erzieherischen Praxis. Unsicherheit und – als Folge davon – Ängstlichkeit sind auf diesem Gebiet weit verbreitet.

Gesetz nennt nur Rechtsfolgen

Das dürfte vor allem daher rühren, daß das Gesetz zwar die Rechtsfolgen der Aufsichtspflichtverletzung – Schadensersatzpflicht, Strafe – herausstellt, Inhalt und Umfang der Aufsichtspflicht aber nicht einmal umreißt. Hinweise, wie die Aufsichtspflicht zu erfüllen ist, könnte das Gesetz bei der Vielfalt der denkbaren Vorkommnisse auch schwerlich geben. Sie müßten entweder sehr allgemein gehalten sein, hätten dann aber kaum Aussagekraft, oder sie würden die Erziehungsarbeit zu stark einschränken und reglementieren.

Der Gesetzgeber überläßt es deshalb der Rechtslehre und der Rechtsprechung, Maßstäbe für die Erfüllung der Aufsichtspflicht zu setzen.

Wahrscheinlich die größte Schwierigkeit liegt in den verschiedenen Betrachtungsweisen begründet: Die Gerichte betonen die Verpflichtung der Erziehungsberechtigten, die Kinder vor Schaden zu bewahren und dafür zu sorgen, daß sie auch anderen keinen Schaden zufügen. Diese Betrachtungsweise ist verständlich; denn einem Richter werden nur Schadensfälle vorgetragen. Der Erzieher hingegen hat es als seine vornehmste Aufgabe zu betrachten, die Entwicklung des Kindes zur Eigenverantwortlichkeit und selbständigen Persönlichkeit zu fördern. Dazu muß er dem Kind einen »Freiraum« lassen; und dies birgt immer die Gefahr einer Schädigung des Kindes oder einer Schädigung anderer durch das Kind. Den Erziehungszielen Eigenverantwortlichkeit und Selbständigkeit sind aber auch die Gerichte bei ihrer Gesetzesauslegung verpflichtet, weil es sich um gesetzlich formulierte Erziehungsziele handelt (s. Kapitel 2, Abschnitt 3). Deshalb verschließen sich die Gerichte pädagogischen Argumenten nicht; vor allem verlangen sie keine pädagogisch unvertretbaren Maßnahmen. Aber wo liegen nun die Grenzen zwischen genügender Aufsicht und Aufsichtspflichtverletzung?

Beispiel 1 (Aufgabe)
Die Erzieherin K läßt eine Gruppe von 15 Kindern im Sandkasten spielen. Der Sandkasten ist von der Küche des Kindergartens aus nicht einsehbar. Die Erzieherin geht in die Küche, um der Köchin beim Zubereiten des Essens zu helfen. Während dessen geraten zwei Buben in Streit. Einer von beiden (S) trifft bei der Auseinandersetzung den anderen (G) mit einer Sandschaufel so unglücklich, daß dieser an einem Auge schwer verletzt wird.
Frage 1: Hat K ihre Aufsichtspflicht verletzt?
Frage 2: Muß sie den Schaden ersetzen?

1. Inhalt der Aufsichtspflicht und gesetzliche Regelung

● Aufsichtspflichtige Personen haben die Verpflichtung, darauf zu achten, daß die ihnen zur Aufsicht Anvertrauten selbst nicht zu Schaden kommen und auch keine anderen Personen (Dritte) schädigen.

Von der Aufsichtspflichtverletzung spricht ausdrücklich nur § 832 BGB.

Schädigung durch den zu Beaufsichtigenden

§ 832 BGB
(1) Wer kraft Gesetzes zur Führung der Aufsicht über eine Person verpflichtet ist, die wegen Minderjährigkeit oder wegen ihres geistigen oder körperlichen Zustandes der Beaufsichtigung bedarf, ist zum Ersatz des Schadens verpflichtet, den diese Person einem Dritten widerrechtlich zufügt. Die Ersatzpflicht tritt nicht ein, wenn er seiner Aufsichtspflicht genügt oder wenn der Schaden auch bei gehöriger Aufsichtsführung entstanden sein würde.
(2) Die gleiche Verantwortlichkeit trifft denjenigen, welcher die Führung der Aufsicht durch Vertrag übernimmt.

Diese Bestimmung erfaßt also die Fälle, in denen Dritte durch die zu beaufsichtigenden Personen geschädigt werden.

Aufsichtsführung

Erleidet der zur Aufsicht Anvertraute selbst einen Schaden, ist § 823 BGB heranzuziehen.

Schädigung des zu Beaufsichtigenden

§ 823 Abs. 1 BGB
Wer vorsätzlich oder fahrlässig das Leben, den Körper, die Gesundheit, die Freiheit, das Eigentum oder ein sonstiges Recht eines anderen widerrechtlich verletzt, ist dem anderen zum Ersatz des daraus entstehenden Schadens verpflichtet.

Wie wir in Kapitel 6 gesehen haben, kann die Verletzungshandlung auch in einem Unterlassen bestehen. Unterlassungen gelten aber nur als rechtswidrig, wenn eine Verpflichtung zum Handeln bestand. Die Aufsichtspflicht ist eine solche Verpflichtung.

2. Entstehen der Aufsichtspflicht

Die Aufsichtspflicht kann unmittelbar durch eine Rechtsnorm begründet sein oder auf vertraglicher Abmachung beruhen. In diesem Sinne spricht man von *gesetzlicher* oder *vertraglicher* Aufsichtspflicht.

Aufsichtspflicht kraft Gesetzes

Eltern, Vormund, Pfleger

Die gesetzliche Aufsichtspflicht haben die Personensorgeberechtigten, das sind:

- die Eltern (§ 1631 Abs. 1 BGB),
- die Mutter eines nichtehelichen Kindes (§ 1705 BGB),
- die Adoptiveltern (§ 1754 BGB),
- der Vormund (§ 1793 BGB),
- der Pfleger (§ 1915 BGB), wenn die Aufsichtspflicht zu seinen Aufgaben gehört.

Andere Personen

Ferner haben eine gesetzliche Aufsichtspflicht: gewerbliche und kaufmännische Ausbildende während der Geschäftszeit und in den Geschäftsräumen; Personal von Anstalten und Heimen, in die Geisteskranke, Süchtige usw. auf Grund gesetzlicher Bestimmungen eingewiesen werden; Lehrkräfte staatlicher und kommunaler Schulen, zu deren Dienstpflichten die Aufsichtsführung gehört.

Andere Erziehungsberechtigte

Andere Erziehungsberechtigte haben immer nur abgeleitete, übertragene Aufsichtspflicht. Maßstab für ihre Aufsichtspflicht sind die Anforderungen, die an die Eltern im konkreten Fall gestellt werden.

Vertragliche Aufsichtspflicht

- Vertraglich hat die Aufsichtspflicht, wer Minderjährige oder wegen ihres geistigen oder körperlichen Zustandes Aufsichtsbedürftige zur Erziehung oder Betreuung übernimmt.

Übernahme der Aufsichtspflicht

Die Übernahme der Aufsichtspflicht muß dabei im Vertrag nicht ausdrücklich erwähnt sein; es genügt, wenn der Inhalt des Vertrages diese Pflicht als selbstverständlich erscheinen läßt.

> Beispiel 2
> Die Aufnahme eines Kindes in einen Kindergarten oder in ein Heim schließt stillschweigend die Übernahme der Aufsichtspflicht durch den Kindergarten oder das Heim für die vereinbarte Zeit mit ein.

Übernahmevertrag formfrei

Der Betreuungs-, Erziehungs-, Aufnahmevertrag, oder wie er immer bezeichnet sein mag, bedarf keiner besonderen Form. Es genügt die tatsächliche Willensübereinstimmung zwischen dazu berechtigten Personen, also in der Regel zwischen den gesetzlichen Vertretern des Aufsichtsbedürftigen und der aufnehmenden Person oder dem Vertreter der aufnehmenden Einrichtung.

Bei Jugendgruppen, die keine juristische Person (siehe Kapitel 1) und auch keinen nichtrechtsfähigen Verein als Rechtsträger haben, sondern sich spontan bilden, z.B. um eine Fahrt zu machen, kann nur der Leiter oder der von ihm bestellte Vertreter die Aufsichtspflicht übernehmen, wobei der Leiter geschäftsfähig sein oder im Falle seiner Minderjährigkeit die Zustimmung seiner gesetzlichen Vertreter zum Führen der Gruppe haben muß. *Leiter einer Jugendgruppe*

Der wichtigste private Rechtsträger ist der eingetragene Verein.

Definition 1

● Der Verein ist eine auf Dauer angelegte, zur Erreichung eines gemeinsamen Zweckes begründete freiwillige Personenvereinigung (von mindestens sieben Personen), die in ihrem Bestand vom Mitgliederwechsel unabhängig ist, von ihren Mitgliedern selbst verwaltet wird, einen Gesamtnamen führt und eine körperschaftliche Verfassung, d.h. Organe (Vorstand, Mitgliederversammlung), besitzt, die für die Vereinigung handeln können. Die Mitgliedsrechte und -pflichten bestehen nicht zwischen einzelnen Mitgliedern, sondern zwischen den Mitgliedern und der Gesamtheit der Vereinsmitglieder. *Eingetragener Verein*

Den Charakter einer juristischen Person erhält der Verein erst durch die Eintragung ins Vereinsregister. Er heißt dann »eingetragener Verein« (abgekürzt e.V.). Ohne diese Eintragung ist eine solche Vereinigung ein »nichtrechtsfähiger Verein«. *Nichtrechtsfähiger Verein*

Der Vorteil der Rechtskonstruktion »eingetragener Verein« liegt darin, daß ein bestimmter Zweck, z.B. die Errichtung oder der Betrieb eines Heimes, in Gemeinschaft leichter zu erreichen ist. Derartige Einrichtungen gehen in der Regel über die Finanzkraft eines einzelnen hinaus. Außerdem haften für die Vereinsschulden nicht die einzelnen Mitglieder des Vereins persönlich, sondern der Verein mit seinem Vermögen. Und der Verein kann vor Gericht klagen und verklagt werden. Schließlich kann der eingetragene Verein, wenn er vom Finanzamt als gemeinnütziger Verein anerkannt ist, steuerabzugsfähige Spendenbescheinigungen ausstellen. *Haftung*

Spendenquittungen

Wenn also kein Vertrag geschlossen ist, besteht auch keine Aufsichtspflicht. Deswegen hat der Betreiber oder Eigentümer eines öffentlichen Spielplatzes oder Bolzplatzes keine Aufsichtspflicht für die dort spielenden Kinder. Das gleiche gilt, wenn Kinder aus eigenem Antrieb zum gemeinsamen Spiel ins Elternhaus eines beteiligten Kindes kommen.

Gefälligkeitsaufsicht

Wenngleich, wie wir gesehen haben, die Übernahme der Aufsichtspflicht nicht ausdrücklich im Vertrag erwähnt sein muß, so begründet andererseits nicht jede tatsächliche Übernahme der Aufsicht auch eine Aufsichts*pflicht*. Die Rechtsprechung nimmt eine vertragliche Aufsichtspflicht vielmehr nur dann an, wenn es sich um eine »*weitreichende* Obhut von *längerer Dauer* und/oder *weitgehender Einwirkungsmöglichkeit*« auf den zu Beaufsichtigenden handelt. Eine kurzzeitige Aufsichtsführung aus Gefälligkeit bedeutet also nicht, daß eine Aufsichtspflicht übernommen wäre. Gleichgültig ist auch, ob die Aufsicht entgeltlich oder unentgeltlich geführt wird, wenngleich die Vereinbarung eines Entgelts Indiz für das Bestehen einer Aufsichtspflicht sein kann. *Keine Aufsichtspflicht*

Beispiel 3

Die Übernahme eines Kindes der Nachbarin aus Gefälligkeit, weil diese kurz eine Besorgung machen muß, begründet keine Aufsichtspflicht der aufnehmenden Nachbarin.
Wenn hingegen die Großeltern während des Tages das Kind versorgen oder es während der Ferien zu sich nehmen, haben sie regelmäßig die Aufsichtspflicht.

Beginn und Ende der Aufsichtspflicht

Was vereinbart ist...

...oder stillschweigend gelten darf

Wann und wo die Aufsichtspflicht beginnt und endet, hängt davon ab, was zwischen den Erziehungsberechtigten und der Person, die die Aufsichtsführung übernimmt, vereinbart worden ist. Oft wird es hierüber keine ausdrückliche (schriftliche oder mündliche) Vereinbarung geben. Es gilt dann, was stillschweigend – weil üblich und selbstverständlich – von beiden Seiten aus der Sicht eines objektiven Dritten als vereinbart angesehen werden darf. Mit dem objektiven Dritten ist die Allgemeinheit gemeint. Es kommt also darauf an, wie die Allgemeinheit die Situation sieht; im Streitfall steht der Richter anstelle der Allgemeinheit.

Beispiel 4

Wenn nicht ausdrücklich vereinbart ist, daß das Kind der Erzieherin im Kindergarten zu übergeben ist, beginnt die Aufsichtspflicht an der Gartentür des Kindergartens, weil der Garten bereits zum Verfügungsbereich (Einflußbereich) des Kindergartens gehört.

Aufsichtsbedürftige Personen

Aufsichtsbedürftig sind Minderjährige und Personen, die wegen ihres geistigen oder körperlichen Zustandes anderen zur Pflege, Betreuung, Behandlung oder Begutachtung anvertraut sind.

3. Umfang der Aufsichtspflicht

Welche Aufsicht erforderlich ist, richtet sich nach der Individualität des Aufsichtsbedürftigen und den sonstigen Umständen.

Persönliche Gegebenheiten

Zur Individualität, d.h. hier zu den persönlichen Gegebenheiten, gehören: Alter, Entwicklung, Eigenschaften, Erfahrung. An die Aufsichtsführung über einen Fünfjährigen werden demnach andere Anforderungen gestellt werden müssen als an die über einen Siebzehnjährigen. Körperlich oder geistig Behinderte sind anders zu beaufsichtigen als Menschen ohne solche Behinderungen, zu üblen Streichen neigende Kinder oder Jugendliche anders als ruhigere.

Sonstige Umstände

Mit der Feststellung, die Aufsichtspflicht richte sich auch nach den sonstigen Umständen, ist z.B. gemeint: Der Umfang der Aufsichtspflicht wird verschieden sein, ob Jugendliche Tischtennis spielen oder boxen, in einem öffentlichen Schwimmbad oder in einem See schwimmen, auf einer verkehrsreichen Straße oder auf einem Wiesenweg radfahren.
Wenn der Aufsichtspflichtige dem Vorwurf der Aufsichtspflichtverletzung vorbeugen oder ihm begegnen will, ergeben sich daraus nach der Rechtsprechung im einzelnen eine Reihe von Forderungen.

Informationspflicht

Da sich die Aufsicht an der Individualität des Anvertrauten zu orientieren hat, *Sich und die* muß der Aufsichtspflichtige über die Aufsichtsbedürftigen Bescheid wissen. Er *Kollegen* muß über eventuelle Behinderungen und Gesundheitsschäden informiert sein *informieren* und diese Kenntnisse an die Kollegen weitergeben.

> Beispiel 5
> Wenn eine Gruppe zum Baden geht, muß der Erzieher u. a. wissen, ob und wie gut die Gruppenmitglieder schwimmen können und ob eventuell eines davon einen Herzfehler oder ein verletztes Trommelfell hat.

Um ihrer Informationspflicht zu genügen, lassen sich Mitarbeiter, vor allem in der Jugendarbeit, oftmals von den Eltern das schriftliche Einverständnis für bestimmte Freizeitaktivitäten geben. Wenn die Eltern ohne Einschränkung oder Anmerkung mit den Unternehmungen einverstanden sind, sagen sie damit, daß das Kind oder der Jugendliche keine verborgenen körperlichen Schwächen oder Mängel hat, die für die Aufsichtsführung Bedeutung hätten.
Zur Informationspflicht gehört auch, daß sich der Erzieher über die örtlichen Verhältnisse seines Arbeitsbereiches und die dort lauernden Gefahren, über die einschlägigen rechtlichen Schutzbestimmungen und die notwendigen Gesundheitsvorschriften unterrichtet.

> Beispiel 6
> Ein Erzieher muß die Jugendschutzbestimmungen und die Regeln kennen, die etwa beim Baden oder beim Bergsteigen zum Schutz von Leben und Gesundheit zu beachten sind.

Kindgemäße Warnung
vor falschem Verhalten
bei einer Sportart

Schließlich muß der Erzieher die Kinder oder Jugendlichen in einer ihnen gemä- *Die Anvertrauten* ßen Weise auf mögliche Gefahren, z. B. bei der Ausübung verschiedener Sport- *informieren* arten, hinweisen und sie vor falschem Verhalten warnen (nicht erhitzt ins Wasser zu gehen, mit dem Fahrrad nebeneinander zu fahren usw.).

Kleineren Kindern wird auch der gefahrlose Umgang mit Werkzeugen (Scheren, Messern, Hämmern, Sägen usw.), Spielzeug, Rollern, Fahrrädern erklärt und unter Umständen vorgemacht werden müssen.

Pflicht, die Aufsicht tatsächlich zu führen

Belehrungen und Ermahnungen allein werden sicher in den meisten Fällen nicht ausreichen, um der Aufsichtspflicht zu genügen. Der Aufsichtspflichtige muß sich auch vergewissern, ob sie verstanden und befolgt werden. Er wird also das Kind oder den Jugendlichen tatsächlich beaufsichtigen müssen.
Die Rechtsprechung stellt an die tatsächliche Aufsichtsführung keine unerfüllbaren Anforderungen.

● Sie fordert »nur«, was einem verständigen Aufsichtspflichtigen in der jeweiligen Situation vernünftigerweise abverlangt werden kann.

Aufsichts-führung nach pädagogischen Maßstäben

Unter einem verständigen (seinen Verstand einsetzenden) Aufsichtspflichtigen verstehen die Gerichte eine Erziehungsperson, die sich bei ihrem Verhalten und ihren Entscheidungen von pädagogischen Zielsetzungen wie Selbständigkeit und Eigenverantwortlichkeit (s. Kapitel 2, Abschnitt 3) leiten läßt und zugleich Gesundheits- und Sicherheitsinteressen des Aufsichtsbedürftigen und anderer beachtet.
Deshalb läßt sich folgender Satz formulieren, der den scheinbaren Widerspruch zwischen dem Erziehungsauftrag und den Anforderungen an die Aufsichtsführung auflöst:

● Was pädagogisch begründet und allgemein einsichtig ist, kann keine Aufsichtspflichtverletzung sein.

Oft wird es unmöglich sein, daß der Aufsichtspflichtige die ganze Gruppe ständig im Auge behält, z.B. bei der Fahrt mit einer Seilbahn, beim Schwimmen oder bei einem Geländespiel. Hier genügt er seiner Aufsichtspflicht, wenn er eine Gruppe in kleinere Gruppen unterteilt und diese von Gruppenmitgliedern beaufsichtigen läßt, die auf Grund ihrer geistigen oder charakterlichen Reife, ihrer Autorität, ihrer Sachkunde oder ihres Könnens dafür geeignet erscheinen. Die Gruppenmitglieder übernehmen damit natürlich nicht die Aufsichtspflicht, sondern nur die Aufsicht.

Pflicht einzugreifen

Konsequenzen erkennen lassen

Vom Aufsichtspflichtigen wird auch verlangt, daß er Konsequenzen erkennen läßt, wenn seine Mahnungen und Warnungen aus Unbekümmertheit, Leichtsinn, Geltungssucht oder bösem Willen nicht beachtet werden. Welche Konsequenzen das sind, bleibt dem pädagogischen Geschick des Aufsichtspflichtigen überlassen. Man kann hier z.B. an die Wegnahme eines Spielzeugs, den Ausschluß von einem Spiel oder den Abbruch einer Veranstaltung denken.

4. Delegation der Aufsichtspflicht

Grundsätzlich hat derjenige die Aufsicht selbst auszuführen, dem sie übertragen worden ist; denn bei dieser verantwortungsvollen Aufgabe kommt es auf die persönlichen Fähigkeiten der Person an, die die Aufsicht übernimmt.

Aufsicht in sozialpädagogischen Einrichtungen

Anders ist es, wenn eine sozialpädagogische Einrichtung die Erziehung und damit auch die Aufsichtspflicht übernimmt. Hier kann die Aufsicht nicht von der Vertragspartei selbst wahrgenommen werden, die noch dazu oft eine juristische Person ist, sondern sie wird meist auf die Leitung der Institution und von dieser auf einen oder mehrere Erzieher übertragen (delegiert). Wenn auch die Weitergabe der Aufsichtspflicht in sozialpädagogischen Einrichtungen regelmäßig zulässig ist, so kann doch in der Art, wie die Delegation der Aufsicht erfolgt, eine Verletzung der Aufsichtspflicht liegen.

Übertragung der Aufsicht

● Eine Verletzung der Aufsichtspflicht ist gegeben, wenn die Aufsichtsführung einer Person überlassen wird, die dafür ungeeignet ist.

Ungeeignete Person

Der Aufsichtspflichtige muß also die Person, auf die er die Aufsichtsführung delegieren will, sorgfältig auswählen und sie über alle Besonderheiten der Kinder, des Arbeitsplatzes oder der Veranstaltung informieren, die für die Aufsichtsführung von Bedeutung sein können. Der Ausspruch, den man in diesem Zusammenhang oft hört, »Praktikanten können keine Aufsichtspflicht haben«, ist jedoch in dieser Verallgemeinerung falsch. Auch an sie darf man die Aufsichtspflicht delegieren. Nur müssen sie besonders sorgfältig informiert, angewiesen und überwacht werden.

Sorgfältige Auswahl

● Eine Verletzung der Aufsichtspflicht ist auch gegeben, wenn der Aufsichtführende durch eine zu große Gruppe oder dadurch überfordert wird, daß man ihn für mehrere Gruppen einsetzt.

Überforderung des Aufsichtführenden

Ob die Gruppe zu groß ist, um sie noch vernünftig beaufsichtigen zu können, hängt nicht nur von der Zahl, sondern auch vom Alter, den Eigenheiten der Kinder usw. ab. Einen allgemeingültigen Maßstab gibt es dafür nicht.

Beispiel 1 (Lösung, Frage 1)
Der Träger des Kindergartens hat mit dem Kindergartenvertrag stillschweigend die Aufsichtspflicht während des Aufenthalts von G in seiner Einrichtung an K delegiert. Eine solche Delegation ist in sozialpädagogischen Einrichtungen üblich.
Anstatt die Kinder zu beaufsichtigen, half K der Köchin bei der Essenszubereitung. Sie ließ die Gruppe für längere Zeit allein im Sandkasten spielen. Den Sandkasten konnte sie nicht einsehen, so daß es ihr nicht möglich war, den entstandenen Streit zu überwachen oder zu schlichten. Sie hat außer acht gelassen, daß Kinder in diesem Alter beim Spielen leicht in Streit geraten und unvernünftig reagieren können. K hat damit nicht das getan, was von ihr vernünftigerweise im Interesse der Kinder erwartet werden konnte. Sie hat also die Aufsichtspflicht verletzt.
Wenn K vom Träger angewiesen worden ist, der Köchin zu helfen, trifft ihn der gleiche Vorwurf.

Der kraft Gesetzes oder auf Grund vertraglicher Abmachung Aufsichtspflichtige hat darauf zu achten, daß der Aufsichtsbedürftige nicht zu Schaden kommt und auch anderen Personen keinen Schaden zufügt. Welches Maß an Aufsicht erforderlich ist, hängt von den persönlichen Gegebenheiten des Aufsichtsbedürftigen und von Umständen ab, die nicht mit der Person des Aufsichtsbedürftigen zusammenhängen. Wenn auch Umfang, Grad oder Intensität der Aufsichtsführung nicht allgemein bestimmt werden können, so lassen sich doch bestimmte Richtlinien aufstellen, durch deren Einhaltung der Aufsichtspflichtige dem Vorwurf der Aufsichtspflichtverletzung vorbeugen oder begegnen kann:

Teilzusammen-fassung

- Der Aufsichtspflichtige muß sich über den Aufsichtsbedürftigen und die sonstigen Umstände informieren.

- Er ist auch verpflichtet, die Informationen an seine Mitarbeiter weiterzugeben.

- Er muß den Aufsichtsbedürftigen auf erkennbare Gefahren hinweisen und ihn vor falschem Verhalten warnen.

- Er hat sich zu vergewissern, daß die ihm Anvertrauten seine Warnungen und Mahnungen verstanden haben und sie befolgen.

- Er muß den oder die Aufsichtsbedürftigen tatsächlich beaufsichtigen, in einer Weise, die verständigen Aufsichtspflichtigen in der jeweiligen Situation zumutbar ist.

  Der Träger einer sozialpädagogischen Einrichtung kann seine Aufsichtspflicht an den Leiter, die Erzieher oder an sonstige geeignete Personen delegieren. Wenn der Träger zu wenig geeignetes Personal anstellt oder die Gruppen zu groß sind, so liegt darin eine Pflichtverletzung des Trägers.

5. Zivilrechtliche Folgen der Aufsichtspflichtverletzung

Bei einer Verletzung der Aufsichtspflicht muß je nach Lage des Falles mit verschiedenartigen Rechtsfolgen gerechnet werden. Möglich sind die Verpflichtung zum Schadensersatz, strafrechtliche sowie dienst- oder arbeitsrechtliche Folgen.

Schadensersatzansprüche des Aufsichtsbedürftigen

Wenn der Aufsichtsbedürftige selbst geschädigt wird, hat er Schadensersatzansprüche aus Vertragsverletzung oder unerlaubter Handlung (§ 823 Abs. 1 BGB) gegen den Aufsichtspflichtigen, vorausgesetzt, daß der Aufsichtspflichtige seine Aufsichtspflicht verletzt hat und die Verletzung der Aufsichtspflicht ursächlich für den Schaden war, d.h. der Schaden auf die Aufsichtspflichtverletzung zurückgeht. Wenn der Schaden auch bei gehöriger Aufsichtsführung eingetreten wäre, haftet der Aufsichtspflichtige nicht.

> Beispiel 7
> Ein vierjähriger Bub klettert über den Balkon, während seine Pflegemutter sich mit der Nachbarin im Hausflur unterhält, und fällt auf die Straße. Wenn die Pflegemutter nicht nachweisen kann, daß sie die Aufsichtspflicht nicht verletzt hat, hat der Bub, vertreten durch seine Eltern, einen Schadensersatzanspruch gegen die Pflegemutter.

Gegen den Rechtsträger

Verkehrssicherungspflicht

Ist der Aufsichtsbedürftige in einer sozialpädagogischen Einrichtung untergebracht, die von einem Verein getragen wird, dann haftet nach § 31 BGB der Verein allein, wenn der Aufsichtsbedürftige dadurch zu Schaden kommt, daß der Vorstand, Mitglieder des Vorstands oder ein satzungsgemäßer Vertreter die Verkehrssicherungspflicht verletzt (darunter versteht man die Rechtspflicht, alle zumutbaren Maßnahmen zu treffen, um ein gefahrloses Benutzen der vorhandenen Einrichtungen zu ermöglichen, z.B. Beleuchten des Treppenhauses, In-Ordnung-Halten und Streuen der Wege, Anbringen von Zäunen usw.). Ebenso verhält es sich, wenn der Träger die Aufsichtspflicht verletzt, weil er nicht oder noch nicht qualifiziertes Personal mit der Aufsichtsführung beauftragt, das Personal ungenügend überwacht, zu wenig Personal für die Betreuung der Gruppen anstellt, die Gruppen so groß sind, daß das Erziehungs- oder Betreuungspersonal überfordert ist, oder wenn er die Informationen, die für die Durchführung der Aufsicht nötig sind, nicht weitergibt.

Unter den gleichen Voraussetzungen haften wegen Vertragsverletzung und gemäß § 823 Abs. 1 BGB auch Privatpersonen, die sozialpädagogische Einrichtungen wie Kinder- und Erholungsheime oder auch Kindergärten betreiben oder für Jugend- und Freizeitgruppen verantwortlich sind. *Gegen Privatpersonen*

Setzt sich der Träger aus mehreren Personen zusammen, wie z. B. »Elterninitiativen« und ähnliche Gruppierungen, die sich keine Satzung wie die Vereine geben, aber dennoch einen bestimmten Zweck verfolgen, dann haften die einzelnen Mitglieder gemeinschaftlich. *Gegen Personengruppen*

Haftung des Trägers für seine Angestellten

Beauftragt der Träger einer sozialpädagogischen Einrichtung einen Angestellten (Heimleiter/in, Erzieher/in) mit der Durchführung der Aufsicht, dann haftet er für dessen Aufsichtspflichtverletzung, als wenn er sie selbst begangen hätte (§§ 278, 831 BGB). *Träger haftet*

> Beispiel 8
> Ein vierjähriger Bub läuft hinter der Erzieherin her, die auf ihr Zimmer im 1. Stock des Kindergartens geht. Er klettert über den Balkon und fällt auf die Straße. Wenn die Erzieherin nicht nachweisen kann, daß sie die Aufsichtspflicht nicht verletzt hat, dann haftet der private Träger des Kindergartens für die Aufsichtspflichtverletzung der Erzieherin.

Daneben haftet nach § 823 Abs. 1 BGB aber auch der Angestellte. Ob er im Einzelfall Schadensersatz leisten muß und wie hoch gegebenenfalls sein Anteil ist, hängt von den Gesamtumständen bei der Entstehung des Schadens ab und ob es billig (angemessen, gerecht) und ihm zumutbar ist, zum Ersatz des Schadens beizutragen. Das Bundesarbeitsgericht hält es nämlich für unbillig, einen Arbeitnehmer in jedem Falle haften zu lassen, wenn dessen Tätigkeit leicht zu derartigen Schäden führen kann oder die Gefahr besteht, daß der verursachte Schaden sehr groß ist und in keinem Verhältnis zum Arbeitseinkommen steht. Es hat deshalb folgende Regel aufgestellt: *Haftung des Angestellten*

- Der Arbeitnehmer muß den Schaden voll ersetzen, wenn er ihn vorsätzlich verursacht hat; in der Regel auch bei grob fahrlässigem Verhalten (zu den Begriffen s. Kapitel 6, Abschnitt 3).

- Der Arbeitnehmer muß nichts zahlen, wenn er nur leicht fahrlässig gehandelt hat.

- Bei mittlerer Fahrlässigkeit ist der Schaden anteilig von Arbeitnehmer und Arbeitgeber nach Billigkeit und Zumutbarkeit zu tragen.

Gesetzliche Unfallversicherung

Gemäß § 539 Abs. 1 Nr. 14 a bis d Reichsversicherungsordnung (RVO) genießen Kinder während des Besuchs von Kindergärten, Schüler während des Besuchs allgemeinbildender Schulen, Lernende während der beruflichen Aus- und Fortbildung und Studierende während der Aus- und Fortbildung an Hochschulen gesetzlichen Unfallschutz. *In Kindergärten und Schulen*

Auch behinderte Kinder in Tagesstätten und anderen Sozialeinrichtungen, soweit eine schulische Förderung erfolgt, sind einbezogen, nicht aber Kinder in Horten, Krabbelstuben oder Krippen.

Der Unfallschutz erfaßt alle Unfälle, die während des Besuchs oder im Zusammenhang mit Veranstaltungen dieser Einrichtungen geschehen. Selbst Unfälle auf dem Weg zu oder von den Einrichtungen sind inbegriffen.

Damit sind die Träger und Bediensteten von Kindergärten, Schulen und den genannten anderen Einrichtungen von der Haftung wegen Körper- und Gesundheitsschäden der Kinder und Jugendlichen weitgehend freigestellt. Sachschäden und Schmerzensgeld werden von der Versicherung allerdings nicht getragen.

Beispiel 9
Im Fall von Beispiel 8 würde also die Versicherung für den Körperschaden des Buben aufkommen.

Wenn die Verletzung eines Kindes oder Jugendlichen auf grobe Fahrlässigkeit des Trägers oder eines Bediensteten zurückzuführen ist, kann die Versicherung auf den Schädiger zurückgreifen.

Schadensersatzansprüche Dritter

Haftung des Aufsichtsbedürftigen

Wenn jemand (ein Dritter) durch einen Aufsichtsbedürftigen geschädigt wird, kann er von ihm Schadensersatz verlangen. Es müssen aber die Voraussetzungen des § 823 Abs. 1 BGB erfüllt und der Aufsichtsbedürftige muß gemäß §§ 827, 828 BGB verantwortlich sein.

Beispiel 10
Ein zehnjähriger Bub wirft mit Steinen auf vorbeifahrende Autos. Wenn er bereits einsehen kann, daß er dadurch Schaden anrichtet, macht er sich auch schadensersatzpflichtig.

Haftung des Aufsichtspflichtigen

Daneben kann der Geschädigte nach § 832 BGB vom Aufsichtspflichtigen Schadensersatz verlangen, falls der Aufsichtspflichtige nicht nachweisen kann – er hat die Beweislast –, daß er seine Aufsichtspflicht nicht verletzt hat.

Beispiel 11
Wie Beispiel 10. Die Erzieherin beobachtet den Buben beim Steinewerfen und hindert ihn nicht sofort daran.

Wäre der Schaden auch bei genügender Aufsichtsführung entstanden, dann haftet der Aufsichtspflichtige dem Dritten nicht.

Beispiel 12
Ein Kind stolpert beim Spazierengehen. Das erschreckt einen vorbeifahrenden Autofahrer so, daß er an einen Baum prallt. Selbst bei genügender Aufsichtsführung können solche Unfälle nicht verhindert werden.

Haftung als Gesamtschuldner

Können der Aufsichtsbedürftige und der Aufsichtspflichtige für den Schaden verantwortlich gemacht werden, weil beide die Voraussetzungen dafür erfüllen, so haften sie nach § 840 Abs. 1 BGB als Gesamtschuldner. Das hat gemäß § 421 BGB zur Folge, daß der Geschädigte nach seinem Belieben beide zu gleichen Teilen oder nur einen von ihnen in Anspruch nehmen kann. Der Gesetzgeber wollte damit dem Geschädigten die Möglichkeit geben, sich den Zahlungskräftigsten oder den zu greifen, dessen er am leichtesten habhaft werden kann.

Rückgriff auf den Aufsichtsbedürftigen

Nimmt der Geschädigte den meist zahlungskräftigsten Aufsichtspflichtigen in Anspruch, dann kann der Aufsichtspflichtige auf den aufsichtsbedürftigen Schädiger zurückgreifen, d.h. den verauslagten Schadensersatzbetrag von ihm einfordern (§ 840 Abs. 2 BGB). Das ist nur dann nicht möglich, wenn der Aufsichtsbedürftige deliktsunfähig war und lediglich aus Gründen der Gerechtigkeit (Billigkeit) nach § 829 BGB haften würde, weil er z.B. wirtschaftlich besser gestellt ist als der Geschädigte.

Der Rechtsträger kann unter den oben (Haftung des Trägers für seine Angestellten) genannten Voraussetzungen herangezogen werden. Ein Schadensersatzanspruch des Dritten wegen Vertragsverletzung scheidet hier allerdings aus, weil zwischen dem Aufsichtspflichtigen oder seinem Arbeitgeber und dem geschädigten Dritten in der Regel keine vertraglichen Beziehungen bestehen.

Haftung des Arbeitgebers

Amtshaftung

Verletzt ein Bediensteter einer vom Staat, einer Gemeinde oder sonstigen juristischen Person des öffentlichen Rechts getragenen Einrichtung seine Aufsichtspflicht, die für ihn zugleich Amtspflicht ist, so haftet an Stelle des Bediensteten nur der öffentliche Rechtsträger der Einrichtung (Art. 34 GG in Verbindung mit § 839). Die Pflichtverletzung muß der Kläger beweisen.

Träger haftet

Bei Vorsatz und grober Fahrlässigkeit kann der öffentliche Rechtsträger auf den Bediensteten zurückgreifen, ihn in Regreß nehmen, d.h. den geleisteten Schadensersatz von ihm wieder verlangen.

Haftpflichtversicherung

Um für die Schadensersatzansprüche bzw. Rückgriffe abgedeckt zu sein, wird dem Erzieher eine Berufshaftpflichtversicherung empfohlen, es sei denn, der Arbeitgeber hat für sich und seine Angestellten bereits eine solche Versicherung abgeschlossen.

Berufshaftpflichtversicherung

Haftpflichtversicherungen können auch für einzelne Unternehmungen, z.B. eine Fahrt, abgeschlossen werden. Es gibt auch kombinierte Kranken-, Unfall- und Haftpflichtversicherungen für solche Unternehmungen.

6. Strafrechtliche Folgen der Aufsichtspflichtverletzung

Versichern kann man sich nur gegen die zivilrechtlichen, nicht aber gegen die strafrechtlichen Folgen der Aufsichtspflichtverletzung. Wenn ein Aufsichtsbedürftiger infolge einer Aufsichtspflichtverletzung verletzt oder gar getötet wird (Beispiele 7 und 8), kann der Aufsichtspflichtige wegen fahrlässiger Körperverletzung oder fahrlässiger Tötung bestraft werden.

Strafbare Handlungen

Während bei der zivilrechtlichen Haftung der Aufsichtspflichtige beweisen muß, daß er die Aufsichtspflicht nicht verletzt hat, muß im Strafprozeß der Staatsanwalt den Nachweis führen, daß der Aufsichtspflichtige die Aufsichtspflicht verletzt hat. Gelingt dieser Nachweis nicht, hat ihn der Richter freizusprechen. Wegen dieser unterschiedlichen Beweislage kann es durchaus vorkommen, daß ein Aufsichtspflichtiger im Zivilprozeß zur Schadensersatzleistung verurteilt, im Strafprozeß aber freigesprochen wird.

Unterschiedliche Beweislage

7. Arbeits- und dienstrechtliche Folgen

Ein Arbeitnehmer oder Bediensteter, zu dessen Arbeits- bzw. Dienstpflichten die Aufsichtspflicht gehört, verletzt sein Dienstverhältnis, wenn er der Aufsichtspflicht nicht genügt. Der Arbeit- oder Dienstgeber kann wegen solcher Pflichtverletzungen deshalb den Arbeitnehmer z.B. von der Beförderung zurückstel-

Verletzung der Dienstpflicht

len, ihm seine Leitungsfunktion entziehen oder sogar das Arbeitsverhältnis kündigen.

Beispiel 1 (Lösung, Frage 2)

Für den Schaden, den G im Kindergarten erlitten hat, tritt die gesetzliche Unfallversicherung ein.

Ein Rückgriff auf K durch die Versicherung ist nicht möglich, weil K zwar der Vorwurf mangelnder Aufsichtsführung gemacht werden kann, grob fahrlässig, d. h. besonders leichtfertig hat sie aber nicht gehandelt, wenn sie die Kinder während der Essenszubereitung allein im Sandkasten spielen ließ.

Zusammenfassung **Der Aufsichtspflichtige hat darauf zu achten, daß dem Aufsichtsbedürftigen kein Schaden zustößt und niemand durch den Aufsichtsbedürftigen einen Schaden erleidet. Art und Umfang der Aufsichtspflicht sind vom Gesetz nicht bestimmt. Sie richten sich nach den persönlichen Gegebenheiten des Aufsichtsbedürftigen und nach sonstigen Umständen. In sozialpädagogischen Einrichtungen hat der Träger die Aufsichtspflicht. Er kann sie an geeignete Personen delegieren. Grundsätzlich haftet derjenige, der die Aufsichtspflicht verletzt hat, für den Schaden, der durch die Aufsichtspflichtverletzung entsteht. Das gilt sowohl für den Fall, daß der Aufsichtsbedürftige selbst geschädigt wird, als auch dann, wenn der Aufsichtsbedürftige einem Dritten Schaden zufügt. Im letzteren Fall haftet aber neben dem Aufsichtspflichtigen auch der aufsichtsbedürftige Schädiger. Wenn der geschädigte Dritte den Aufsichtspflichtigen allein in Anspruch nimmt, darf der Aufsichtspflichtige auf den Aufsichtsbedürftigen voll zurückgreifen, es sei denn, der Aufsichtsbedürftige würde bloß aus Gründen der Billigkeit haften.**

Steht der Aufsichtspflichtige in einem Dienst- oder Arbeitsverhältnis, haftet neben dem Angestellten auch der Arbeitgeber dem Geschädigten für die Pflichtverletzung seines Angestellten.

In einem öffentlichen Dienstverhältnis haftet immer der öffentliche Rechtsträger. Er darf nur bei vorsätzlicher oder grob fahrlässiger Pflichtverletzung auf seinen Dienstnehmer zurückgreifen. Der Arbeitgeber muß den Schaden allein tragen, wenn er seine Verkehrssicherungspflicht verletzt oder wenn er die Aufsichtspflicht auf eine Person delegiert hat, die dafür nicht oder noch nicht qualifiziert ist, und wenn er zu wenig Personal für die Betreuung der Aufsichtsbedürftigen anstellt. Die Verletzung der Aufsichtspflicht kann strafrechtliche Folgen haben, wenn der Anvertraute deswegen verletzt oder getötet wird.

Schließlich können sich für den angestellten oder beamteten Aufsichtspflichtigen aus seiner Aufsichtspflichtverletzung auch arbeits- oder dienstrechtliche Folgen bis zur Auflösung des Dienst- oder Arbeitsverhältnisses ergeben.

Aufgaben und Organisation der Jugendhilfe

Dieses und die beiden folgenden Kapitel befassen sich mit der Jugendhilfe. Dabei werden vor allem Hilfen für Kinder und Jugendliche und deren Familien behandelt, an denen Erzieherinnen und Erzieher mitwirken. Außerdem soll von den Organisationen die Rede sein, die diese Hilfe leisten.

Vorbemerkung

Die ersten Ansätze zu einer gesetzlichen Regelung der Jugendhilfe gehen auf das 19. Jahrhundert zurück. Sie befaßten sich hauptsächlich mit der Waisenfürsorge, dem Vormundschaftswesen und der Zwangserziehung Minderjähriger. Um die Jahrhundertwende erließen die einzelnen deutschen Staaten zahlreiche Regelungen auf diesem Gebiet; entsprechend nahm die Zersplitterung der jugendfürsorgerischen Tätigkeiten zu. Aus diesem Grunde und wegen der Verwahrlosung der Jugend, die im Ersten Weltkrieg stark hervorgetreten war, wurde der Ruf immer lauter, die öffentliche Jugendhilfe in kommunalen Zentralstellen zusammenzufassen, für die man 1918 die Bezeichnung Jugendämter vorschlug, sowie die Forderung, die öffentliche und die freie Jugendhilfe zu trennen. Das »Reichsjugendwohlfahrtsgesetz« von 1922 war das Ergebnis der Bestrebungen in dieser Richtung. Das Gesetz wurde mehrfach geändert und hieß seit der Änderung von 1953 »Jugendwohlfahrtsgesetz«. In der Folgezeit hörten die Bemühungen um eine totale Reform des Jugendhilferechts nicht mehr auf.

*Reichsjugend-
wohlfahrtsgesetz*

*Jugendwohl-
fahrtsgesetz*

Nach vier vergeblichen Anläufen wurde 1990 ein neues Kinder- und Jugendhilfegesetz (abgekürzt: KJHG) als Achtes Buch des Sozialgesetzbuches verabschiedet. Es trat in den neuen Bundesländern am 3. Oktober 1990 und im bisherigen Bundesgebiet am 1. Januar 1991 in Kraft.
Mit dem neuen KJHG reagierte der Gesetzgeber auf gesellschaftliche Veränderungen und deren Auswirkungen für Kinder, Jugendliche und Familien. Die familiäre Wirklichkeit heute ist gekennzeichnet durch eine steigende Zahl von Ein-Kind-Familien, eine steigende Zahl von Kindern, die bei einem Elternteil aufwachsen, durch hohe Trennungs- und Scheidungsraten und schließlich durch einen Wandel der Rollen der Familienmitglieder, insbesondere der Frauen, der auch in dem Wunsch zum Ausdruck kommt, Erwerbstätigkeit und Familie besser miteinander vereinbaren zu können.

*Kinder- und
Jugendhilfe-
gesetz*

*Familiäre
Wirklichkeit
heute*

Auch Sichtweise und Handlungsansatz der Jugendhilfe haben sich in den letzten Jahrzehnten verändert. Die Jugendhilfepraxis bezieht neben dem Kind oder Jugendlichen stärker die Familie und das soziale Umfeld in die pädagogische Arbeit ein. Der Handlungsansatz hat sich von Eingriffen in die Familie, die mit einer Trennung des Kindes von seinen Eltern verbunden sind, zu einer offenen und präventiven Arbeit hin verlagert, die nicht das Kind als Symptomträger von der Familie isoliert und therapiert, sondern – wo immer möglich – bei der gesam-

*Sichtweise und
Handlungsansatz*

ten Familie ansetzt, um ihre Erziehungskraft zu stärken. (Mit ähnlichen Worten hat die Bundesregierung den Entwurf des KJHG begründet.)

Diesen Veränderungen wollte die Jugendhilfe gerecht werden, mußte aber immer wieder feststellen, daß ihre Praxis unzureichend gesetzlich abgesichert war. Das galt vor allem für die Bereiche der allgemeinen Förderung der Jugend und der Familien sowie der familienunterstützenden ambulanten und teilstationären Hilfen für Erziehung. Das neue KJHG soll nun eine ausreichende Grundlage für die Jugendhilfepraxis abgeben. Es beinhaltet eine zeitgemäße Beschreibung dieser Praxis in den Ländern der alten Bundesrepublik, läßt Raum für neue Entwicklungen, zeigt aber kaum Perspektiven für eine Weiterentwicklung der Jugendhilfe auf.

Grundlage für Jugendhilfepraxis

Obwohl das KJHG als Achtes Buch des Sozialgesetzbuches erlassen worden ist und damit Bestandteil des Sozialgesetzbuches ist, wird es hier nicht wie meist in der juristischen Literatur mit SGB VIII, sondern mit dem in der sozialpädagogischen Literatur und in der Praxis üblichen Kürzel KJHG zitiert.

1. Was ist Jugendhilfe

Leistungen für junge Menschen

Definition 1
● Unter Jugendhilfe werden Leistungen zur Förderung der Entwicklung und Erziehung junger Menschen neben Familie, Schule und Berufsausbildung sowie Leistungen zur Entlastung und Unterstützung der Familie verstanden, daneben auch Kontroll- und Aufsichtsaufgaben des Staates zum Schutz von Kindern und Jugendlichen.

Obwohl das Achte Buch des Sozialgesetzbuches die Überschrift »Kinder- und Jugendhilfe« trägt, gebrauchen Gesetzgeber und Jugendhilfepraxis meist die herkömmliche kürzere Bezeichnung »Jugendhilfe«.

2. Die Rechtsgrundlagen der Jugendhilfe

Länderausführungsgesetze

Im KJHG sind die wesentlichen Rechtsgrundlagen der Jugendhilfe zusammengefaßt. Die Ausführungsgesetze der Bundesländer enthalten wichtige Ergänzungen zum KJHG. Aufgaben der Jugendhilfe ergeben sich ferner aus den Jugendschutzgesetzen und dem Jugendgerichtsgesetz.

Kindergartengesetze

Zu Teilbereichen der Jugendhilfe sind in den einzelnen Bundesländern besondere gesetzliche Regelungen erfolgt, z.B. durch die Kindergartengesetze. Nur Bayern versteht sein Kindergartengesetz als eigenständiges Gesetz, losgelöst vom KJHG, weil es in Konsequenzen zu den Aussagen des Bildungsgesamtplans den Kindergarten als Einrichtung im Elementarbereich und damit der ersten Stufe des Bildungswesens zugehörig betrachtet. Im Bildungsbereich haben die Länder das Gesetzgebungsrecht. Für den bayerischen Kindergarten gilt das KJHG also nicht. Das ist im § 26 KJHG ausdrücklich klargestellt. Es heißt dort, daß landesrechtliche Regelungen, die schon am 31. Dezember 1990 bestanden und das Kindergartenwesen dem Bildungsbereich zugewiesen haben, vom KJHG unberührt bleiben.

3. Ziele der Jugendhilfe

Gesetzliches Leitziel

● Ziel jeglicher Jugendhilfe ist nach § 1 Abs. 1 KJHG der eigenverantwortliche und gemeinschaftsfähige junge Mensch.

Auf dieses Ziel sollen alle Förderungsangebote, Hilfen und sonstigen Maßnahmen ausgerichtet sein.

Im § 1 Abs. 3 nennt das Gesetz weitere wesentliche Grundziele. Hervorzuheben ist der Auftrag der Jugendhilfe, dazu beizutragen, daß positive Lebensbedingungen für junge Menschen und ihre Familien sowie eine kinder- und familienfreundliche Umwelt erhalten bzw. geschaffen werden. Die Jugendhilfe ist damit aufgerufen, sich in die Wohnungs-, Sozial- und Bildungspolitik sowie in die Verkehrs-, Medien-, Wirtschafts- und Finanzpolitik einzumischen. *Grundziele*

4. Gibt es einen Rechtsanspruch auf Jugendhilfe?

In § 1 Abs. 1 KJHG wird das Ziel der Jugendhilfe als »Recht des jungen Menschen« bezeichnet. Diese Formulierung könnte es nahelegen, § 1 als Rechtsanspruch des jungen Menschen auf Jugendhilfe zu verstehen. Das hätte zur Folge, daß auf alle Leistungen ein einklagbarer Anspruch bestünde, daß z. B. das Bereitstellen eines Bastelraums im »Haus der offenen Tür« oder eines pädagogisch betreuten Spielplatzes durch das Jugendamt im Klagewege erzwungen werden könnte. Ein derart umfassender Anspruch gegenüber dem Träger der Jugendhilfe wird jedoch nicht anerkannt. Der Begriff »Förderung der Entwicklung und der Erziehung zu einer eigenverantwortlichen und gemeinschaftsfähigen Persönlichkeit« als Inhalt eines solchen Anspruches ist zu unbestimmt, als daß sich aus ihm konkrete, den Träger der Jugendhilfe verpflichtende und im Klagewege erzwingbare Rechtsansprüche ableiten ließen. *Generell kein einklagbarer Rechtsanspruch*

Ein Rechtsanspruch auf öffentliche Jugendhilfe besteht nur dort, wo das KJHG einzelne Pflichten des Jugendhilfeträgers gegenüber dem Bürger und Rechte des Bürgers gegenüber dem Jugendhilfeträger so genau beschreibt, daß die Voraussetzungen für bestimmte Tätigkeiten genau und gerichtlich nachprüfbar festzustellen sind. In solchen Vorschriften heißt es dann, daß ein Anspruch besteht (z. B. §§ 18 Abs. 1, 24 Abs. 1 S. 1 und 27 Abs. 1 KJHG) oder eine Leistung zu gewähren ist (z. B. § 40 KJHG). *Rechtsanspruch nur ausnahmsweise*

§ 27 Abs. 1 KJHG
Ein Personensorgeberechtigter hat bei der Erziehung eines Kindes oder eines Jugendlichen Anspruch auf Hilfe (Hilfe zur Erziehung), wenn eine dem Wohl des Kindes oder des Jugendlichen entsprechende Erziehung nicht gewährleistet ist und die Hilfe für seine Entwicklung geeignet und notwendig ist.

Überall dort, wo es nur heißt »sind zur Verfügung zu stellen« (z. B. § 11 Abs. 1 KJHG), »sollen angeboten werden« (z. B. §§ 13 bis 16, jeweils Abs. 1 KJHG), »sollen unterstützt werden« (z. B. §§ 20 Abs. 1, 25 KJHG) richten sich diese Anweisungen an die Träger der Jugendhilfe. Die Betroffenen haben lediglich ein Reflexrecht, d. h. sie leiten ihr Recht von der Verpflichtung der Träger der Jugendhilfe ab.

§ 11 Abs. 1 S. 1 KJHG
Jungen Menschen sind die zur Förderung ihrer Entwicklung erforderlichen Angebote der Jugendarbeit zur Verfügung zu stellen.

5. Erziehungsauftrag der Jugendhilfe

Kein eigenstän-
diger Auftrag

Das KJHG gesteht der Jugendhilfe keinen eigenständigen Erziehungsauftrag zu. Es betont vielmehr den Erziehungsprimat der Eltern, indem es im § 1 Abs. 2 den Wortlaut des Art. 6 Abs. 2 GG wiedergibt.

§ 1 Abs. 2 KJHG
Pflege und Erziehung der Kinder sind das natürliche Recht der Eltern und die zuförderst ihnen obliegende Pflicht. Über ihre Bestätigung wacht die staatliche Gemeinschaft.

Unterstützung
und Ergänzung
elterlicher
Erziehung

● Die Jugendhilfe soll die elterliche Erziehung *unterstützen* und *ergänzen*. Gegen den Willen der betroffenen Eltern kann sie nicht tätig werden. Hierfür bedürfte es der vormundschaftsgerichtlichen Entscheidung nach § 1666 BGB (s. dazu auch Kapitel 2, 2. Abschnitt und Kapitel 3, Abschnitt 8).

6. Rechtsposition Minderjähriger in der Jugendhilfe

Kein
Anspruchsrecht

Das KJHG räumt Minderjährigen nicht das Recht ein, selbständig Leistungen der Jugendhilfe zu beanspruchen. Auch der Anspruch auf Hilfe zur Erziehung (§ 27 KJHG) steht nur den Personensorgeberechtigten zu und kann nur von ihnen geltend gemacht werden.

Beteiligungsrechte von Kindern und Jugendlichen

Lediglich Beteiligungsrechte spricht § 8 KJHG Minderjährigen zu. So hat ein Minderjähriger das Recht, seinem Entwicklungsstand entsprechend, an allen ihn betreffenden Entscheidungen der Jugendhilfe beteiligt zu werden.

Recht auf
Kontakt-
aufnahme

Er kann sich in Angelegenheiten der Erziehung und Entwicklung auch selbst an das Jugendamt wenden (§ 8 Abs. 2).
Wenn Hilfe zur Erziehung außerhalb der eigenen Familie erforderlich wird, ist der Minderjährige nach § 36 Abs, 1 S. 3 und 4 KJHG bei der Auswahl der Pflegestelle oder der Einrichtung zu beteiligen. Seinen Wünschen ist möglichst zu entsprechen.

Anregungsrecht

Dieses Recht des Minderjährigen gibt der Jugendhilfe aber nicht die Befugnis, Leistungen auch gegen den Willen der Eltern zu erbringen.

Beratungsrecht

Schließlich kann nach § 8 Abs. 3 ein Minderjähriger ohne Einschaltung der Personensorgeberechtigten beraten werden, dies aber nur in Not- und Konfliktfällen.

Teilzusammen-
fassung

Unter Jugendhilfe werden in erster Linie Leistungen zur Förderung der Entwicklung und Erziehung von jungen Menschen außerhalb von Schule und Berufsausbildung verstanden. Sie sind gesetzlich überwiegend im Kinder- und Jugendhilfegesetz zusammengefaßt.
Ziel der Jugendhilfe ist der eigenverantwortliche und gemeinschaftsfähige junge Mensch.
Nach dem Willen des Gesetzgebers hat die Jugendhilfe die Aufgabe, die elterliche Erziehung zu unterstützen, zu entlasten und zu ergänzen. Ein eigener Erziehungsauftrag ist der Jugendhilfe nicht zuerkannt. Minderjährige leiten ihre Rechte von der Verantwortung ihrer Eltern her. Außer einigen Beteiligungsrechten ist ihnen nicht die Möglichkeit eingeräumt, Jugendhilfeleistungen selbständig zu beanspruchen.

7. Aufgaben der Jugendhilfe

Die Aufgaben der Jugendhilfe sind im § 2 KJHG aufgeführt.

- Die Jugendhilfe umfaßt Leistungen und andere Aufgaben. Der Oberbegriff ist Aufgabe.   *Leistungen*
- Leistungen der Jugendhilfe werden von Trägern der freien Jugendhilfe und von Trägern der öffentlichen Jugendhilfe erbracht. Leistungsverpflichtungen richten sich nur an die Träger der öffentlichen Jugendhilfe (§ 3 Abs. 2 KJHG).
- Andere Aufgaben der Jugendhilfe werden von Trägern der öffentlichen Jugendhilfe wahrgenommen.   *Andere Aufgaben*

Beispiel 1
Beispiele für Leistungen der Jugendhilfe nach § 2 Abs. 2 KJHG: Angebote der Jugendarbeit und des erzieherischen Jugendschutzes, Angebote der Förderung von Kindern in Tageseinrichtungen (Krippen, Kindergärten, Horten), Hilfe zur Erziehung in Heimen oder in der Form des betreuten Wohnens.
Beispiele für andere Aufgaben nach § 2 Abs. 3 KJHG: Inobhutnahme von Kindern oder Jugendlichen, die von zu Hause ausgerissen sind, Heimaufsicht, Jugendgerichtshilfe.

Soweit dies im § 76 KJHG ausdrücklich bestimmt ist, können anerkannte Träger der freien Jugendhilfe auch andere Aufgaben wahrnehmen oder mit ihrer Ausführung betraut werden (§ 3 Abs. 3 KJHG).

Beispiel 2
Wohlfahrtsverbände werden häufig damit betraut, Stellungnahmen zur Regelung der elterlichen Sorge nach der Ehescheidung abzugeben. Auch in anderen Fällen, in denen nach § 50 KJHG das Jugendamt in einem vormundschaftsgerichtlichen oder familiengerichtlichen Verfahren zu hören ist, werden anerkannte freie Träger tätig. Die Verantwortung für deren Tätigkeit bleibt aber beim öffentlichen Träger.

Wenn Aufgaben der Jugendhilfe von Behörden wahrgenommen werden, spricht man auch von öffentlicher Jugendhilfe, ansonsten von freier Jugendhilfe. In der Jugendhilfepraxis wird auch künftig anstatt von Trägern der öffentlichen Jugendhilfe und Trägern der freien Jugendhilfe kurz von öffentlichen und freien Trägern gesprochen werden.   *Öffentliche Jugendhilfe*

Freie Jugendhilfe

8. Träger der öffentlichen Jugendhilfe

Träger der öffentlichen Jugendhilfe sind die örtlichen und überörtlichen Träger (§ 69 Abs. 1 S. 1 KJHG).

- Örtliche Träger sind nach § 69 Abs. 1 S. 2 KJHG die Kreise und die kreisfreien Städte; das sind Städte, die keinem Landkreis angehören, z. B. die Landeshauptstadt München.   *Kreise und kreisfreie Städte*

Wer die überörtlichen Träger sind, wird durch Landesrecht (Ausführungsgesetze der Länder) geregelt.
Jeder örtliche Träger errichtet ein Jugendamt und jeder überörtliche ein Landesjugendamt (§ 69 Abs. 3 KJHG). Auch *kreisangehörige Gemeinden* und Gemein-   *Jugendamt*

deverbände, die nicht örtliche Träger sind, *können Aufgaben der Jugendhilfe wahrnehmen.* Sie müssen dann Planung und Durchführung dieser Aufgaben mit dem örtlichen Träger abstimmen.

Beispiel 3
Gemeinden sind häufig Träger von Kindergärten und Horten.

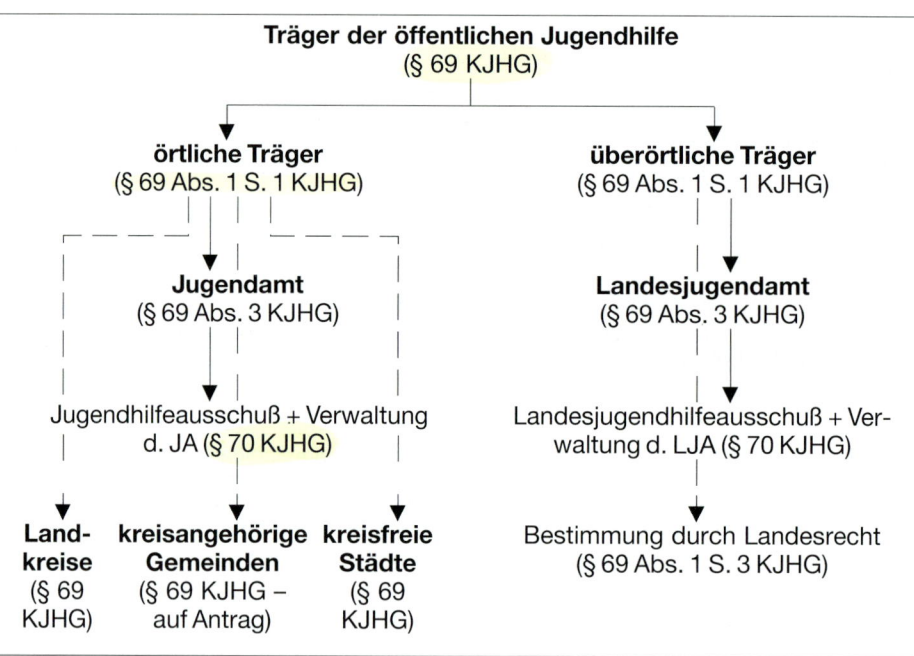

9. Träger der freien Jugendhilfe

Offenbar wegen der Vielfalt der Trägerstrukturen im nichtstaatlichen Bereich sieht das KJHG davon ab, die Träger der freien Jugendhilfe zu nennen. Aus § 75 Abs. 3 KJHG läßt sich jedoch entnehmen, welche Träger in erster Linie als Träger der freien Jugendhilfe anzusehen sind, nämlich die Kirchen und die Religionsgemeinschaften des öffentlichen Rechts sowie die auf Bundesebene zusammengeschlossenen Verbände der freien Wohlfahrtspflege (Arbeiterwohlfahrt, Deutscher Caritasverband, Deutscher Paritätischer Wohlfahrtsverband, Deutsches Rotes Kreuz, Diakonisches Werk, Zentralwohlfahrtsstelle der Juden in Deutschland).

Kirchen und Wohlfahrtsverbände

Jugendverbände
Jugendverbände – im wesentlichen die kirchlichen und gewerkschaftlichen Jugendverbände, Sportjugend, Pfadfinder – sind größtenteils auf örtlicher Ebene in den Kreisjugendringen, auf der mittleren Ebene in den Bezirksjugendringen und auf Landesebene im Landesjugendring, in Bayern z. B. im Bayerischen Jugendring zusammengeschlossen.

Beispiel 4
Träger der meisten Kindergärten in der alten Bundesrepublik sind die Kirchen (katholische Kirchenstiftungen, evangelische Kirchengemeinden) und gemeinnützige Vereine.

● Die Träger der freien Jugendhilfe werden grundsätzlich nicht im Auftrag und nach Weisung der Träger der öffentlichen Jugendhilfe tätig. Sie erbringen Leistungen und beteiligen sich – vorausgesetzt, daß sie anerkannt sind – an der Erfüllung anderer Aufgaben der Jugendhilfe aus eigenem Recht und in eigener Verantwortung (s. Beispiel 2).

Wunsch- und Wahlrecht der Leistungsberechtigten

Die Leistungsberechtigten (meist sind es die Eltern) haben das Recht, zwischen Einrichtungen und Diensten der verschiedenen Träger zu wählen (§ 5 KJHG). Ihrer Wahl und ihren Wünschen soll entsprochen werden, wenn dies nicht mit unverhältnismäßigen Mehrkosten verbunden ist.

Wahl zwischen den Trägern

Anerkennung als Träger der freien Jugendhilfe

Das KJHG zählt, wie wir oben festgestellt haben, die freien Träger nicht auf; es enthält nur eine Regelung, unter welchen Voraussetzungen ein Träger als Träger der freien Jugendhilfe anerkannt werden kann und wer anerkannter Träger ist, ohne ein Anerkennungsverfahren durchlaufen zu haben (§ 75 KJHG).

§ 75 KJHG
(1) Als Träger der freien Jugendhilfe können juristische Personen und Personenvereinigungen anerkannt werden, wenn sie
1. auf dem Gebiet der Jugendhilfe im Sinne von § 1 tätig sind,
2. gemeinnützige Ziele verfolgen,
3. aufgrund der fachlichen und personellen Voraussetzungen erwarten lassen, daß sie einen nicht unwesentlichen Beitrag zur Erfüllung der Aufgaben der Jugendhilfe zu leisten imstande sind und
4. die Gewähr für eine den Zielen des Grundgesetzes förderliche Arbeit bieten.
(2) Einen Anspruch auf Anerkennung als Träger der freien Jugendhilfe hat unter den Voraussetzungen des Absatzes 1, wer auf dem Gebiet der Jugendhilfe mindestens drei Jahre tätig gewesen ist.
(3) Die Kirchen und Religionsgemeinschaften des öffentlichen Rechts sowie die auf Bundesebene zusammengeschlossenen Verbände der freien Wohlfahrtspflege sind anerkannte Träger der freien Jugendhilfe.

Voraussetzungen der Anerkennung

Die Anerkennung als Träger der freien Jugendhilfe hat unter anderem die Wirkung, daß der anerkannte Träger an der Durchführung von bestimmten Aufgaben (s. Beispiel 2) beteiligt werden kann oder ihm diese Aufgaben zur Ausführung übertragen werden können (§ 76 KJHG). Anerkannte Träger der freien Jugendhilfe sind auch an der Jugendhilfeplanung zu beteiligen (§ 80 Abs. 3 KJHG). Desgleichen ist die Anerkennung Voraussetzung für eine auf Dauer angelegte Förderung (§ 74 Abs. 1 S. 2 KJHG).

Wirkung der Anerkennung

10. Zusammenarbeit von öffentlicher und freier Jugendhilfe

Die Vielfalt (Pluralität) von Trägern unterschiedlicher Wertorientierungen und von Inhalten und Arbeitsformen ist ein Wesensmerkmal der Jugendhilfe (§ 3 Abs. 1 KJHG).

Pluralität – Wesensmerkmal der Jugendhilfe

Partnerschaftliche
Zusammenarbeit

- Das KJHG verpflichtet die Träger der öffentlichen Jugendhilfe zu partnerschaftlicher Zusammenarbeit mit den Trägern der freien Jugendhilfe, wobei sie die Selbständigkeit der Träger der freien Jugendhilfe in Zielsetzung und Durchführung der Aufgaben sowie in der Gestaltung der Organisationsstruktur zu achten haben (§ 4 Abs. 1 KJHG).

Von Partnerschaft kann man nur sprechen bei einer gleichwertigen und gleichberechtigten Beteiligung an der Aufgabenerfüllung.

Subsidiaritäts-
prinzip

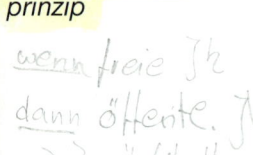

- Der Nachrang der öffentlichen Jugendhilfe (Subsidiaritätsprinzip) für Leistungen (Einrichtungen, Dienste und Veranstaltungen) anerkannter freier Träger der Jugendhilfe ist ebenso festgeschrieben (§§ 4 Abs. 3, 3 Abs. 2 KJHG) wie die Verpflichtung, die freie Jugendhilfe zu fördern und dabei die verschiedenen Formen der Selbsthilfe zu stärken (§§ 4 Abs. 3, 74 KJHG).
  Nicht zuletzt soll sich die Partnerschaft im Rahmen der vorgesehenen Arbeitsgemeinschaften (§ 78 KJHG) und der Jugendhilfeplanung (§ 80 Abs. 3 KJHG) konkretisieren.

Gesamtverantwortung für die Jugendhilfe

Bei öffentlichen
Trägern

Die Gesamtverantwortung für die Erfüllung der Aufgaben der Jugendhilfe weist das Gesetz den Trägern der öffentlichen Jugendhilfe zu (§ 79 KJHG). Sie haben die Verpflichtung, für ein umfassendes, gleichmäßiges und flächendeckendes Leistungsangebot zu sorgen. Zu diesem Zweck sollen sie auch mit anderen öffentlichen Stellen und Einrichtungen zusammenarbeiten (§ 81 KJHG), vor allem mit Schulen, Gesundheitsämtern, Arbeitsämtern, Gewerbeaufsichtsämtern, Polizei, Vormundschaftsgericht, Familiengericht, Jugendgericht.

11. Organisation der Jugendhilfe und Zuständigkeiten

Das KJHG regelt nur die Organisation der öffentlichen Jugendhilfe. Die Organisation der Träger der freien Jugendhilfe ist diesen selbst überlassen. Die Träger der öffentlichen Jugendhilfe haben die Organisationsstruktur der Träger der freien Jugendhilfe zu achten (§ 4 Abs. 2 KJHG).

Organisation des Jugendamts und des Landesjugendamts

- Jeder örtliche Träger (Kreis, kreisfreie Stadt) errichtet ein Jugendamt (§ 69 Abs. 1 und 3 KJHG). Welche Behörde ein Landesjugendamt zu errichten hat, bestimmt sich nach den Ausführungsgesetzen der Länder (§ 69 Abs. 1 und 3 KJHG).
- Jugendamt und Landesjugendamt bestehen aus den jeweiligen Verwaltungen und dem Jugendhilfeausschuß bzw. dem Landesjugendhilfeausschuß (§ 70 Abs. 1, 3 KJHG).

Dualistische
Verfassung

Die Jugendämter besitzen damit abweichend von anderen Verwaltungsbehörden eine dualistische Verfassung. Ein besonderer Ausschuß ist Teil der Behörde und hat der Verwaltung gegenüber bestimmte Rechte. Zweck dieser Zweigliedrigkeit ist es, im Interesse einer wirksamen Jugendpolitik alle gesellschaftlichen Gruppierungen unmittelbar an der öffentlichen Jugendhilfe zu beteiligen.

Während die Geschäfte der laufenden Verwaltung (täglich anfallende Arbeit, Entscheidungen im Einzelfall) vom Leiter der Verwaltung des Kreises (Landrat; in Niedersachsen und Nordrhein-Westfalen: Oberkreisdirektor) oder der kreisfreien Stadt (Oberbürgermeister; in Niedersachsen und Nordrhein-Westfalen: Oberstadtdirektor) oder in deren Auftrag vom Leiter des Jugendamts im Rahmen der Satzung und der Beschlüsse der Vertretungskörperschaft (Stadtrat, Kreistag) und des Jugendhilfeausschusses bzw. vom Leiter des Jugendamts im Rahmen der Satzung und der Beschlüsse des Landesjugendhilfeausschusses geführt werden (§ 70 Abs. 2, 3 KJHG), befassen sich Jugendhilfeausschuß und Landesjugendhilfeausschuß mit grundsätzlichen Angelegenheiten der Jugendhilfe, vor allem mit der Jugendhilfeplanung (§ 71 Abs. 2, 3 und Abs. 4 S. 3 KJHG). Sie stellen generelle Richtlinien und Grundsätze für die Arbeit des Jugendamts bzw. Landesjugendamts auf. *Laufende Verwaltung*

Jugendhilfe-ausschuß

Die Besetzung des Jugendhilfeausschusses und des Landesjugendhilfeausschusses ergibt sich aus § 77 Abs. 1, 4 KJHG. Näheres können die Länder in ihren Ausführungsgesetzen regeln (§ 71 Abs. 5 KJHG).

Zuständigkeiten

- Für die Erfüllung der Aufgaben der öffentlichen Jugendhilfe ist grundsätzlich der örtliche Träger mit seinem Jugendamt zuständig (§ 85 Abs. 1 KJHG). *Sachliche Zuständigkeit*

Das Landesjugendamt hat die Aufgabe, die Jugendämter zu beraten, die Zusammenarbeit zwischen den Jugendämtern und den anerkannten Trägern der freien Jugendhilfe zu fördern, örtliche Einrichtungen, Dienste und Veranstaltungen anzuregen usw.

Die Förderung der Jugendarbeit ist in Bayern dem Bayerischen Jugendring übertragen.

Anmerkung:
In den §§ 82 und 83 KJHG sind den obersten Landesjugendbehörden (sie werden durch die Ausführungsgesetze der Länder bestimmt) und dem Bund zentrale Aufgaben zugewiesen. Sie sollen die Tätigkeit und Weiterentwicklung der Jugendhilfe anregen und fördern.

- Örtlich zuständig für die Erfüllung der Aufgaben der öffentlichen Jugendhilfe ist nach § 86 Abs. 1 S. 1 KJHG in der Regel der örtliche Träger mit seinem Jugendamt, in dessen Bereich die Eltern ihren gewöhnlichen Aufenthalt haben (wohnen). *Örtliche Zuständigkeit*

Die Jugendhilfe soll die Entwicklung junger Menschen fördern und deren Familien in der Erziehung unterstützen und entlasten. Gesetzliches Leitziel der Jugendhilfe ist die eigenverantwortliche und gemeinschaftsfähige Persönlichkeit. **Zusammenfassung**

Einen Rechtsanspruch auf bestimmte Jugendhilfeleistungen haben Eltern und junge Volljährige nur, wenn Voraussetzungen, Inhalte und Adressaten der Leistungen hinreichend konkretisiert sind. Kinder und Jugendliche haben keine eigenen Ansprüche auf Jugendhilfeleistungen. Sie können sich in Angelegenheiten der Erziehung an das Jugendamt wenden und im Konfliktfall sich auch ohne Wissen der Eltern beraten lassen. Die Aufgaben der Jugendhilfe werden in erster Linie von den örtlichen Trägern mit ihren Jugendämtern und den anerkannten Trägern der freien Jugendhilfe, hauptsächlich von den Wohlfahrtsverbänden und Jugendverbänden, wahrgenommen. Sie sollen partnerschaftlich zusammenarbeiten.

Die Gesamtverantwortung für die Jugendhilfe haben die Träger der öffentlichen Jugendhilfe. Im Jugendhilfeausschuß wirken alle gesellschaftlichen Gruppierungen im Interesse einer wirksamen Jugendpolitik zusammen.

Familienunterstützende und individuelle erzieherische Hilfen

Erzieherinnen und Erzieher werden von vielen Bestimmungen des Kinder- und Jugendhilfegesetzes nur mittelbar betroffen, etwa hinsichtlich der Frage, wessen Aufgabe es ist, sozialpädagogische Einrichtungen – Spielplätze, Heime, Kindergärten – zu planen und zu errichten, oder wodurch allgemein eine Förderung von Jugend und Familie angestrebt werden soll. Unmittelbar haben sie es dagegen mit individuellen erzieherischen Hilfen zu tun, z. B. der Heimerziehung. Auf ihre Rechtsgrundlagen geht dieses Kapitel näher ein. Andere familienunterstützende Hilfen werden mit berücksichtigt.

1. Ein Fall aus der Praxis

Wir wollen uns die in Frage kommenden Hilfen und die Rechtsvorschriften, auf die sie sich gründen, anhang des Beispiels einer Familie mit einer schwierigen Erziehungssituation klarmachen.

> Beispiel 1 (Aufgabe)
> Frau A, 35 Jahre alt, hat zwei Kinder im Alter von 12 und 14 Jahren und erwartet ein drittes Kind. Ihr 40jähriger Ehemann ist Hilfsarbeiter. Wegen Trunkenheit und ständiger Reibereien mit Arbeitskollegen verliert er immer wieder seinen Arbeitsplatz. Das Jugendamt wird von Nachbarn angerufen, die mitteilen, die Kinder würden häufig von ihrem betrunkenen Vater geschlagen und trieben sich nachts herum.
> Bei einem Besuch in der Familie stellt die zuständige Sozialpädagogin fest, daß die Eheleute A den Schwierigkeiten (ständiger Streit, Trunksucht des Mannes, erneute Schwangerschaft) offenbar nicht gewachsen sind. Erkundigungen in der Schule ergeben, daß die beiden Kinder dort als sozial und intellektuell kaum tragbar angesehen werden; in der letzten Zeit hätten sie oft die Schule geschwänzt und anderen Schülern wiederholt Geld und Süßigkeiten gestohlen.
> In erneuten Gesprächen mit den Eltern erfährt die Sozialpädagogin: Die Kinder laufen immer wieder von zu Hause weg und treiben sich dann zwei oder drei Tage lang herum. Die Eltern stehen nach Meinung der Sozialpädagogin der Situation resignierend gegenüber. Die Sozialpädagogin überlegt, was zu tun oder zu veranlassen ist.

Sozialpädagogische Vorüberlegungen

In einem Sachverhalt wie diesem entsteht für die Sozialpädagogin nicht die Frage nach der rechtlichen Lösung eines abgeschlossenen, unveränderbaren Geschehens, sondern sie hat die Möglichkeiten und Grenzen eines sozialpädagogischen Hilfeprozesses zu erwägen. Sie wird eine sozialpädagogische Analyse der Familiensituation, eine Prognose der möglichen Entwicklung und einen sozialpädagogischen Handlungsentwurf erstellen. Der Handlungsentwurf ist dann auf seine gesetzlichen Voraussetzungen hin zu überprüfen, zu korrigieren und so zu einem realisierbaren Handlungsplan fortzuentwickeln.

Handlungsentwurf und Handlungsplan

Handlungsmöglichkeiten

Situation
verändern

Aus den Erhebungen zur Familiensituation können sich folgende Handlungsmöglichkeiten ergeben.

- Eingriff in die Familiensituation durch Strafanzeige gegen die Eltern;
- Veränderung der Familiensituation durch Hilfen, die die Eltern bei ihrer Erziehungstätigkeit entlasten und unterstützen, den Familienverband aber bestehen lassen (familienunterstützende Hilfen);
- Veränderung der Familiensituation durch Hilfe zur Erziehung, auch außerhalb der Familie.

Unsere Aufgabe soll es jetzt sein, diese Möglichkeiten auf ihre rechtlichen Voraussetzungen und Folgen hin zu untersuchen.

2. Eingriff in die Familiensituation durch Strafanzeige

Keine Anzeige-
pflicht

- Das KJHG enthält keine Verpflichtung der Jugendbehörden, strafbare Handlungen der Polizei mitzuteilen.

Kein Anzeige-
verbot

Auch die Mitarbeiter des Jugendamtes haben keine Anzeigepflicht.
Andererseits trifft das Jugendamt aber auch keine Verpflichtung, seine Kenntnisse von strafbaren Handlungen der Polizei nicht mitzuteilen. Ob im Einzelfall eine Anzeige erstattet wird, muß das Jugendamt im Hinblick auf seinen Auftrag, das Recht des Kindes auf Erziehung zu schützen, und unter Beachtung der Geheimnisschutz- und Datenschutzverpflichtungen (s. Kapitel 10, Abschnitt 6) entscheiden.

Anzeige durch
den Erzieher?

Dasselbe gilt für den Erzieher. Ihm ist allerdings zu raten, in Fällen dieser Art das Jugendamt zu informieren und ihm die Entscheidung über eine mögliche Anzeige zu überlassen.
Das Jugendamt wird also prüfen müssen, wie sich eine Strafanzeige gegen die Eltern auf die Familiensituation auswirken müßte: Ob im Interesse der Kinder eine Strafverfolgung notwendig ist oder ob dadurch nicht die eventuell noch bestehenden Möglichkeiten für eine pädagogische Arbeit beeinträchtigt würden.

3. Familienunterstützende Hilfen

Bevor wir auf einzelne Hilfsangebote des Staates eingehen, soll nochmals klargestellt werden: Nach der Grundkonzeption des KJHG (s. Kapitel 8, Abschnitt 5) hat der Staat keine mit dem Elternrecht konkurrierende Erziehungskompetenz. Der elterliche Erziehungsvorrang (Art. 6 Abs. 2 S. 1 GG) bezieht sich nicht nur auf die familiale Erziehung, sondern auf die Gesamtheit aller erzieherischen Einflüsse auf die Kinder. Die Grenzen des Erziehungsprimats sind durch die §§ 1666, 1666a BGB gezogen. Unterhalb der Eingriffsschwelle von § 1666 BGB (bei Gefährdung der Kindesentwicklung) ist eine eigenständige Interessenwahrnehmung des Kindes durch das Jugendamt ausgeschlossen. Der Staat bleibt darauf beschränkt, die Familie zu unterstützen. Seine Aufgabe ist es, den Eltern bei ihrer Erziehung Hilfe anzubieten. Unmittelbaren Einfluß auf das Kind darf er nur mit elterlichem Einverständnis ausüben.

Vorrang der
elterlichen
Erziehung

a) Angebote der Jugendarbeit, Jugendsozialarbeit und des erzieherischen Kinder- und Jugendschutzes

Das KJHG beschreibt in den §§ 11 bis 14 die Angebote der Jugendarbeit, Jugendsozialarbeit und des erzieherischen Kinder- und Jugendschutzes. Es beauftragt im § 15 die Länder, sich dieser Aufgaben anzunehmen und entsprechende Regelungen zu treffen, damit die Angebote in großer Variationsbreite besonders von freien Initiativen und Trägernn gemacht werden.

Jugendarbeit

- Die Angebote der Jugendarbeit sollen nach § 11 KJHG an die Interessen der jungen Menschen anknüpfen, sie zur Selbstbestimmung befähigen und zu gesellschaftlicher Mitverantwortung und sozialem Engagement anregen und hinführen.

  Ziele der Jugendarbeit

- Als wesentliche Elemente der Jugendarbeit werden Mitbestimmung und Mitgestaltung der Angebote durch die jungen Menschen selbst bezeichnet.

  Mitbestimmung, Mitgestaltung

§ 11 KJHG nennt weiter die Anbieter, Zielgruppen und Arbeitsformen sowie Schwerpunkte der Jugendarbeit wie außerschulische Bildung; Jugendarbeit in Sport, Spiel und Geselligkeit; arbeitswelt-, schul- und familienbezogene Jugendarbeit; Kinder- und Jugenderholung; internationale Jugendarbeit; Jugendberatung.

Jugendsozialarbeit

Gemäß § 13 KJHG sollen jungen Menschen sozialpädagogische Angebote zur Berufsvorbereitung und Eingliederungshilfe in die Arbeitswelt, also sozialpädagogische Begleitung in der Phase des Berufsbeginns gemacht werden. Gedacht ist auch an Alternativen bei fehlendem Zugang zum betrieblichen Berufsleben sowie an sozialpädagogisch begleitete Wohnformen während der Inanspruchnahme der genannten Angebote.

Sozialpädagogische Begleitung zum Berufsbeginn

Erzieherischer Kinder- und Jugendschutz

§ 14 KJHG setzt nicht bei Gefährdungstatbeständen an, wie es der Jugendschutz (s. Kapitel 12) tut, sondern bei den »Gefährdeten« selbst. Beratung und Information sollen Gefährdungen vorbeugen. Sie sollen junge Menschen befähigen, sich vor gefährdenden Einflüssen zu schützen und sie zur Kritikfähigkeit, Entscheidungsfähigkeit und Eigenverantwortlichkeit sowie zur Verantwortung gegenüber ihren Mitmenschen führen. Auch Eltern und andere Erziehungsberechtigte sollen damit Kinder und Jugendliche besser vor gefährdenden Einflüssen schützen können.

Information und Beratung für Jugendliche und Eltern

Die Angebote der Jugendarbeit erreichen erfahrungsgemäß nur schwer Kinder in einer familiären Situation, wie sie im Beispiel 1 beschrieben ist. Diese Angebote würden den derzeitigen Schwierigkeiten der Kinder der Familie A auch nicht rechtzeitig und wirksam abhelfen können.
Ähnlich ist es mit den Förderungsleistungen, die die §§ 16 ff. KJHG anbieten. Dennoch sollen sie insoweit kurz erörtert werden, als Erzieherinnen und Erzieher an ihnen beteiligt sein können.

b) Förderung der Erziehung in der Familie

Eine wesentliche Zielrichtung des KJHG ist die Unterstützung und Hilfestellung für Familien in Notsituationen. Dabei umfaßt der Begriff der Familie nicht nur das herkömmliche Familienbild des verheirateten Paares, sondern die gesamte

Familienunterstützende Hilfen

Bandbreite familialer Situationen (Ein-Eltern-Familien, Stiefelternfamilien, unverheiratete Paare mit Kindern). Der präventive Charakter der Leistungen wird vor allem durch die Beratungsangebote betont.

Allgemeine Förderung der Erziehung in der Familie

Familienbildung und -beratung

Nach § 16 KJHG sollen Müttern, Vätern und anderen Erziehungsberechtigten Leistungen der allgemeinen Förderung der Erziehung in der Familie angeboten werden. Als Beispiele dafür werden Angebote der Familienbildung, der Beratung in allgemeinen Erziehungs- und Entwicklungsfragen junger Menschen (zur institutionellen Erziehungsberatung s. unten 4.b)), der Familienfreizeit und der Familienerholung genannt.

Vater-/Mutter-Kind-Erziehung

Betreuung und Unterkunft

Aufnahme einer Ausbildung oder Berufstätigkeit

Gemäß § 19 KJHG soll Müttern bzw. Vätern, die allein für ein Kind unter sechs Jahren zu sorgen haben, Betreuung und Unterkunft gemeinsam mit dem Kind und älteren Geschwistern in einer geeigneten Wohnform angeboten werden, wenn und so lange sie aufgrund ihrer Persönlichkeitsentwicklung dieser Form zur Unterstützung bei der Pflege und Erziehung des Kindes bedürfen. Während dieser Zeit soll darauf hingewirkt werden, daß sie eine schulische oder berufliche Ausbildung aufnehmen oder fortführen oder eine Berufstätigkeit aufnehmen können.

In der Regel geht es bei solchen Einrichtungen nicht um eine heimartige Vollversorgung, sondern es ist an flexible Wohnformen gedacht, die die Verselbständigung fördern.

Betreuung und Versorgung von Kindern in Notsituationen

Im elterlichen Haushalt

§ 20 KJHG bietet Hilfe zur Betreuung und Versorgung von Kindern im elterlichen Haushalt in Notsituationen. Gedacht ist an Fälle, in denen ein Elternteil ausfällt und der andere dadurch zur Versorgung der Kinder seine Berufstätigkeit aufgeben oder die Kinder in eine Pflegefamilie oder in Heimerziehung geben müßte.

Beispiel 2
Ausfälle durch Krankheit, Kur, Inhaftierung.

Geholfen werden soll durch den Einsatz geeigneter Personen in der Familie, sofern die Unterbringung des Kindes in Tagespflege oder in Tageseinrichtungen nicht ausreichend wäre.

Vorrangig: Erziehung

Die Hilfe ist auf das Kind bezogen, nicht auf reine Haushaltsführung ausgerichtet.

§ 20 KJHG gewährt entsprechende Hilfen auch für Alleinerziehende, oder wenn beide Elternteile ausfallen, wenn abzusehen ist, daß die elterliche Betreuung wieder aufgenommen werden kann.

Bis zum 31. 12. 1994 liegen diese Hilfen allerdings im Ermessen der Träger der öffentlichen Jugendhilfe.

Zu denken wäre im Beispiel 1 auch an eine Entlastung der Familie dadurch, daß den Kindern ein Hortplatz angeboten werden kann oder daß eine Pflegestelle für sie gefunden wird.

c) Förderung von Kindern in Tageseinrichtungen und in der Tagespflege

Die Tagesbetreuung ist in den letzten Jahren wichtiger geworden. Zunehmend wachsen Kinder als Einzelkinder auf. So können sie notwendige soziale Erfahrungen mit Gleichaltrigen nicht mehr innerhalb der Familie und – vor allem in den städtischen Ballungsgebieten – auch nicht mehr im Wohnumfeld machen. Nahe Verwandte oder Nachbarn sind entweder nicht verfügbar oder werden von den Betroffenen nicht gerne in Anspruch genommen. Alleinerziehende sind, wollen sie nicht von der Sozialhilfe abhängig sein und das Risiko einer fehlschlagenden beruflichen Wiedereingliederung in Kauf nehmen, zur Sicherung der wirtschaftlichen Basis auf Erwerbsarbeit angewiesen und suchen für die Zeit ihrer berufsbedingten Abwesenheit nach einer kindgerechten Betreuungsform. Nicht zuletzt wollen immer mehr Eltern Erwerbsarbeit und Familie miteinander verbinden und wünschen ein auf den Tagesablauf in der Familie abgestimmtes Betreuungsangebot.

Familiale und soziokulturelle Veränderungen

Förderung in Tageseinrichtungen

Das Gesetz (§ 22 KJHG) nennt zunächst nur Grundsätze der Förderung, die für alle Formen der Tagesbetreuung in Einrichtungen (Krippen, Kindergärten, Horten, Kinderhäusern) gelten. Es beschreibt die Ziele der Förderung und betont insbesondere die Entwicklung der sozialen Fähigkeiten des Kindes.

- Als wesentliche Komponenten der Förderung werden Betreuung, Bildung und Erziehung genannt.
- Das Leistungsangebot soll sich pädagogisch und organisatorisch – damit sind vor allem die Öffnungszeiten gemeint – an den Lebensbedingungen der Kinder und ihrer Familien ausrichten.
- Durch den Einsatz von Fachkräften soll die Chance, Entwicklungsrückstände und Behinderungen in einem möglichst frühen Zeitpunkt zu erkennen, verbessert werden.
- Die Fachkräfte und anderen Mitarbeiter sollen mit den Erziehungsberechtigten zusammenarbeiten. Die Erziehungsberechtigten sind an den wesentlichen Entscheidungen der Tageseinrichtungen zu beteiligen.

Grundsätze und Ziele der Förderung

§ 24 KJHG verpflichtet die Träger der öffentlichen Jugendhilfe (zu den Begriffen s. Kapitel 8, Abschnitt 8), darauf hinzuwirken, daß für jedes Kind vom vollendeten dritten Lebensjahr an bis zum Schuleintritt ein Platz im Kindergarten zur Verfügung steht und daß das Betreuungsangebot für Kinder unter drei Jahren sowie für Kinder im schulpflichtigen Alter dem Bedarf entsprechend ausgebaut wird. Einen einklagbaren Rechtsanspruch auf einen Kindergartenplatz gibt es ab dem Jahre 1996, soweit nicht ein Bundesland einen solchen Anspruch schon vorher einräumt.

Verpflichtung zum bedarfsgerechten Ausbau

Rechtsanspruch auf Kindergartenplatz spätestens 1996

Anmerkung:
Bezüglich der Kindergärten in Bayern heißt es in § 26 KJHG klarstellend, daß landesrechtliche Regelungen, die das Kindergartenwesen dem Bildungsbereich zuweisen – so in Bayern – vom KJHG unberührt bleiben; d. h. daß für die bayerischen Kindergärten das KJHG nicht gilt (s. dazu auch Kapitel 8, 2. Abschnitt). Die bayerischen Kindergärten sind durch das Bayerische Kindergartengesetz geregelt und dieses räumt keinen Rechtsanspruch ein.

Tagespflege

Zur Förderung der Entwicklung des Kindes kann auch eine Person vermittelt werden, die das Kind für einen Teil des Tages oder ganztags betreut (§ 23 KJHG). Für Kinder, deren Wohl es erfordert, sind Tagespflegeplätze bereitzuhalten (§ 24 Abs. 1 Satz 2 KJHG).

Auch für die Tagespflege gilt das Gebot der Zusamenarbeit mit den Personenberechtigten. Sie und die Betreuungspersonen, die in der Regel keine Fachkräfte sind, haben Anspruch auf fachliche Beratung. Auch Zusammenschlüsse von Pflegepersonen sollen beraten und unterstützt werden.

Unterstützung von Elterninitiativen

§ 25 KJHG verpflichtet die Jugendämter, Erziehungsberechtigte, die die Förderung von Kindern selbst organisieren, zu unterstützen.

Teilzusammenfassung

Die Jugendhilfe besitzt keinen eigenen Erziehungsauftrag. Sie soll die Familie unterstützen und entlasten, damit diese ihrer Erziehungsaufgabe gerecht werden kann. Zu diesem Zweck sollen Angebote der Jugendarbeit, Jugendsozialarbeit und des erzieherischen Jugendschutzes bereitgehalten werden. Die Erziehungskraft der Familie soll durch Beratungs- und Unterstützungsangebote wie z.B. Betreuung und Versorgung von Kindern in Notsituationen gestärkt werden. Kindertageseinrichtungen und Tagespflegestellen sollen die Familie entlasten und die Entwicklungschancen der Kinder verbessern. Sie sind dem Bedarf entsprechend zur Verfügung zu stellen.

Am ehesten kommt im Beispiel 1 wegen des dort schon auffälligen Erziehungsdefizits der Kinder Hilfe zur Erziehung in Frage.

4. Hilfe zur Erziehung und Eingliederungshilfe

Ambulante, teilstationäre und stationäre Hilfen

Unter diesem Begriff faßt das KJHG in den §§ 27 bis 35 die *individuellen erzieherischen Hilfen* zusammen. Das differenzierte Angebot der erzieherischen Hilfen hält ambulante und teilstationäre Hilfen gleichrangig neben der Erziehung in einer Pflegefamilie oder in einem Heim bereit. *Auf Hilfe zur Erziehung besteht ein einklagbarer Rechtsanspruch,* wenn die gesetzlichen Voraussetzungen dafür erfüllt sind, was letztlich eine Beurteilungsfrage ist.

Rechtsanspruch

a) Grundsätze für alle Arten der Hilfe zur Erziehung

Anspruchsvoraussetzungen

● Bei den erzieherischen Hilfen handelt es sich nach dem Wortlaut des § 27 Abs. 1 KJHG um Hilfen, auf die die Personensorgeberechtigten (nicht das Kind oder der Jugendliche) einen Rechtsanspruch haben, *wenn eine dem Wohl des Kindes oder des Jugendlichen entsprechende Erziehung nicht gewährleistet ist und die Hilfen für seine Entwicklung geeignet und notwendig sind.*
Eine dem Wohl des Minderjährigen entsprechende Erziehung ist nicht gegeben, wenn die erzieherischen und sozialisatorischen Fähigkeiten und Leistungen seiner Familie nicht ausreichen, um seinen Anspruch auf Entwicklung zu einer selbständigen, eigenverantwortlichen und gemeinschaftsfähigen Persönlichkeit zu erfüllen, wenn also ein Erziehungsdefizit vorhanden oder zu befürchten ist.

Wenn das Jugendamt feststellt, daß der Normalstandard von Sozialisation und Erziehung nicht gewährleistet ist, muß es klären, welche Hilfe(n) geeignet und notwendig ist (sind), das Defizit zu beheben oder nicht entstehen zu lassen, und diese Hilfen gewähren oder veranlassen.

Angeboten werden gemäß § 27 Abs. 2 S. 1 KJHG nach Maßgabe der §§ 28 bis 35 KJHG insbesondere Erziehungsberatung, soziale Gruppenarbeit, Erziehungsbeistandschaft und Betreuungshilfe, sozialpädagogische Familienhilfe, intensive sozialpädagogische Einzelbetreuung und verschiedene Formen der Erziehung außerhalb des Elternhauses (in Tagesgruppen, Pflegefamilien, Heimen und sonstigen betreuten Wohnformen).

Arten der Hilfe zur Erziehung

● Die Auswahl unter den möglichen Hilfen erfolgt ausschließlich nach pädagogischen Gesichtspunkten (§ 27 Abs. 2 S. 2 KJHG).

Auswahl nach pädagogischen Gesichtspunkten

Sie *orientiert* sich *am erzieherischen Bedarf* im Einzelfall. Die *Hilfen sind im Prinzip gleichwertig* und sollen sich ergänzen. Damit ist gesagt, daß sie grundsätzlich auch nebeneinander möglich sind.
Die Hilfe zur Erziehung umfaßt nach § 27 Abs. 3 KJHG insbesondere die *Gewährung pädagogischer und damit verbundener therapeutischer Leistungen.*
Ab 1995 wird den seelisch behinderten Kindern und Jugendlichen Eingliederungshilfe ebenfalls im Rahmen der Jugendhilfe in Tageseinrichtungen für Kinder, in teilstationären Einrichtungen, durch geeignete Pflegepersonen, in Einrichtungen über Tag und Nacht oder in sonstigen Wohnformen gewährt (§ 35 a KJHG).

Eingliederungshilfe

b) Hilfearten

Der Gesetzgeber beschreibt in den §§ 28 bis 35 KJHG die Profile der typischen Arten der Hilfen zur Erziehung.

Profile der Hilfen

Erziehungsberatung

Erziehungsberatungsstellen und andere Beratungsdienste und -einrichtungen sollen Kinder, Jugendliche, Eltern und andere Erziehungsberechtigte bei der *Klärung und Bewältigung individueller und familienbezogener Probleme und der zugrundeliegenden Faktoren, bei der Lösung von Erziehungsfragen* sowie bei Trennung und Scheidung unterstützen (§ 28 KJHG). Das Gesetz stellt weiter als wesentliches Charakteristikum die interdisziplinäre Zusammenarbeit von Fachkräften verschiedener Fachrichtungen und mit unterschiedlichen methodischen Ansätzen heraus.

Institutionelle Erziehungsberatung

Interdisziplinäre Zusammenarbeit

Soziale Gruppenarbeit (§ 29 KJHG)

Hilfe zur Überwindung sozialer Schwierigkeiten

Diese Hilfeart hat sich modellhaft entwickelt aus den »Erziehungskursen« und den »sozialen Übungs-, Erfahrungs- und Trainingskursen« (als Weisung nach dem Jugendgerichtsgesetz). Sie soll älteren Kindern und Jugendlichen *bei der Überwindung von Entwicklungsschwierigkeiten und Verhaltensproblemen* helfen.

> Beispiel 3
> Soziale Trainingskurse, Erziehungskurse, außerunterrichtliche Gruppen im Schulbereich, Gesprächskreise in Jugendfreizeiteinrichtungen.

Methodisch sind sowohl handlungs- und erlebnisorientierte Ansätze als auch themenorientierte Ansätze möglich.

Erziehungsbeistand, Betreuungshelfer (§ 30 KJHG)

Förderung der Verselbständigung

Hier soll die Verselbständigung des Kindes, vor allem des Jugendlichen, *unter Einbeziehung des sozialen Umfeldes* (Familie, Schule, Berufsausbildung) im Wege der Einzelfallhilfe gefördert werden.

Sozialpädagogische Familienhilfe (§ 31 KJHG)

Hilfe zur Bewältigung des Familienalltags

Durch intensive Betreuung und Begleitung soll Familien unter Einbeziehung aller Familienmitglieder bei der Bewältigung von Alltagsproblemen, Konflikten und Krisen geholfen werden. Die *Hilfe soll das Selbsthilfepotential der Familie stärken.* Sie setzt voraus, daß die Familienmitglieder zueinander noch positive Beziehungen haben und zusammenbleiben wollen.

Erziehung in einer Tagesgruppe (§ 32 KJHG)

Im Heim oder in einer Pflegefamilie

Die Tagesgruppe ist in der Regel einem Heim angegliedert. Die Hilfe kann aber auch in geeigneten Formen der Familienpflege (heilpädagogische oder sonderpädagogische Pflegestellen mit entsprechenden Fachkräften) geleistet werden. Gegenüber der sozialen Gruppenarbeit weist sie eine größere zeitliche Kontinuität und meist die intensiveren Arbeitsformen auf. Durch die Hilfe soll der Verbleib des Kindes oder des Jugendlichen in seiner Familie gesichert werden.

Vollzeitpflege (§ 33 KJHG)

Zeitlich befristet oder auf Dauer

Mit der Bezeichnung »Vollzeitpflege« soll die Hilfe von der Tagespflege für Kinder im § 23 KJHG abgegrenzt werden. Diese Erziehungshilfe kann zeitlich befristet sein, dann sind alle Möglichkeiten der Verbesserung der Erziehungsbedingungen in der Herkunftsfamilie zu nutzen (§§ 36, 37 KJHG), oder eine auf Dauer angelegte Lebensform sein.

Heimerziehung, sozialpädagogisch betreute Wohnformen (§ 34 KJHG)

Pädagogische und therapeutische Hilfe

§ 34 beschreibt wesentliche Merkmale moderner Heimerziehung: pädagogische und therapeutische Angebote in Verbindung mit dem Alltagserleben. Sie sollen darauf angelegt sein, eine Rückkehr in die Herkunftsfamilie zu ermöglichen. Wenn dies oder eine Überführung in Familienpflege nicht möglich oder wegen baldiger Volljährigkeit nicht mehr sinnvoll ist, sollen die Maßnahmen die Verselbständigung des Jugendlichen fördern und begleiten.

Der Begriff »sonstige betreute Wohnform« meint *betreutes Einzelwohnen oder pädagogisch betreute, von der Einrichtung unabhängige Wohngemeinschaften* und andere Wohnformen ähnlicher Art.

Auch die Hilfeart des § 34 ist ein Angebot an die Personensorgeberechtigten. Sie entscheiden, wenn ihnen die Personensorge nach § 1666 BGB nicht eingeschränkt oder entzogen ist, ob sie diese Hilfe in Anspruch nehmen wollen. Die Unterbringung in einer Einrichtung beinhaltet nicht das Recht zu freiheitsentziehenden Maßnahmen gegenüber dem Kind oder Jugendlichen. Solche Maßnahmen sind nur aufgrund einer Entscheidung des Vormundschaftsgerichts gemäß § 1631 b BGB möglich.

Intensive sozialpädagogische Einzelbetreuung (§ 35 KJHG)

Diese Hilfeart ist für besonders gefährdete Jugendliche gedacht, die eine therapeutisch angelegte Einzelfallhilfe zur sozialen Integration und eigenverantwortlichen Lebensführung brauchen. Die Hilfe umfaßt auch die Beschaffung von angemessenen Wohnmöglichkeiten und die Vermittlung von Schul- und Berufsausbildung sowie entsprechender Beschäftigung.

Für besonders Gefährdete

Beispiel 4
Jugendliche aus dem Hooligan-, Nichtseßhaften-, Drogen- und Prostituierten-Milieu.

c) Mitwirkung der Betroffenen – Hilfeplan

Wenn es sich im sozialarbeiterischen Betreuungsprozeß abzeichnet, daß eine Hilfe zur Erziehung oder ab 1995 Eingliederungshilfe für das Kind oder den Jugendlichen in Frage kommt, soll der Sozialarbeiter oder die Sozialpädagogin gemäß § 36 KJHG die Personensorgeberechtigten, das Kind oder den Jugendlichen über die möglichen Hilfen umfassend informieren, sie in der Entscheidungsfindung beraten und die möglichen Folgen für die weitere Entwicklung des Kindes oder Jugendlichen aufzeigen.

Einbeziehung der Eltern und Kinder

Wenn eine Hilfe außerhalb der eigenen Familie in Betracht kommt, sind bei der Auswahl der entsprechenden Einrichtung (Heim) oder der Pflegestelle auch die dort tätigen und verantwortlichen Personen zu beteiligen.

Einbeziehung des Heims oder der Pflegestelle

Kommt die Hilfe voraussichtlich für längere Zeit in Frage, soll die Entscheidung über die geeignete und notwendige Hilfeart im Zusammenwirken mehrerer Fachkräfte getroffen werden.

Interdisziplinäres Zusammenwirken

● Das Fachkräfte-Team soll zusammen mit den Eltern, dem Kind oder Jugendlichen einen Hilfeplan aufstellen.

Hilfeplan

Der Plan soll enthalten:

– Feststellungen über den erzieherischen Bedarf. Der erzieherische Bedarf kann als Ergebnis eingehender Gespräche im Team oder im Rahmen einer ausführlichen psychosozialen Diagnose ermittelt werden;
– die Art der Hilfe zur Erziehung und ihren zeitlichen Umfang;
– Beschreibungen der Leistungen (z.B. Therapie, Freizeithilfe, Berufsausbildung).

Darüber hinaus sollen die Beteiligten regelmäßig prüfen, ob die ausgewählte Hilfe weiterhin geeignet und notwendig ist. Der Hilfeplan dient also der Begleitung der Maßnahmen durch das Jugendamt.
Er ist zu unterscheiden vom Erziehungsplan.

Erziehungsplan

- Erziehungspläne stellen Heime für Hilfen auf, die bei ihnen durchgeführt werden.

Zusammenarbeit bei Hilfen außerhalb der Familie

§ 37 Abs. 1 KJHG verpflichtet Jugendämter, Pflegepersonen und Heime, mit den Eltern zusammenzuarbeiten.

Ziel der Zusammenarbeit

- Ziel der Zusammenarbeit ist die Verbesserung der Erziehungsbedingungen in der Herkunftsfamilie und die Aufrechterhaltung des Kontakts zwischen Eltern und Kindern, um die Rückkehr des Kindes oder Jugendlichen zu ermöglichen.

Nur wenn eine nachhaltige Verbesserung dieser Bedingungen innerhalb eines vertretbaren Zeitraums (von bis zu 2 Jahren) oder bis zur Volljährigkeit des Jugendlichen nicht möglich erscheint, ist mit allen Beteiligten eine dem Wohl des Kindes dienende Dauerlösung zu erarbeiten.

Beispiel 1 (Lösung)
Hier ist Eile geboten. Die gesetzlichen Angebote der Förderung der Erziehung in der Familie, wie z.B. die Beratung in allgemeinen Erziehungs- und Entwicklungsfragen, werden zumindest kurzfristig keinen Erfolg haben. Ein Hortplatz für die Kinder könnte eine vorläufige Entlastung für die Familie bringen.
Letztlich wird wegen des Erziehungsdefizits der Kinder, das sich in ihrem Verhalten in und gegenüber der Schule, gegenüber ihren Klassenkameraden und in ihrem Weglaufen vor der mißlichen Familiensituation zeigt, nur Hilfe zur Erziehung gemäß § 27 KJHG in Frage kommen. Welche Hilfeart geeignet und notwendig ist (§§ 27 Abs. 1, 2; 28 ff. KJHG), muß eine nähere Untersuchung zeigen, die gemäß § 36 Abs. 2 KJHG im Zusammenwirken mehrerer Fachkräfte vorzunehmen ist, weil die Hilfe voraussichtlich auf längere Zeit zu leisten ist. Die Eheleute A und die Kinder sind in das Geschehen gemäß § 36 Abs. 1 KJHG einzubeziehen und zu beraten.
Die Hauptfrage wird sein, ob die Kinder in der Familie bleiben können und ihrem Erziehungsdefizit mit sozialer Gruppenarbeit (§ 29 KJHG), Erziehungsbeistandschaft (§ 30 KJHG) oder sozialpädagogischer Familienhilfe (§ 31 KJHG) begegnet werden kann oder ob die Kinder in ein Heim gebracht werden müssen. Vorausgesetzt, daß die sozialpädagogische Familienhilfe überhaupt zur Verfügung steht, wäre sie eine geeignete, aber auch notwendige Hilfe. Durch eine intensive Betreuung und Begleitung könnte der Familie A unter Einbeziehung aller Familienmitglieder bei der Bewältigung ihrer Konflikte und Krisen geholfen werden. Bedingung für diese Hilfeart ist aber, daß die Familienmitglieder zueinander noch positive Beziehungen haben und zusammenbleiben wollen. Dies müßte geklärt werden. Daß die Eheleute A der Familiensituation resignierend gegenüberstehen, spricht nicht unbedingt dagegen. Soziale Gruppenarbeit könnte flankierend zur sozialpädagogischen Familienhilfe bei der Überwindung der Entwicklungsschwierigkeiten und Verhaltensprobleme der Kinder helfen.
Sollten diese beiden Hilfen realisierbar sein, ließe sich eine Heimunterbringung vermeiden. Ansonsten wäre sie zu befürworten.

Zusammenfassung **Der Staat hat nach dem Grundgesetz und der Konzeption des KJHG keine mit dem Elternrecht konkurrierende Erziehungskompetenz. Er ist darauf beschränkt, die Familie in ihrer Erziehungsaufgabe zu unterstützen und zu entlasten. Dazu soll er entsprechende Angebote und Hilfen bereithalten. Unmittelbaren Einfluß auf Kinder und Jugendliche kann er, abgesehen von den Fällen der Gefährdung der Entwicklung Minderjähriger, nur mit dem elterlichen Einverständnis ausüben.**
Eltern haben einen Anspruch auf Hilfe zur Erziehung in deren verschiedenen Formen und Arten, angefangen bei der Erziehungsberatung bis zur Vollzeitunterbringung in einer Pflegefamilie oder in einem Heim. Voraussetzung für die Hilfe zur Erziehung ist ein Erziehungsdefizit und daß die Hilfe

für die Entwicklung des Minderjährigen geeignet und notwendig ist. Eltern und Minderjährige sind in den Entscheidungsprozeß einzubeziehen. Mit dem bei der Hilfe zur Erziehung über einen längeren Zeitraum vorgeschriebenen Hilfeplan soll erreicht werden, daß die Entscheidungsträger und die sonst am Entscheidungsprozeß Beteiligten sich über den erzieherischen Bedarf, über die Geeignetheit und Notwendigkeit der Hilfe und über besondere Leistungen im Rahmen einer bestimmten Hilfeart Gedanken machen. Der Hilfeplan ist Grundlage für die Entscheidung und Durchführung der Hilfe und soll von Zeit zu Zeit fortgeschrieben werden.

Um eine Rückkehr des Kindes oder des Jugendlichen in seine Familie zu ermöglichen, sollen Pflegepersonen und Heime unter fachkundiger Mitwirkung der Jugendämter mit der Herkunftsfamilie zusammenarbeiten mit dem Ziel, die Erziehungsbedingungen dort zu verbessern.

Elterliche Sorge und Fremderziehung Datenschutz

Kapitel 10 befaßt sich mit der Frage, wer die elterliche Sorge ausübt, wenn ein Kind eine Tageseinrichtung besucht oder wenn ein Minderjähriger in einem Heim ist. Außerdem geht es um die Rechte der Minderjährigen im Heim und die staatliche Aufsicht über Tageseinrichtungen und Heime. Schließlich soll der Datenschutz in der Jugendhilfe angesprochen werden.

Wir haben mehrmals darüber gesprochen (zuerst im Kapitel 2, eben im Kapitel 9), daß unsere Rechtsordnung in erster Linie den Eltern das Recht der Erziehung einräumt. Solange ihnen dieses Recht nicht eingeschränkt oder entzogen ist, bestimmen sie die Geschicke des Kindes: Sie entscheiden auch, wem sie das Kind zur Erziehung überlassen und welche Rechte sie sonst dieser Person oder Einrichtung zur Ausübung übertragen wollen.

In welchem Umfang Rechte und Pflichten der elterlichen Sorge von den Eltern oder anderen Personensorgeberechtigten (Vormund oder Pfleger) auf Kindertageseinrichtungen, Pflegeeltern und Heime zur Ausübung übertragen werden, hängt grundsätzlich davon ab, was zwischen den Personensorgeberechtigten und den Fremderziehern vereinbart worden ist. Häufig wird es darüber keine ausdrückliche (schriftliche oder mündliche) Vereinbarung geben; dann gilt, was als stillschweigend, weil üblich und selbstverständlich, vereinbart angesehen werden darf.

Stillschweigende Übertragung

1. Erziehung im Kindergarten oder in einer anderen Tageseinrichtung

- Wenn *Personensorgeberechtigte* oder andere Erziehungsberechtigte (z.B. Pflegeeltern) ein Kind den Kindergarten besuchen lassen, *akzeptieren* sie *stillschweigend die Verantwortung des Kindergartens* für die Betreuung, Bildung und Erziehung des Kindes im Umfang der Aufgabenstellung, Zielsetzung und gemäß dem pädagogischen Konzept des Kindergartens. Die Aufgaben und Ziele des Kindergartens sind in den meisten Ländern der Bundesrepublik Deutschland gesetzlich definiert.

Übertragung der Betreuung, Erziehung, Aufsichtspflicht

- Ebenfalls stillschweigend übertragen die Personensorgeberechtigten und sonstigen Erziehungsberechtigten ihr Rechht und ihre Pflicht auf Betreuung des Kindes, das Erziehungsrecht im Rahmen der Aufgaben und Zielsetzung des Kindergartens und die Aufsichtspflicht auf den Kindergarten. Genaugenommen werden diese Rechte und Pflichten auf den Träger des Kindergartens zur Ausübung übertragen. Dieser delegiert sie im Rahmen des Arbeitsverhältnisses auf seine pädagogischen Mitarbeiterinnen.

Alles, was also im Rahmen der Aufgabenstellung, Zielsetzung und des pädagogischen Konzepts des Kindergartens liegt, verantwortet und entscheidet der Träger des Kindergartens und in seinem Auftrag die Leiterin mit ihren pädagogischen Mitarbeiterinnen, kurz: der Kindergarten.

Beispiel 1
Dem Kindergarten obliegt die Verantwortung für die Organisation des Kindergartens, für den Tagesablauf und das tägliche »Programm«. Er entscheidet, ob er mit einer Gruppe einen Ausflug macht (sofern für die Erziehungsberechtigten damit nicht besondere Kosten verbunden sind), zum Schwimmen oder Turnen geht, ob er Kinder zum Flötenunterricht weggehen läßt oder einen solchen Unterricht im Kindergarten anbietet. Atheistische Eltern werden von einem katholischen oder evangelischen Kindergarten nicht verlangen können, daß dort keine religiösen Lieder gesungen oder keine biblischen Geschichten erzählt werden.

● Alles, *was über die Aufgabenstellung, Zielsetzung und das pädagogische Konzept des Kindergartens hinausreicht, bedarf der ausdrücklichen Zustimmung der Erziehungsberechtigten.* Denn dafür kann keine stillschweigende Zustimmung angenommen werden.

Was hier für den Kindergarten gesagt worden ist, gilt grundsätzlich auch für die Krippe und den Hort. Für diese beiden Einrichtungen sind die Aufgaben, abgesehen von den Grundsätzen in § 22 KJHG (s. Kapitel 9, Abschnitt 3c)), in den meisten Bundesländern gesetzlich nicht näher formuliert. Deswegen kommt hier dem pädagogischen Konzept der Einrichtung größere Bedeutung zu. Und es ist wichtig, daß das Konzept den Erziehungsberechtigten bekannt ist; ansonsten wird man nicht davon ausgehen können, daß ews stillschweigend akzeptiert ist, wenn ein Kind eine solche Einrichtung besucht.

Krippe und Hort

2. Erziehung im Internat oder Jugendwohnheim

Wenn die Personensorgeberechtigten ihr Kind in ein Internat oder bei einer Pflegeperson unterbringen, ohne daß das Jugendamt die Unterbringungg im Rahmen der Hilfe zur Erziehung gewährt hätte, übertragen sie, ähnlich wie im ersten Abschnitt dargelegt, Rechte und Pflichten der elterlichen Sorge zur Ausübung auf das Internat oder die Pflegeperson.

Übertragung von Rechten und Pflichten

● Welche Rechte und Pflichten im einzelnen das Internat oder die Pflegeperson anstelle der Personensorgeberechtigten wahrnehmen darf, hängt von der ausdrücklichen Vereinbarung zwischen dem Internat bzw. der Pflegeperson und den Personensorgeberechtigten ab; desgleichen von der Hausordnung und dem pädagogischen Konzept des Internats oder des Wohnheims sowie von den Befugnissen und Pflichten, die üblicherweise mit der Erziehung und Betreuung eines Kindes in einer solchen Einrichtung verbunden sind.

Beispiel 2
Die Erzieherin oder die Pflegeeltern dürfen das Kind ermahnen, tadeln, seine Freizeit, seinen Ausgang, seinen Kontakt zu seinen Freunden bestimmen usw.

● Entscheidungen von grundsätzlicher und weitreichender Bedeutung für das Kind bleiben den Inhabern der elterlichen Sorge vorbehalten, wenn ausdrücklich nichts anderes vereinbart ist.

Weitreichende Entscheidungen

Beispiel 3

Von grundsätzlicher Bedeutung sind Entscheidungen wie Zustimmung zu einer Operation – von eiligen Notfällen abgesehen; Schulwahl, Berufswahl; Abschluß eines Ausbildungsvertrages usw.

3. Erziehung in einem Heim oder in einer sonstigen betreuten Wohnform

Übertragung von Rechten und Pflichten

Wenn Minderjährigen Hilfe zur Erziehung in der Form der Vollzeitpflege (§§ 27, 33 KJHG), in einem Heim, in einer sonstigen betreuten Wohnform (§§ 27, 34 KJHG) oder als intensive sozialpädagogische Einzelbetreuung (§§ 27, 35 KJHG) gewährt wird oder wenn für sie ab 1995 Eingliederungshilfe durch Pflegepersonen, in Einrichtungen über Tag und Nacht oder in sonstigen Wohnformen (§ 35a Abs. 1 S. 2 Nr. 3 und 4 KJHG) geleistet wird, erhalten die Erziehungs- und Betreuungspersonen meist stillschweigend Rechte und Pflichten der elterlichen Sorge in ähnlichem Umfang wie bei der Internatserziehung übertragen.

Maßstab: Hilfeplan

● Ein wesentlicher Maßstab für den Umfang der Übertragung ist der Hilfeplan (§ 36 KJHG). Er wird als Grundlage für die Ausgestaltung der Hilfe vom Jugendamt zusammen mit den Personensorgeberechtigten und dem Kind oder Jugendlichen erstellt.

● Durch ihre Mitwirkung am Hilfeplan zeigen die Personensorgeberechtigten stillschweigend ihr Einverständnis für die Wahrnehmung ihrer Rechte und Pflichten durch die Erziehungs- und Betreuungspersonen, jedenfalls insoweit, als der Zweck der Hilfe und der Durchführung das erfordert.

Vertretung der Personensorgeberechtigten bei Geschäften des täglichen Lebens

Bei Hilfe zur Erziehung und Eingliederungshilfe

● Darüber hinaus sind nach § 38 Abs. 1 KJHG Pflegepersonen oder sonstige Erziehungs- und Betreuungspersonen berechtigt, die Personensorgeberechtigten in der Ausübung der elterlichen Sorge zu vertreten, wenn die Hilfe vom Jugendamt als Hilfe zur Erziehung in stationärer Form oder als stationäre Eingliederungshilfe gewährt worden ist. Voraussetzung dafür ist, daß die Personensorgeberechtigten das Vertretungsrecht nicht ausdrücklich eingeschränkt haben (§ 38 Abs. 2 KJHG).

Das Vertretungsrecht besteht vor allem bei Rechtshandlungen der im § 38 Abs. 1 Nr. 1 bis 5 KJHG genannten Art:

§ 38 Abs. 1 KJHG

... insbesondere

1. Rechtsgeschäfte des täglichen Lebens für das Kind oder den Jugendlichen abzuschließen und Ansprüche aus solchen Rechtsgeschäften geltend zu machen;
2. den Arbeitsverdienst eines Jugendlichen zu verwalten,
3. Unterhalts-, Versicherungs-, Versorgungs- und sonstige Sozialleistungen für das Kind oder den Jugendlichen geltend zu machen und zu verwalten,
4. im Rahmen einer Grundentscheidung des Personensorgeberechtigten Rechtshandlungen im Zusammenhang mit dem Besuch einer Tageseinrichtung oder der Schule oder mit der Aufnahme eines Berufsausbildungs- oder eines Arbeitsverhältnisses vorzunehmen,
5. bei Gefahr im Verzug alle Rechtshandlungen vorzunehmen, die zum Wohl des Kindes oder des Jugendlichen notwendig sind; der Personensorgeberechtigte ist unverzüglich zu unterrichten.

Beispiel 4

Für Nr. 1: Einkauf für den Minderjährigen oder Zustimmung zu Käufen, die der Minderjährige nicht mit seinem Taschengeld tätigt; Anmeldung zum Sportverein, zur Musikschule; Abschluß eines Behandlungsvertrages mit einem Arzt oder Zustimmung dazu; Einwilligung zu einer ärztlichen Untersuchung oder Behandlung; Einholung von Auskünften vom Arzt, der das Kind oder den Jugendlichen behandelt hat; Beantragung und Entgegennahme von Ausweispapieren.

Für Nr. 4: Anmeldung zum Kindergarten oder zur Schule; Einverständnis für Ausflüge, Klassenfahrten; Ausstellung von Fehlentschuldigungen für die Schule; Zeugnisunterschrift; Besuch von Elternabenden.

Für Nr. 5: Einwilligung in eine Operation oder in einen sonstigen ärztlichen Eingriff.

Grundsätzlich bestimmen die Eltern die Geschicke ihres Kindes. Sie entscheiden, ob und wem sie das Kind zur Erziehung überlassen und welche Rechte und Pflichten sie dieser Person oder Einrichtung übertragen. Die Übertragung geschieht meist stillschweigend und in dem Umfang, wie es selbstverständlich und üblich ist, wenn ein Kind eine Kindertageseinrichtung besucht oder in einer Krippe, einem Internat oder in einem Wohnheim untergebracht wird. In der Regel dürfen die dort tätigen Erzieherinnen und Erzieher das Kind betreuen und erziehen, und sie haben die Aufsichtspflicht. Entscheidungen, die über die durch die Fremderziehung bedingten Notwendigkeiten sowie über die Aufgabenstellung und Zielsetzung der Erziehungseinrichtung hinausreichen, bedürfen der ausdrücklichen (schriftlichen oder mündlichen) Vereinbarung.

*Teilzusammen-
fassung*

Nur wenn das Kind oder der Jugendliche stationäre Hilfe zur Erziehung oder stationäre Eingliederungshilfe durch das Jugendamt erhält, sind die Pflegeeltern, die Erzieherinnen und Erzieher oder sonstigen Betreuungspersonen auch ohne ausdrückliche Vereinbarung berechtigt, die Personensorgeberechtigten zu vertreten. Das gilt vor allem bei Rechtsgeschäften des täglichen Lebens, sonstigen Rechtshandlungen im Rahmen der Grundentscheidung der Personensorgeberechtigten oder wenn dem Minderjährigen Gefahr für sein Wohl droht.

4. Die Rechte des Minderjährigen in der Heimerziehung

Wenn das Jugendamt nach den §§ 27, 33 bzw. 34 oder 35 KJHG Hilfe zur Erziehung in einer Pflegefamilie, in einem Heim, in einer sonstigen betreuten Wohnform oder als intensive sozialpädagogische Einzelbetreuung gewährt, spricht man auch von öffentlicher Erziehung. Welche Auswirkung hat diese Art von Erziehung auf den Minderjährigen selbst, auf seine Rechte?

*Öffentliche
Erziehung*

Bedeutung der Grundrechte in der öffentlichen Erziehung

Fraglich ist, welche Bedeutung die Grundrechte in der öffentlichen Erziehung haben. Ist z.B. Art 2 GG (Recht auf freie Entfaltung der Persönlichkeit) verletzt, wenn ein Jugendlicher sein Zimmer nicht nach seinem Geschmack mit eigenen Postern ausschmücken darf? Darf das Heim den Jugendlichen hindern, seine Freunde zu treffen oder seine Freizeit außerhalb des Heims zu verbringen? Ernstlich bestreitet heute niemand mehr, daß alle Menschen, unabhängig von Alter und Reife, Grundrechtsträger sind. Strittig ist nur, welche Einschränkungen seiner Grundrechtsausübung sich ein Minderjähriger in öffentlicher Erziehung gefallen lassen muß, außerdem ob das KJHG dafür als Rechtsgrundlage ausreicht?

*Einschränkung
der Grundrechte*

*Zum Schutz
und gemäß
Erziehungszweck*

● Nach überwiegender Ansicht sind nur solche Einschränkungen erlaubt, die der Schutz des Minderjährigen und der Erziehungszweck erfordern. Ein Maßstab dafür kann der Hilfeplan sein.
● In begrenztem Umfang kann auch die Funktionsfähigkeit des Heims Einschränkungen rechtfertigen.

Heimrichtlinien als Antwort

Eine Antwort auf diese Fragen versuchen die Heimrichtlinien zu geben, die in den Bundesländern Hessen, Rheinland-Pfalz und Nordrhein-Westfalen (von den Landesjugendämtern Rheinland und Westfalen-Lippe) im Jahre 1972 erarbeitet worden sind.

Im Unterschied zu anderen Heimrichtlinien, die fast nur technische Forderungen an den Bau, die Ausstattung und den Betrieb der Heime enthalten, werden in diesen Richtlinien auch pädagogisch-methodische Gesichtspunkte berücksichtigt. Der junge Mensch tritt nicht mehr bloß als Objekt des pädagogischen Handelns auf. Dementsprechend wird sein Recht auf Selbstbestimmung hervorgehoben; notwendige Einschränkungen dieses Rechts sind an feste Voraussetzungen gebunden.

*Recht auf
Selbstbestimmung*

Unter Ausgang ist jedes Verlassen des Heimes zu verstehen.

5. Aufsicht über Heime und Kindertageseinrichtungen

*Betriebs-
erlaubnis*

Heime und sonstige betreute Wohnformen, teilstationäre Einrichtungen, Jugendwohnheime und Tageseinrichtungen für Kinder dürfen nur mit behördlicher Erlaubnis betrieben werden (§ 45 KJHG). Der Gesetzgeber will damit möglichen Gefahren für das Wohl der betreuten Kinder oder Jugendlichen in solchen Einrichtungen vorbeugen.

Heimaufsicht

Außerdem ist eine regelmäßige Überprüfung dieser Einrichtungen durch die Heimaufsicht vorgesehen (§ 46 KJHG). Die Heimaufsicht soll die Einrichtungen auch beraten. Um ihrer Überwachungsaufgabe gerecht werden zu können, darf die Heimaufsicht die Häuser besichtigen, sich mit den Kindern und Jugendlichen in Verbindung setzen und die dort Beschäftigten befragen.

Aufgabe

Befugnisse

Die Heimaufsicht ist eine Aufgabe des Landesjugendamtes, in Bayern der Bezirksregierungen. Das für den örtlichen Bereich zuständige Jugendamt soll an der Überprüfung beteiligt werden, desgleichen der Trägerverband, dem die Einrichtung angehört.

In Eilfällen (»bei Gefahr im Verzug«) gestattet § 43 KJHG dem Jugendamt auch die Herausnahme von Kindern und Jugendlichen aus der Einrichtung und die anderweitige Unterbringung.

Herausnahme des Kindes oder Jugendlichen

Die Heimaufsichtsbehörde kann dem Träger einer erlaubnispflichtigen Einrichtung die weitere Beschäftigung des Leiters, eines Beschäftigten oder sonstigen Mitarbeiters ganz oder für bestimmte Funktionen oder Tätigkeiten untersagen, wenn sie die erforderliche Eignung nicht besitzen (§ 48 KJHG).

Beschäftigungs-verbot

Aufsicht über Kindergärten

In den meisten Bundesländern werden die Kindertageseinrichtungen, zu denen auch die Kindergärten zählen, vom Landesjugendamt beaufsichtigt.

In Bayern unterstehen die Kindergärten der Aufsicht der Kreisverwaltungsbehörden und, wenn ein Landkreis oder eine kreisfreie Stadt Träger des Kindergartens ist, der Aufsicht der Regierung, in deren Bezirk der Kindergarten liegt (Art. 21 Abs. 1 BayKiG i.V.m. § 1 der 1. DV BayKiG). Dieselben Behörden haben auch die Aufsicht über die Horte.

Kindergarten-aufsicht

Die Aufsichtsbehörden dürfen die Kindergärten besichtigen und können Berichte und Nachweise von den Kindergärten fordern (Art. 22 Abs. 1 BayKiG). Ähnlich den Maßnahmen der §§ 45 und 48 KJHG für sonstige Kindertageseinrichtungen und Heime können die Errichtung oder der Betrieb eines Kindergartens von der Aufsichtsbehörde untersagt werden, wenn der Träger, die Leiterin oder das Erziehungspersonal den gesetzlichen Anforderungen nicht entsprechen und die Mängel trotz Aufforderung nicht behoben werden (Art. 22 Abs. 1 und 2 BayKiG).

6. Geheimnisschutz/Datenschutz in der Jugendhilfe

Manchmal wenden sich Eltern nur deswegen nicht an das Jugendamt, weil sie befürchten, es könnte Angaben und Informationen über ihre persönlichen Verhältnisse nach Belieben an andere Ämter und Behörden weitergeben. Dem sind jedoch durch den Geheimnis- und Datenschutz Grenzen gesetzt. Ausgangspunkt und Grundlage jeglichen Datenschutzes sind die Aussagen des Bundesverfassungsgerichts aus dem Jahre 1983. Es folgert die Notwendigkeit des Datenschutzes aus Artikel 2 Abs. 1 GG (Selbstbestimmungsrecht des Menschen) und Art. 1 Abs. 1 GG (Würde des Menschen). Nach diesen Artikeln, die das allgemeine Persönlichkeitsrecht garantieren, soll jeder Mensch grundsätzlich selbst entscheiden können, was andere über ihn und seine persönlichen Lebenssachverhalte erfahren sollen. Dieses Recht ist aber nicht schrankenlos gewährleistet. Der Einzelne muß Einschränkungen seines Rechts auf »informationelle Selbstbestimmung« – ein Ausdruck des Bundesverfassungsgerichts – im überwiegenden Allgemeininteresse hinnehmen. Im folgenden werden Grundzüge des Daten- und Geheimnisschutzes im Sozialbereich, zu dem auch die Jugendhilfe gehört, dargestellt.

Allgemeines Persönlich-keitsrecht

Recht auf informationelle Selbstbestimmung

a) Datenschutz im Sozialbereich allgemein

Sozial-
datenschutz

Nach § 35 Abs. 1 SGB I hat jeder Anspruch darauf, daß die ihn betreffenden Sozialdaten von den Leistungsträgern nicht unbefugt erhoben, verarbeitet oder genutzt werden.

Leistungsträger in diesem Sinne sind die öffentlichen (behördlichen) Träger, die Sozialleistungen erbringen (z.B. Jugendhilfe, Sozialhilfe, Wohngeld, Leistungen nach dem Bundesausbildungsförderungsgesetz). Zum Datenschutz bei freien Trägern s. unten Abschnitt 6 c.

Sozialdaten

Definition 1

● Sozialdaten sind Einzelangaben über persönliche und sachliche Verhältnisse Betroffener, z. B. Name, Anschrift, Geburtsdatum, Geschlecht, Familienstand, Kinderzahl, Arbeitgeber, Einkommen, Schulden, Bankverbindung, sowie Meinungen und Wertungen der Betroffenen, z. B. in Anträgen, Antwortschreiben, desgleichen Meinungen und Wertungen über Betroffene, z. B. in Aktenvermerken, psychosozialen Diagnosen und Prognosen, psychologischen und sonstigen Gutachten.

Übermittlungsbefugnisse

Wann im Einzelfall Sozialdaten erhoben, verarbeitet und genutzt werden dürfen, ergibt sich aus den §§ 67 ff. SGB X. Dort finden sich auch weitere Begriffsbestimmungen.

Am eingehendsten und detailliertesten ist die zulässige (befugte) Übermittlung von Sozialdaten an andere öffentliche Stellen geregelt. Unter Übermitteln versteht das Gesetz (§ 67 Abs. 6 Nr. 3 SGB X) die Bekanntgabe von in Akten erfaßten oder auf elektronischen Dateien gespeicherten Sozialdaten. In der sozialen Praxis ist § 69 SGB X die wichtigste Übermittlungsbefugnis. Diese Vorschrift gestattet die Übermittlung von Sozialdaten, sofern und soweit diese für die Erfüllung einer gesetzlichen Aufgabe nach dem Sozialgesetzbuch erforderlich ist. Dabei kann es sich um eine eigene Aufgabe des Leistungsträgers oder um die Aufgabe eines anderen Leistungsträgers handeln. Je nach Art der Aufgabe kann es auch erforderlich sein, daß ein Leistungsträger Gerichten, Privatpersonen oder freien Trägern Sozialdaten übermittelt.

Zur Erfüllung
einer sozialen
Aufgabe

Beispiel 5

Ein Jugendamt ist im Rahmen der Familiengerichts- oder Vormundschaftsgerichtshilfe befugt, Sozialdaten an das zuständige Gericht zu übermitteln (§ 50 Abs. 2 KJHG). Es kann auch ein anderes Jugendamt, in dessen Bezirk das betreffende Kind bisher gewohnt hat, bitten, die Daten mitzuteilen, die für die Berichterstattung erforderlich sind.

Das Jugendamt ruft das Vormundschaftsgericht an, weil es dessen Eingreifen wegen der Vernachlässigung eines Kindes für erforderlich hält und teilt ihm Einzelheiten über die Familienverhältnisse des Kindes mit (§ 50 Abs. 3 KJHG).

Führt das Jugendamt Heimerziehung im Heim eines freien Trägers durch, darf das Heim über die für die Erziehung des Jugendlichen erforderlichen Daten informiert werden. Das Heim darf diese Daten aber nur für die pädagogische Arbeit verwenden und ist derselben Geheimhaltungspflicht unterworfen wie das Jugendamt selbst (verlängerter Datenschutz, § 78 SGB X).

b) Sozialdatenschutz im Jugendhilfebereich

Bereichs-
spezifische
Ergänzungen

Für den Jugendhilfebereich sind in den §§ 61 bis 68 KJHG bereichsspezifische Regelungen getroffen worden, welche die allgemeinen *Sozialdaten*schutzregelungen ergänzen und teilweise auch zu einem verstärkten Schutz weiterentwickeln (z. B. bezüglich der Datenübermittlung).

Die bereichsspezifischen Regelungen gelten nach § 61 Abs. 1 S. 2 KJHG für alle Stellen der Träger öffentlicher Jugendhilfe, soweit sie Aufgaben nach dem KJHG wahrnehmen; mit dieser Einschränkung auch für kreisangehörige Gemeinden, die nicht örtliche Träger der Jugendhilfe sind, wenn sie z. B. Tageseinrichtungen für Kinder errichten und betreiben.

Die Mitarbeiter dieser Stellen sind durch ihren Arbeits- oder Dienstvertrag verpflichtet, die für ihren Arbeit- oder Dienstgeber geltenden Vorschriften zu beachten (§ 9 BAT).

Bindung der Mitarbeiter

Wenngleich der bayerische Kindergarten dem Bildungsbereich zugeordnet bleibt (§ 26 S. 2 KJHG), also gesetzlich nicht zum Jugendhilfebereich gehört (s. Kapitel 8, Abschnitt 2), gilt auch für ihn der Sozialdatenschutz mit den Regelungen im Kinder- und Jugendhilfegesetz, weil das bayerische Kindergartengesetz den Datenschutz nicht regelt. Diese Regelungslücke wird durch die bundesrechtlichen Datenschutzbestimmungen geschlossen. Die Worte des § 26 S. 2 KJHG »landesrechtliche Regelungen bleiben unberührt« sind also in der Weise zu verstehen, daß das bayerische Kindergartengesetz nur soweit maßgeblich ist, als es im Verhältnis zum Bundesrecht (KJHG) abweichende Regelungen trifft.

Zulässigkeit der Datenerhebung

Die Erhebung von Sozialdaten z.B. durch Befragung, Beobachtung usw. ist nur zulässig, soweit ihre Kenntnis zur Erfüllung der jeweiligen Aufgabe erforderlich ist (§ 62 KJHG).

Grundsatz der Erforderlichkeit und Geeignetheit

Speicherung der Sozialdaten

Auch die Aufnahme von Sozialdaten in die Akten oder auf elektronische Dateien ist nur dann zulässig, wenn dies zur Erfüllung der jeweiligen Aufgabe erforderlich ist (§ 63 KJHG).

Datenübermittlung und Datennutzung

Die Verwendung von Sozialdaten zu einem anderen Zweck als zu dem sie erhoben sind, ist nach § 64 Abs. 1 KJHG nur zulässig, wenn eine gesetzliche Übermittlungsbefugnis z.B. zur Erfüllung einer anderen sozialen Aufgabe im Sinn des § 69 SGB X besteht (s. oben Abschnitt 6 a). Aber auch hier kann im Einzelfall eine sonst zulässige Weitergabe von Daten einmal unzulässig sein, wenn dadurch der Erfolg der zu gewährenden Leistung in Frage gestellt ist (§ 64 Abs. 2 KJHG).

Bei gesetzlicher Übermittlungsbefugnis

Besonderer Vertrauensschutz bei persönlicher und erzieherischer Hilfe

Von den bereichsspezifischen Datenschutzregelungen des Kinder- und Jugendhilfegesetzes ist § 65 KJHG von besonderer Bedeutung.

- § 65 KJHG verbietet die Weitergabe von Sozialdaten durch *Mitarbeiter* eines Trägers der *öffentlichen* Jugendhilfe, die ihnen zum Zwecke *persönlicher* und *erzieherischer Hilfe* im Zusammenhang mit einer Erziehungs-, Betreuungs- und Beratungstätigkeit anvertraut worden sind.

  Definition 2
- Anvertraut ist nur, was im Vertrauen auf die Verschwiegenheit gesagt worden ist.

*Weitergabe-
befugnisse*

§ 65 Abs. 1 Nr. 1 KJHG läßt eine Weitergabe grundsätzlich mit *Einwilligung* dessen zu, der die Daten anvertraut hat. Auch beschränkt geschäftsfähige Minderjährige (s. Kapitel 5, Abschnitte 4 und 5) können wirksam einwilligen, wenn sie die nötige Einsichtsfähigkeit besitzen, um die Tragweite ihrer Einwilligung zu ermessen.

● Ohne Einwilligung ist eine Weitergabe nur gegenüber dem Vormundschafts- oder dem Familiengericht zulässig, wenn das Kindeswohl gefährdet ist und die in Aussicht genommene Leistung nicht ohne Gerichtsentscheidung möglich ist, weil die Personensorgeberechtigten sie nicht wollen (§ 65 Abs. 1 Nr. 2 KJHG).

● Eine Weitergabe ist nach § 65 Abs. 1 Nr. 3 KJHG auch im Fall der strafrechtlichen Anzeigepflicht, der Meldepflicht bei übertragbaren Krankheiten und des strafrechtlichen Notstandes möglich (s. unten c)).

Beispiel 6
Das Jugendamt hat im Rahmen eines Sorgerechtsverfahrens (Kapitel 3, Abschnitt 5) einen Bericht für das Familiengericht nach § 50 Abs. 1 KJHG zu erstellen. Wenn das betroffene Kind eine Kindertageseinrichtung besucht, werden oft widerrechtlich vom Jugendamt der Leiterin Fragen über das Kind und dessen Familienverhältnisse gestellt und zwar ohne (vorherige) Einwilligung der Eltern.
Bei der Frage, welche Daten in diesem Fall weitergegeben werden dürfen, ist § 65 KJHG zu beachten, da Erkenntnisse abgefragt werden, die im Rahmen der »persönlichen und erzieherischen Hilfe« gewonnen worden sind: Das Wissen der Leiterin der Kindertageseinrichtung basiert sowohl auf täglichen Beobachtungen bei dem Umgang mit dem Kind und auf Erzählungen des Kindes von daheim, als auch auf Gesprächen mit den Eltern, auf deren Verhalten bei Elternabenden und auf Erfahrungen im Rahmen sonstiger Formen der Zusammenarbeit mit den Eltern. Wissen, das aus eigenen Beobachtungen gewonnen worden ist, darf grundsätzlich weitergegeben werden. Wissen hingegen, das auf »anvertrauten« Informationen beruht, unterliegt der Geheimhaltungspflicht nach § 65 KJHG. Daher dürfen von der Leiterin ohne Einwilligung der Eltern nur eigene Beobachtungen mitgeteilt werden.
Liegt jedoch ein Fall des strafrechtlichen Notstandes (§ 34 StGB) vor, z. B. wenn die Leiterin über Kenntnisse von Erziehungsmethoden mit Gewaltanwendung verfügt, so kann sie diese im Regelfall weitergeben.

*Löschung von
Sozialdaten*

(Sozial-)daten sind zu löschen, wenn ihre Speicherung unzulässig ist, weil ihre Erhebung unzulässig ist oder weil sie zur Aufgabenerfüllung nicht mehr erforderlich sind (§ 84 Abs. 2 SGB X).

Datenschutz bei Einrichtungen freier Träger

Auf Einrichtungen und Dienste der Träger der freien Jugendhilfe sind die Datenschutzregelungen nicht anwendbar. Wenn öffentliche Träger Einrichtungen und Dienste freier Träger in Anspruch nehmen, müssen sie nach § 61 Abs. 4 KJHG sicherstellen, daß die Träger der freien Jugendhilfe einen entsprechenden Schutz der Sozialdaten gewährleisten. Die Sicherstellung kann durch eine vertragliche Vereinbarung zwischen Jugendamt und freiem Träger oder über Zuschußrichtlinien geschehen.

*Vertragliche
Verpflichtung*

● Freie Träger sind aber auch so aufgrund der Verträge (Beratungs-, Behandlungs-, Betreuungs- und Erziehungsverträge), die sie mit den Eltern oder den Klienten abschließen, verpflichtet (vertragliche Nebenpflicht), deren allgemeines Persönlichkeitsrecht zu achten und damit alle Sozialdaten, die ihnen im Zusammenhang mit der Beratung, Behandlung, Betreuung und Erziehung bekannt werden, als Geheimnis zu wahren.

*Bindung der
Mitarbeiter*

Auch bei freien Trägern sind die Mitarbeiter, die der Träger zur Erfüllung seiner Aufgaben einsetzt, aufgrund ihres Arbeitsvertrages verpflichtet, bei ihrer Tätigkeit die dem Träger obliegenden Pflichten nicht zu verletzen (s. § 5 AVR-Caritas; § 3 AVR-Diakonie).

116

c) Strafrechtliche Schweigepflicht

- Neben dem die öffentlichen Leistungsträger verpflichtenden Datenschutz-recht *(Stellendatenschutz),* das den Schutz des Vertrauens in soziale Organi-sationen bewirken soll, gibt es *für staatlich anerkannte Sozialpädagoginnen/ Sozialpädagogen und Sozialarbeiterinnen/Sozialarbeiter* – gleich ob sie Ar-beitnehmer oder selbständig sind – eine gesetzliche, diesen Personen unmit-telbar obliegende *(persönliche) Geheimhaltungspflicht.* Sie dürfen, ähnlich wie Ärzte und Rechtsanwälte, nach § 203 Abs. 1 Nr. 5 StGB fremde, nament-lich zum persönlichen Lebensbereich gehörende Geheimnisse, die ihnen beruflich anvertraut oder sonst bekannt geworden sind, nicht unbefugt offen-baren. Ziel dieser gesetzlichen Schweigepflicht ist der Schutz des Vertrauens in eine bestimmte Berufsgruppe.

  Anvertraut ist ein Geheimnis, wenn es dem Sozialpädagogen/Sozialarbeiter im Zusammenhang mit der Ausübung des Berufs unter Umständen mitge-teilt wird, aus denen sich die Anforderung des Geheimhaltens ergibt.

  Persönliche Geheim-haltungspflicht

- Dieselbe Geheimhaltungspflicht ist nach § 203 Abs. 2 Nr. 2 StGB *auch allen anderen für den öffentlichen Dienst besonders Verpflichteten* auferlegt, z. B. Kinderpflegerinnen oder Erzieherinnen und Erziehern gemeindlicher Kinder-tageseinrichtungen.

  Im Unterschied zu den staatlich anerkannten Sozialarbeitern/Sozialpädago-gen, die auch innerdienstlich zum Schweigen verpflichtet sind, sind die von § 203 Abs. 2 Nr. 2 erfaßten Personen zur Offenbarung von Einzelangaben befugt, wenn diese zur Erfüllung der Aufgaben der Anstellungsbehörde oder der Aufgabenerfüllung anderer Behörden benötigt werden und ein Gesetz dies nicht ausdrücklich untersagt. Ein solches Gesetz ist auch § 65 KJHG mit den dort gemachten Einschränkungen (s. oben b)).

Bei Verletzung der strafrechtlichen Geheimhaltungspflicht können die genannten Personen mit einer Freiheitsstrafe bis zu einem Jahr oder Geldstrafe belegt werden.

Offenbarungsbefugnisse

Strafbar ist die Offenbarung eines Geheimnisses aber nur, wenn sie *unbefugt* ist. Befugt ist sie, wenn der Betroffene einwilligt oder wenn *gesetzliche Offenba-rungspflichten und Befugnisse* vorliegen oder ein *rechtfertigender Notstand* gegeben ist. Bezüglich der Einwilligungsfähigkeit gilt das gleiche wie oben b) ausgeführt. Die Einwilligung bedarf keiner bestimmten Form. Sie ist also auch mündlich oder stillschweigend möglich.

– Anzeigepflicht geplanter Verbrechen

§ 138 StGB stellt die Nichtanzeige *geplanter* schwerer Verbrechen wie Tot-schlag, Mord, Geiselnahme, Raub und schwere Brandstiftung unter Strafe.

– Meldepflicht (bei übertragbaren Krankheiten) nach dem Bundesseuchengesetz.

– Rechtfertigender Notstand

Nach § 34 StGB ist der Bruch der Schweigepflicht im Fall einer gegenwärtig *nicht anders abwendbaren Gefahr* für Leib und Leben oder ein anderes wichti-ges Rechtsgut gerechtfertigt, wenn das geschützte Rechtsgut das Interesse an der Geheimhaltung wesentlich überwiegt.

Befugte Offenbarung

Beispiel 7

Eine Frau vertraut der Sozialpädagogin an, daß ihr Mann das gemeinsame Kind sexuell miß-braucht. Ist das Kind ohne Geheimnisbruch nicht zu schützen, darf die Sozialpädagogin das Jugendamt informieren. Dasselbe gilt bei Kindesmißhandlungen. Wohlgemerkt handelt es sich hier nicht um eine Offenbarungs*pflicht,* sondern nur um eine Offenbarungsbefugnis.

d) Rechtsfolgen unbefugter Weitergabe von Sozialdaten

Unterlassungs-klage

Bei einem Verstoß gegen das Verbot unbefugter Weitergabe von Sozialdaten durch einen öffentlichen Leistungsträger hat der Betroffene das Recht, auf Unterlassung zu klagen, wenn auch künftig mit Geheimnisverletzung zu rechnen ist. Daneben steht dem Betroffenen ein Schadensersatzanspruch wegen Amtspflichtverletzung (§ 839 BGB/Art. 34 GG) gegen den öffentlichen Anstellungsträger zu, unter Umständen auch ein Schmerzensgeldanspruch wegen Verletzung des Persönlichkeitsrechts (§ 847 BGB). Mögliche Folgen sind auch eine Dienstaufsichtsbeschwerde und/oder Strafanzeigen wegen Verstoßes gegen § 203 StGB und/oder § 85 SGB X.

Schadens-ersatz

Straf-anzeige

Auch freie Träger sind zum Schadensersatz und bei erheblicher Persönlichkeitsverletzung zur Zahlung eines Schmerzensgeldes verpflichtet, wenn gesetzliche Vertreter des Trägers oder Mitarbeiter das allgemeine Persönlichkeitsrecht der Betroffenen verletzen (§§ 823, 847 BGB). Die Mitarbeiter haften nach § 823 auch selbst und können sich nach § 203 StGB strafbar machen.

Abmahnung Kündigung

Bei Verletzung der Geheimhaltungspflicht und des Persönlichkeitsrechts verstoßen Mitarbeiter öffentlicher und freier Träger auch gegen ihre Dienstpflichten, worauf der Arbeitgeber sie abmahnen oder ihnen sogar kündigen kann (s. Kapitel 15, Abschnitt 6).

Zusammenfassung

Die elterliche Sorge wird bei der Unterbringung des Kindes in einer Pflegefamilie, in einer Kindertageseinrichtung oder in einem Heim nicht berührt. Die Pflegeperson und die Erziehungseinrichtungen nehmen einzelne Rechte und Pflichten der elterlichen Sorge wahr, soweit dies üblich und selbstverständlich ist. Das gilt für die Pflege, Betreuung, Erziehung mit Ausnahme weitreichender Entscheidungen, die Aufsichtspflicht und das Umgangsbestimmungsrecht. Darüber hinaus sind die Pflegeperson und das Heim berechtigt, die Personensorgeberechtigten bei Geschäften des täglichen Lebens, in Eilfällen und in einigen anderen Fällen zu vertreten, wenn die Vollzeitpflege oder die Heimerziehung als Hilfe zur Erziehung vom Jugendamt gewährt worden ist.

Die Grundrechte des Minderjährigen in öffentlicher Erziehung sind insoweit eingeschränkt, als der Zweck der Erziehung und die unabweisbaren Notwendigkeiten des Heimlebens es erfordern.

Daß eine dem Wohl des Kindes oder Jugendlichen entsprechende Erziehung in einem Heim oder in einer anderen Erziehungseinrichtung gewährleistet ist, hat die Heimaufsichtsbehörde zu überwachen. Eine ähnliche Aufsicht ist auch für die Kindertageseinrichtungen gesetzlich vorgesehen. Träger und Stellen der öffentlichen Jugendhilfe unterfallen dem Sozialdatenschutzrecht. Sie dürfen Sozialdaten, die ihnen im Zusammenhang mit ihrer Aufgabenstellung bekannt oder anvertraut werden, nicht unbefugt weitergeben. Die Befugnis zur Übermittlung bzw. Weitergabe ergibt sich aus dem SGB X und dem KJHG.

Träger der freien Jugendhilfe sind durch das Gesetz nicht unmittelbar gebunden. Sie sind aufgrund der vertraglichen Abmachungen mit ihren Klienten verpflichtet, deren Persönlichkeitsschutz zu gewährleisten.

Wenn öffentliche Träger freie Träger in Anspruch nehmen, müssen sie dafür sorgen, daß freie Träger wie sie selbst den Datenschutz beachten.

Die Mitarbeiter der öffentlichen und freien Träger der Jugendhilfe sind arbeitsrechtlich zur Beachtung der Verpflichtungen ihrer Träger angehalten.

Staatlich anerkannte Sozialpädagogen und Sozialarbeiter sowie Erzieher im öffentlichen Dienst können sich sogar strafbar machen, wenn sie unbefugt im Zusammenhang mit ihrer Berufsaufgabe anvertrautes Wissen preisgeben.

Strafbar macht sich desgleichen jeder Mitarbeiter eines öffentlichen Trägers, wenn er Sozialdaten unbefugt speichert oder übermittelt, wenngleich die Tat nur auf Antrag verfolgt wird.

Der Schutz der jungen Menschen durch das Strafrecht

Die Vorschriften des Strafrechts sollen den Bürger vor rechtswidrigen Eingriffen in seinen gesetzlich garantierten Freiraum schützen. Der gesetzlich geschützte Freiraum ist für den jungen Menschen größer als für den Erwachsenen; d.h. es gibt eine Reihe von Handlungen, die strafbar sind, wenn sie an einem jungen Menschen begangen werden; an einem Erwachsenen begangen, wäre diese Handlung nicht oder zumindest nicht so schwer strafbar.

1. Schutz durch Strafe

In keinem anderen Bereich der Rechtsordnung wird die Absicht eines Gesetzes deutlicher, die Staatsbürger zum Einhalten der gesetzten Normen anzuhalten. Nur im Strafrecht wird dem Gesetzesübertreter Strafe angedroht. Die Androhung, aber auch die Durchführung von verwirkten Strafen, sollen ihn davon abhalten, eine mit Strafe bedrohte Handlung zu begehen. Durch diese »abschreckende« Wirkung wird für die Rechtsgüter, die in unserer Gesellschaftsordnung als hochwertig angesehen werden – wie z. B. Leben, Gesundheit, Freiheit, Eigentum – eine hohe Schutzwirkung erreicht.

Abschreckung

Da Kinder und Jugendliche in manchen Bereichen auf Grund ihrer Unerfahrenheit und körperlichen Schwäche mehr Schutz benötigen als Erwachsene, sind im Strafrecht Bestimmungen enthalten, die ausschließlich Rechtsgüter von Kindern und Jugendlichen schützen oder die eine verschärfte Strafdrohung aussprechen, wenn die strafbare Handlung an Kindern oder Jugendlichen begangen wird.

2. Voraussetzungen der Strafbarkeit

Der Mensch neigt dazu, gefühlsmäßig zu urteilen, insbesondere wenn es um »schuldig« oder »nicht schuldig« geht. Das Straf- und Strafverfahrensrecht muß daher so exakt wie möglich festlegen, welche Handlung grundsätzlich als strafbar anzusehen ist, welche Vorstellungen und Überlegungen der Täter gehabt hat und wie er seiner Tat überführt werden muß, um zu einer Strafe verurteilt werden zu können.

Im Strafverfahren muß zweifelsfrei festgestellt werden, daß der Angeklagte durch seine Handlung (Tun oder Unterlassen) den Tatbestand einer oder mehrerer strafrechtlicher Normen erfüllt und daß er das rechtswidrig und schuldhaft getan hat.

*Tatbestands-
mäßigkeit
Rechtswidrigkeit
Schuld*

Wie diese Überprüfung erfolgt und was die Begriffe »schuldhaft« und »rechtswidrig« bedeuten, soll an einem Beispiel erläutert werden.

Beispiel 1 (Einführungsfall)

Eine Jugendgruppe aus der Kleinstadt C war in den Sommerferien zum Zelten auf einen kleinen Zeltplatz im Bayerischen Wald gefahren. Die zwölf Buben und Mädchen im Alter zwischen 14 und 17 Jahren verstanden sich prächtig untereinander und auch mit ihrem Gruppenleiter, dem 25jährigen Sozialpädagogen Helmut W. Die Pärchenbildung, die auch zu Hause schon in Ansätzen zu beobachten war, entwickelte sich rasch, und der Austausch von – harmlosen – Zärtlichkeiten war bald nicht mehr zu übersehen. Helmut W. beobachtete dies mit gemischten Gefühlen. Im Grunde genommen hatte er gegen diese Pärchenbildung und den Austausch von Zärtlichkeiten nichts einzuwenden, da er dies für eine natürliche und gesunde Entwicklung hielt. Doch er erinnerte sich allzu gut an die Widerstände der Mütter, die zwar meinten, daß ihre Töchter noch zu harmlos für so etwas wären und ihre Zustimmung zur Mitfahrt nur gaben, da Helmut fest versprochen hatte, »gut aufzupassen«.

Bis auf die letzte Nacht geschah auch nichts, was den besorgten Müttern hätte mißfallen können. Doch in dieser Nacht hörte er, daß in den Zelten auf einmal ein Tuscheln, Flüstern und Kichern begann. Bei näherem Zuhören konnte er unterscheiden, daß der 17jährige Gerd ins Zelt der 16½jährigen Moni geschlüpft und daß deren Freundin und Zeltgenossin, die 15jährige Traudl, zu Gerds Freund, dem 17jährigen Klaus, gegangen war. Ob sonst noch Plätze getauscht worden waren, konnte er nicht feststellen. Er überlegte lange, ob er die Pärchen trennen sollte, unterließ es dann aber, da er glaubte, daß dies möglicherweise schlimmere Folgen haben könnte, als wenn er der Sache ihren Lauf ließe. Er wollte nur wach bleiben und lauschen, um im Falle eines Falles eingreifen zu können, was jedoch nicht notwendig wurde, da sich die Pärchen nach etwa 1½ Stunden wieder trennten und in ihre Zelte zurückschlichen.

»Kuppelei«?

Angenommen, die betroffenen Mütter erfahren von diesen Vorgängen und erstatten Anzeige gegen Helmut W. wegen »Kuppelei«; müßte er mit einer Bestrafung rechnen?

Als gesetzlicher Tatbestand käme § 180 StGB in Betracht, der die Förderung sexueller Handlungen Minderjähriger unter Strafe stellt.

Anhand des Textes dieser Vorschrift wollen wir nun untersuchen, ob die »Handlung« von Helmut W., bzw. der Lebenssachverhalt, der sich in dieser Nacht ereignete, den gesetzlichen Tatbestand von § 180 StGB erfüllt, und wenn ja, ob dies widerrechtlich und schuldhaft geschah.

Tatbestandsmäßig

Abstrakte Beschreibung eines Sachverhaltes

Der § 180 StGB beschreibt in abstrakter Form mehrere unterschiedliche Lebenssachverhalte. Die Absätze 2 und 3 von § 180 StGB können von vornherein als nicht zutreffend ausgeschlossen werden. In Frage kommt nur der Abs. 1.

Danach müßte Helmut W.
- einer sexuellen Handlung einer Person unter 16 Jahren an oder vor einem Dritten oder einer sexuellen Handlung eines Dritten an einer Person unter 16 Jahren
- durch seine Vermittlung oder durch Gewähren oder Verschaffen von Gelegenheit
- Vorschub geleistet haben.

Was der 17jährige Gerd und die 16½jährige Moni im Zelt gemacht haben, ist für die Frage, ob Helmut W. sich nach § 180 StGB strafbar gemacht hat, unerheblich, da beide bereits älter als 16 Jahre sind. Es ist nur mehr zu prüfen, ob eine strafbare Handlung in bezug auf Klaus und Traudl vorliegt, da Traudl »eine Person unter 16 Jahren« ist.

Was ist eine sexuelle Handlung?

Nach den einschlägigen Kommentaren läßt sich dieser Begriff als »eine Handlung von einiger Erheblichkeit, die von ihrem äußeren Erscheinungsbild her als auch in der Vorstellung mindestens eines Partners sexualbezogen ist«, umschreiben. In der Rechtsprechung sind außer dem Beischlaf selbst auch das sogenannte Petting und diesem vergleichbare körperliche Kontakte als sexuelle Handlungen angesehen worden. Nicht als solche zählen z. B. normale Küsse und Umarmungen. Bei der Beurteilung einer Handlung und ihrer Einstufung als sexuelle Handlung ist auch das Schutzgut des § 180 StGB, die ungestörte sexuelle Entwicklung – sie will das Gesetz schützen – und das Alter der »unter 16 Jahre alten Person« zu berücksichtigen.

Sexualbezogen

Schutz der sexuellen Entwicklung

In unserem Fall ist nichts darüber gesagt, was die beiden nun in ihrem Zelt gemacht haben. In einem Verfahren müßte dies geklärt werden. Klaus und Traudl könnten hierzu als Zeugen vernommen werden. Hier soll jedoch davon ausgegangen werden, daß sexuelle Handlungen im Sinne des § 180 StGB vorgenommen wurden.

Vermitteln, Gewähren oder Verschaffen von Gelegenheit

Nach der eigentlichen Bedeutung der Begriffe hat Helmut W. weder »vermittelt« noch »gewährt« noch »verschafft«, da diese Begriffe ein aktives Tätigwerden beschreiben, Helmut W. aber untätig in seinem Zelt lag.

Der strafrechtliche Begriff »Handlung« beinhaltet aber nicht nur das aktive Tun, sondern in besonderen Fällen auch ein »Nichtstun«, ein Unterlassen. Ein Unterlassen ist dann dem Handeln gleichzusetzen, wenn der »Täter« durch sein Eingreifen die Rechtsgutverletzung hätte verhindern können und wenn er rechtlich verpflichtet gewesen wäre, diese Rechtsgutverletzung zu verhindern; außerdem muß ihm ein Eingreifen zugemutet werden können und das Nicht-Handeln ebenso vorzuwerfen sein, wie wenn er die eingetretene Rechtsgutverletzung durch aktives Handeln herbeigeführt hätte. (Augenfälliges Beispiel hierfür ist die Mutter, die ihr Kind verhungern und verdursten läßt.)

Handeln durch Unterlassen

Sind diese Voraussetzungen in unserem Fall gegeben?
Helmut W. hätte die Rechtsgutverletzung, die ungestörte sexuelle Entwicklung, durch eine Zeltkontrolle oder ähnliches verhindern können. Auf Grund seiner Position als Leiter der Jugendgruppe war er auch rechtlich verpflichtet gewesen, die Rechtsgutverletzung zu verhindern. Seine Stellung machte ihn zum Garanten dafür, daß keiner seiner Jugendlichen eine Rechtsgutverletzung erleiden mußte. Eine solche Garantenstellung ergibt sich im übrigen auch auf Grund familienrechtlicher Vorschriften oder Beziehungen (z. B. Ehegatten untereinander, Eltern für ihre Kinder) oder auch dadurch, daß man eine Gefahrenlage für andere geschaffen hat. (Ein Autofahrer, dessen Ölkühler weggerissen wurde, muß die gefährliche Öllache, die andere Verehrsteilnehmer erheblich gefährdet, zumindest ausreichend absichern. Ebenso muß eine Baugrube ausreichend durch Absperrungen und Beleuchtung gesichert sein.)

Garantenstellung

War Helmut W. ein Eingreifen auch zumutbar?
Bei der Beantwortung dieser Frage ist abzuwägen, mit welcher Wahrscheinlichkeit die Rechtsgutverletzung eintreten wird und welche Bedeutung sie hat, mit der Lage und den Fähigkeiten dessen, der nicht gehandelt hat. So ist ein Nichtschwimmer nicht fähig, einen Ertrinkenden ohne Rettungsgeräte aus dem Wasser zu ziehen; ein tief Schlafender ist nicht in der Lage, den sexuellen Umtrieben Jugendlicher Einhalt zu gebieten.

Güterabwägung

Helmut W. war jedoch in der Lage einzugreifen, und er hatte durch seine Ausbildung auch die Fähigkeit dazu. Er mußte auf Grund seiner Beobachtungen auch annehmen, daß die Rechtsgutverletzung bereits eingetreten ist und noch fortdauern wird. Sein Nichteinschreiten beruhte allein auf der Überlegung, daß die Bedeutung der Rechtsgutverletzung wohl nicht so groß sei. Diese Überlegung widerspricht jedoch dem Gesetz, da § 180 Abs. 1 StGB dieses Rechtsgut unter seinen besonderen Schutz stellt. Sein Nichttätigwerden kann er nicht damit begründen, daß er die Forderung eines Gesetzes für nicht bedeutend ansieht. Aus diesen Überlegungen ergibt sich, daß Helmut W., der auf Grund seiner Garantenstellung zum Eingreifen verpflichtet war und dies ihm auch zumutbar war, durch sein Nichtstun das Tatbestandsmerkmal »Gewähren von Gelegenheiten« erfüllt hat.

Vorschub leisten

Günstige Gelegenheit

Unter Vorschub leisten ist das Schaffen günstiger Gelegenheit für sexuelle Handlungen zu verstehen. Auch hier gilt, daß das Nichteinschreiten von Helmut W. dem aktiven »Vorschub leisten« gleichzusetzen ist. Den günstigen Bedingungen hat er dadurch Vorschub geleistet, daß er nicht durch geeignete Maßnahmen sofort für eine Trennung gesorgt hat, so daß Traudl und Gerd in der Abgeschiedenheit des Zeltes sexuelle Handlungen vornehmen konnten.

Erzieherprivileg

Nur Personen-sorgeberechtigte

Die vorliegende Tatbestandsmäßigkeit wäre jedoch unerheblich, wenn für Helmut W. § 180 Abs. 1 Satz 2 StGB zutreffen würde. Hierfür müßte Helmut W. Personensorgeberechtigter sein. Aus der Entstehungsgeschichte des § 180 StGB ergibt sich, daß hierunter nur die Personensorgeberechtigten im gesetzlichen Sinne zu verstehen sind. Ursprünglich war ein sog. »verlängertes Erzieherprivileg« vorgesehen, das auch diejenigen erfaßt hätte, die im Auftrag des Personensorgeberechtigten die tatsächliche Personensorge ausüben, also Erzieher, Lehrer oder Gruppenleiter. Das wurde jedoch nicht Gesetz. Daraus kann man schließen, daß der Erzieher, der die tatsächliche Personensorge im Auftrag der Eltern, des Vormundes oder unter Umständen des Pflegers ausübt, nicht unter das Erzieherprivileg des § 180 Abs. 1 Satz 2 StGB fällt.

Rechtswidrig

Verbote

Eine Handlung muß nicht nur tatbestandsmäßig, sondern auch rechtswidrig sein. Diese Eigenschaft wird einer Handlung dann zugeschrieben, wenn sie der Rechtsordnung widerspricht. Da das »Strafrecht durch seine Gebote und Verbote zur Rechtsordnung gehört, ist eine Tat in der Regel auch rechtswidrig, wenn sie tatbestandsmäßig ist«.

Rechtfertigungs-gründe

Die Rechtswidrigkeit kann jedoch durch Rechtfertigungsgründe ausgeschlossen sein. Die wichtigsten sind die Einwilligung und die sog. Notrechte, wie Notwehr (§ 32 StGB und § 227 BGB), der Notstand oder die Selbsthilfe (§§ 228 und 229f. BGB).

Rechtsgutverzicht

Die Einwilligung ist als ein Rechtsgutverzicht anzusehen, d. h. der Betroffene ist damit einverstanden, daß ein bestimmtes Rechtsgut verletzt wird.

Beispiel 2

Der Patient, der in eine Blinddarmoperation einwilligt, verzichtet damit auf das Rechtsgut »körperliche Unversehrtheit«. Der Arzt, der die Operation vornimmt, begeht zwar tatbestandsmäßig eine Körperverletzung nach § 223a StGB, handelt aber nicht rechtswidrig, da die Einwilligung des Patienten die Rechtswidrigkeit beseitigt (§ 226a StGB).

Eine Einwilligung ist allerdings nur dann wirksam, wenn sie freiwillig gegeben wird, wenn die Tragweite der Einwilligung bekannt ist und wenn die Handlung, in die eingewilligt wird, nicht sittenwidrig ist.

Wirksame Einwilligung

Beispiel 3

Ein ärztlicher Kunstfehler ist von der Einwilligung nicht erfaßt. Die Körperverletzung, die darauf beruht, ist daher rechtswidrig. Die Einwilligung in eine medizinisch nicht erforderliche Verstümmelung oder in die eigene Tötung ist wegen Sittenwidrigkeit keine wirksame Einwilligung.

Auch ein Minderjähriger kann wirksam einwilligen, wenn er in der Lage ist, die Folgen zu übersehen. Ist dies nicht der Fall, oder bestehen Zweifel an der Einsichtsfähigkeit, müssen die Personensorgeberechtigten gefragt werden.

Minderjähriger kann einwilligen

Eine angemessene und vom Erziehungsgedanken getragene Züchtigung ist ebenfalls ein Rechtfertigungsgrund, aber gewohnheitsrechtlich nur mehr für die Eltern anerkannt. Bei Erziehern und Lehrern ist die allgemeine Überzeugung geschwunden, daß ein solches Tun rechtens und notwendig ist – eine Voraussetzung für die Annahme von Gewohnheitsrecht (zum Gewohnheitsrecht und zum Wegfall einer gewohnheitsrechtlich anerkannten Züchtigung für Lehrer und Erzieher s. Kapitel 1, Abschnitt 5 sowie Kapitel 4, Abschnitt 2). Damit sind die Voraussetzungen für eine gewohnheitsrechtliche Rechtfertigung der körperlichen Züchtigung durch Berufspädagogen entfallen.

Züchtigung ein Rechtfertigungsgrund?

Im Fall des Helmut W. ist ein Rechtfertigungsgrund nicht ersichtlich. Traudl kann auch nicht in die Rechtsgutverletzung einwilligen, da sie, was sich aus dem Sinn der Vorschrift ergibt, über dieses Rechtsgut nicht verfügen kann.

Schuldhaft

Als dritter Fragenkomplex ist nunmehr zu untersuchen, ob Helmut W. schuldhaft gehandelt hat, das heißt, ob er mit der Verantwortung für die rechtswidrige Tat belastet werden muß. Schuld oder Verantwortlichkeit ist gegeben, wenn der Täter schuldfähig war, wenn er vorsätzlich oder fahrlässig gehandelt hat, wenn es ihm zumutbar war, anders zu handeln und wenn er gewußt hat oder hätte wissen können, daß sein Tun rechtswidrig war.

Verantwortlichkeit

Schuldfähig

§ 19 StGB zieht hier eine klare Altersgrenze. Kinder unter 14 Jahren sind nicht schuldfähig. Sie können zwar tatbestandsmäßig und rechtswidrig ein Rechtsgut verletzen, sie können jedoch dafür nicht zur Verantwortung gezogen werden, da sie noch nicht schuldfähig sind (siehe auch Kapitel 14).

Kinder schuldunfähig

Neben diesem generellen Ausschluß der Schuldfähigkeit gibt es die auf eine bestimmte Tat bezogenen Schuldausschließungsgründe des § 20 StGB und die Schuldminderungsgründe des § 21 StGB.

Vorsätzlich oder fahrlässig

Wissen und Wollen

Kurz gesagt, ist Vorsatz das Wissen und Wollen der Tatbestandsverwirklichung. Der Täter muß aber nicht den abstrakten Gesetzestext kennen. Es reicht aus, wenn er einen Lebenssachverhalt verwirklichen will, der der gesetzlichen Tatbeschreibung entspricht.

Beispiel 4
Die Überlegung des Lehrers: »Dem werde ich jetzt ein paar hinter die Löffel geben«, genügt, um Vorsatz für die Verwirklichung des gesetzlichen Tatbestandes des § 223 StGB: »wer einen anderen körperlich mißhandelt«, anzunehmen.

Ungewollte Rechtsgut-verletzung

Fahrlässig handelt jemand, der einen Tatbestand rechtswidrig und vorwerfbar verwirklicht hat, ohne daß er diese Verwirklichung erkannt oder gewollt hat. Der Täter muß pflichtwidrig gehandelt haben, und es muß für ihn vorhersehbar gewesen sein, daß er eine rechtswidrige Rechtsgutverletzung herbeiführen wird. Hierfür genügt es, daß er vorhersehen kann, daß nach allgemeiner Lebenserfahrung eine bestimmte Rechtsgutverletzung eintreten kann.

Beispiel 5
Ein Autofahrer handelt fahrlässig, wenn er durch eine schmale Anliegerstraße eines Wohngebietes mit überhöhter Geschwindigkeit fährt, zumal er beobachten kann, daß hinter den geparkten Autos Kinder auf den Gehwegen spielen.
Springt eines der Kinder zwischen den Autos hindurch auf die Straße und kommt er wegen seiner Geschwindigkeit nicht rechtzeitig zum Stehen, so hat er fahrlässig das Rechtsgut »körperliche Unversehrtheit« oder gar »Leben« des Kindes verletzt. Diese Rechtsverletzung hat er sicher nicht gewollt. Er muß sich aber vorwerfen lassen, daß er bei genügender Umsicht diesen Unfall hätte vermeiden können. Die Umsicht war auch von ihm zu verlangen, da er auf Grund der Betriebsgefahr seines Wagens und wegen der besonderen Situation in dieser Straße zu besonderer Vorsicht verpflichtet war. Stellt er seine Geschwindigkeit nicht darauf ein, so handelt er fahrlässig.

Mangelnde Umsicht

Unrechtseinsicht

Bewußtsein des Unerlaubten

Verbotsirrtum

Unrechtseinsicht ist in etwa übersetzbar mit »Wissen, etwas Unerlaubtes zu tun«. Auch hierfür ist es nicht erforderlich, daß der Täter den gesetzlichen Tatbestand kennt; ein laienhaftes Wissen um Verbote und Gebote ist ausreichend. Dieser Schuldausschließungsgrund gilt jedoch nur, wenn der Verbotsirrtum unvermeidbar war. Der Ausspruch, »Unwissenheit schützt vor Strafe nicht«, hat hier durchaus Geltung. Jedes Mitglied der Gesellschaft hat eine seinen Fähigkeiten und Kenntnissen entsprechende Pflicht, sich durch Gewissensprüfung Klarheit darüber zu verschaffen, ob eine Handlung dem Recht entspricht oder nicht. Bei verbleibenden Zweifeln besteht, insbesondere für bestimmte Tätigkeiten, z. B. die Teilnahme am Straßenverkehr, oder Berufe, z. B. Geschäftsleute, Rechtsanwälte oder Erzieher, eine Erkundigungspflicht.

Beispiel 6
Der Erzieher, der einem Schüler eine Ohrfeige verpaßt, ist der festen Meinung, daß dies eine zulässige Züchtigung ist.

Der Erzieher weiß sicherlich, daß diese Ohrfeige, hätte er sie einem Kollegen gegeben, zu einer Verurteilung wegen Körperverletzung geführt hätte. Gegenüber dem Schüler glaubte er sich jedoch im Recht. Dieser Irrtum war vermeidbar.

Beispiel 1 (Zusammenfassung der Lösung)

Helmut W. hat den Tatbestand des § 180 Abs. 1 StGB dadurch erfüllt, daß er Traudl und Gerd nicht getrennt hat, obwohl er dazu verpflichtet war und ihm dies auch zumutbar war. Das Erzieherprivileg des § 180 Abs. 1 S. 2 StGB trifft für ihn nicht zu, da er nicht der Personensorgeberechtigte ist. Die Tatbestandsverwirklichung war rechtswidrig, da keine Rechtfertigungsgründe vorliegen. Er hat auch schuldhaft gehandelt, da er vorsätzlich den Tatbestand durch sein Nichteingreifen verwirklicht hat, wobei ihm bewußt war, daß er hätte eingreifen können. Er hatte auch das Unrechtsbewußtsein. Er meinte zwar, durch sein Nichteingreifen einen größeren Schaden vermeiden zu können, doch diese pädagogische Überlegung durfte Helmut W. nicht anstellen. Sie ist, wie sich aus § 180 Abs. 1 S. 2 StGB ergibt, nur dem Personensorgeberechtigten vorbehalten. Auch wenn seine Motive für das Nichteinschreiten vom pädagogischen Standpunkt vertretbar sein können, so hätte er im vorliegenden Fall dennoch einschreiten müssen. Auf einen Verbotsirrtum kann er sich nicht berufen, da er auf Grund seiner Ausbildung die Rechtslage kennen mußte und darüber hinaus auch die Einstellung der Personensorgeberechtigten kannte. Helmut W. müßte daher mit einer Verurteilung rechnen.

Das Strafrecht versucht, durch Strafdrohungen die Menschen davon abzuhalten, Rechtsgüter der Mitmenschen zu verletzen. Insofern ist das Strafrecht als Schutzrecht anzusehen. Das im Grundgesetz verankerte Prinzip des Rechtsstaates verpflichtet Gesetzgeber und Rechtsprechung, eindeutig festzulegen, wann eine Handlung eine strafbare Handlung ist. Strafbar ist eine Handlung dann, wenn sie einen gesetzlichen Straftatbestand erfüllt und wenn sie rechtswidrig und schuldhaft begangen wird. Dem in den einzelnen Vorschriften geforderten Tun steht ein Unterlassen gleich, wenn der Täter gegenüber dem Opfer eine Garantenstellung hat und ihm ein Eingreifen zumutbar ist. Die Rechtswidrigkeit kann durch Rechtfertigungsgründe, z. B. die Einwilligung des Opfers in die Rechtsgutverletzung, ausgeschlossen sein. Schuldhaft ist eine Tat dann begangen, wenn der Täter schuldfähig war, wenn die Tat vorsätzlich oder fahrlässig begangen wurde und wenn der Täter Unrechtseinsicht hatte.

Teilzusammenfassung

3. Der besondere Schutz des Jugendlichen

Wir wollen uns jetzt, unabhängig von dem eben besprochenen Fall, den Bestimmungen des Strafgesetzbuches zuwenden, die sich speziell mit dem Schutz des jungen Menschen befassen.

In Anlehnung an die Einteilung des StGB lassen sich diese Bestimmungen in vier Schutzbereiche aufgliedern:

Schutzbereiche

- körperliche Unversehrtheit,
- Schutz eines Obhutsverhältnisses,
- Schutz der sexuellen Entwicklung und Selbstbestimmung,
- Schutz der Erziehung des jungen Menschen.

Die strafrechtlichen Vorschriften in diesen Bereichen dürfen nicht für sich allein betrachtet werden. Sie stellen vielmehr nur einen Teil des gesamten Jugend-

Teil des Jugendrechts

rechts dar, das der gesunden Entwicklung und somit auch dem Schutz des jungen Menschen dienen soll. Die Vorschriften des Strafrechts erfassen dabei Handlungen, die besonders gefährlich für die Entwicklung sind.

Körperliche Unversehrtheit

Mißhandlungen

Immer wieder werden Fälle bekannt, in denen Lehrer Schüler oder Ausbildende Auszubildende schlagen, in denen Eltern ihr Kind über Jahre hinweg einsperren oder in denen Säuglinge in einem Eisenbahnabteil, auf Parkplätzen oder vor Kirchen zurückgelassen werden. Das moralische Empfinden verlangt für derartige Handlungen strenge Strafen, damit auch die abschreckende Wirkung möglichst groß ist. Das StGB entspricht in den §§ 221 und 223 in Verbindung mit 223b dieser Einstellung.

Verletzung der Obhutspflicht

Wegen Verlassens von hilflosen Personen (§ 221 StGB) kann bestraft werden, wer auf Grund einer Rechtspflicht zur Obhut verpflichtet ist. Betroffen sind also die Eltern, die Lehrer, der Vormund, aber auch ein Freund, der auf die Kinder aufzupassen versprochen hat. Für die Eltern gilt die Besonderheit, daß sie schärfer bestraft werden als andere Personen, wenn sie ihr Kind verletzen oder in hilfloser Lage zurücklassen.

Einer körperlichen Verletzung stehen auch seelische Qualen, psychische Schädigungen oder Gesundheitsschäden durch mangelnde Versorgung gleich.

> Beispiel 7
> Verängstigung durch häufiges Einsperren im dunklen Keller.
> Versetzen in Todesangst durch Drohungen.
> Gesundheitsschädliche »Hungerkur«.

Überordnungsverhältnis

Allerdings kann nicht jeder, der ein Kind quält oder mißhandelt, nach § 223b StGB bestraft werden. Diese Vorschrift bedroht nur Personen mit Strafe, die zu einem Jugendlichen unter 18 Jahren in einem Überordnungsverhältnis stehen, z. B. den Arbeitgeber, den Erzieher in einem Heim, den Aufseher im Gefängnis oder den Haushaltsvorstand. Außerhalb solcher Abhängigkeitsverhältnisse erfolgt eine Bestrafung nach dem Grundtatbestand der Körperverletzungsdelikte nach § 223 StGB.

Die höhere Strafandrohung bei Mißhandlungen innerhalb eines Abhängigkeitsverhältnisses trägt der Tatsache Rechnung, daß ein Jugendlicher in einem solchen Verhältnis vor Übergriffen anders nur sehr schwer geschützt werden kann.

Schutz eines Obhutsverhältnisses

Die §§ 221 und 223b StGB schützen den Jugendlichen vor Schädigungen, die ihm in einem Obhutsverhältnis widerfahren können. Die §§ 235ff. StGB sollen den Jugendlichen davor bewahren, daß er einem solchen Obhutsverhältnis entzogen wird. Der Gesetzgeber unterstellt dabei, ein Obhutsverhältnis bestehe in aller Regel zum Besten des Jugendlichen. Der Jugendliche soll daher dieses Fürsorge- und Obhutsverhältnis nicht ohne Einwilligung des zur Obhut Berechtigten verlassen.

Hilfe zum Verlassen der Obhut

Unter diesem Aspekt ist es verständlich, daß sich bereits der strafbar macht, der einem Jugendlichen lediglich hilft, sich aus einem Obhutsverhältnis zu entfernen.

Strafbar macht sich ein Volljähriger, der seine minderjährige Geliebte der elterlichen Obhut entzieht, um mit ihr sexuelle Handlungen vorzunehmen.

Strafbar macht sich somit:

- der volljährige Freund, der die 17jährige Geliebte gegen den Willen ihrer Eltern in die Ferien mitnimmt;
- der Vater, dem nach der Ehescheidung die elterliche Sorge nicht mehr zusteht, der aber ohne Einverständnis der Mutter sein Kind in den Urlaub mitnimmt.

Ist durch diese Vorschriften auch das Obhutsverhältnis eines Erziehers zu seinen Schützlingen erfaßt?

Welche Obhutsverhältnisse sind geschützt?

Grundsätzlich wird nur das Erziehungsrecht der Eltern, des Vormunds oder des Pflegers geschützt, nicht aber schon das bloße Erziehungsverhältnis. Etwas anderes gilt, wenn Erzieher das Erziehungsrecht in Vertretung der Eltern ausüben, wenn also das Erziehungsrecht behördlich oder durch Vertrag übertragen wurde. Der Schutz erstreckt sich auch auf das Besuchsrecht eines geschiedenen Elternteils, wenn der sorgeberechtigte Teil die angeordnete Besuchsregelung verhindert.

Diese Straftaten werden jedoch nur auf Antrag des Berechtigten verfolgt.

Schutz der sexuellen Entwicklung

Der Schutzbereich der sexuellen Entwicklung ist vom Gesetzgeber besonders ausführlich geregelt worden. Wie ausführlich und detailliert die Bestimmungen sind, soll die nachfolgende Tabelle (S. 128) aufzeigen.

Einzelne Begriffe, die in der folgenden Tabelle gebraucht werden, bedürfen noch der Erläuterung.

»Sexuelle Handlungen mit Körperkontakt« sind Handlungen, die vom Täter an Jugendlichen oder von diesen am Täter vorgenommen werden. Die »Handlungen ohne Körperkontakt« betreffen das Zuschauen bei sexuellen Handlungen, z. B. Striptease, erotischen Tänzen, Onanieren.

Körperkontakt

Unter »bestimmen« ist jegliche Art der Willensbeeinflussung zu verstehen, also überreden, versprechen, drohen, sofern ein gewisser Zwang auf den Jugendlichen ausgeübt wird.

Bestimmen

127

Regelungen des Sexualstrafrechts

Art der sexuellen Handlung	Opfer ist jünger als 14 Jahre bestraft wird:	Opfer ist jünger als 16 Jahre bestraft wird:	Opfer ist jünger als 18 Jahre bestraft wird:
mit Körperkontakt zum Täter	jeder, der vornimmt oder vornehmen läßt § 176 Abs. 1	wer obhutspflichtig ist § 174 Abs. 1	wer Obhutsverhältnis miß-braucht; leibliche u. Adoptiv-eltern, Pflege- und Stiefeltern § 174 Abs. 1 Ziff. 2 u. 3
ohne Körperkontakt zum Täter	jeder, der vornimmt und vor-nehmen läßt § 176 Abs. 5 Ziff. 1 u. 2, um sich oder Kind sexuell zu erregen	wer obhutspflichtig ist § 174 Abs. 2 Ziff. 1 u. 2, um sich oder Jugendlichen sexuell zu erregen	wer Obhutsverhältnis miß-braucht; leibliche u. Adoptiv-eltern, Pflege- und Stiefeltern, um sich oder Kind sexuell zu erregen § 174 Abs. 2
gegen Entgelt		wer Vorschub leistet § 180 Abs. 1; außer Sorgeberechtigtem, wenn nicht mißbräuchlich	wer Obhutsverhältnis miß-braucht; Vorschub leistet § 180 Abs. 2
mit Körperkontakt zu Dritten	jeder, der das Kind bestimmt § 176 Abs. 2	wer Vorschub leistet § 180 Abs. 1; außer Sorgeberechtigten, wenn nicht mißbräuchlich	wer Obhutsverhältnis miß-braucht, um zu bestimmen § 180 Abs. 3
ohne Körperkontakt zu Dritten	jeder, der bestimmt, um Kind oder Dritten zu erregen § 176 Abs. 5 Ziff. 2	wer Vorschub leistet § 180 Abs. 1; außer Sorgeberechtigtem, wenn nicht mißbräuchlich	wer Obhutsverhältnis miß-braucht, um zu bestimmen § 180 Abs. 3
gegen Entgelt			jeder, der bestimmt oder Vorschub leistet § 180 Abs. 2
mit Körperkontakt zum Täter zu Dritten		jeder, der vornimmt oder vornehmen läßt (§174 Abs. 1 Ziff. 1, §182)	jeder, der vornimmt oder vornehmen läßt (§174 Abs. 1 Ziff. 2 und 3)
Pornographie			wer anbietet, überläßt, zu-gänglich macht; wer für Jugendliche einsehbar da-für wirbt oder ausstellt § 184 Abs. 1 Ziff. 1, 2, 3a, 5
Ausübung der Prostitution			wer die Prostitution in der Nähe von Orten ausübt, die von Jugendlichen aufgesucht werden müssen (Schule, Wohnhaus), wenn sittlich gefährdende Ausübung § 184 b

Ein »Obhutsverhältnis« besteht zu einem Erzieher, einem Ausbildenden oder einem Betreuer in der Lebensführung. Entscheidend ist, daß der Jugendliche in einem gewissen Abhängigkeitsverhältnis steht und daß er sittlich und moralisch betreut wird. So fallen Wissensvermittlung in Abendkursen, Näh- oder Stenokurse oder Fahrstunden, nicht unter diesen Begriff. Das Verhältnis des Lehrers, des Ausbildenden, des Heimerziehers, der Hortnerin zu ihren Zöglingen sind jedoch Obhutsverhältnisse. *Obhutsverhältnis*

Was ist aber mit einem Jugendlichen, der bereits in einem »Dienst- oder Arbeitsverhältnis« steht? Auch dieses Abhängigkeitsverhältnis wird als Obhutsverhältnis angesehen, selbst wenn es nicht der Ausbildung oder Betreuung dient. Für die noch nicht 16jährigen dürfte dies nicht so erheblich sein, denn sie sind in diesem Alter meist Auszubildende, stehen also ohnehin in einem Obhutsverhältnis zum Ausbildenden. *Dienst- und Arbeitsverhältnis*

Für die Gruppe der noch nicht 18jährigen ist nur der »Mißbrauch eines Abhängigkeitsverhältnisses« strafbar. Ein solcher Mißbrauch liegt dann vor, wenn das Übergewicht der Position, das Ansehen oder das Vertrauen dazu ausgenutzt werden, den Minderjährigen willfährig zu machen. *Mißbrauch des Abhängigkeitsverhältnisses*

Beispiel 8
Der Chef stellt eine Gehaltsaufbesserung in Aussicht; der Heimleiter verspricht, eine Verfehlung nicht zu ahnden; ein Lehrer sagt, daß er sich die Sache mit der Versetzung noch überlegen wolle.

Ein Mißbrauch liegt aber auch dann noch vor, wenn der Minderjährige der sexuellen Handlung zustimmt oder wenn er gar den Anstoß dazu gegeben hat.

Beispiel 9
Die Schülerin, die ihren Lehrer zu Hause aufsucht, um »mit allen Mitteln« eine Versetzung zu erreichen. Wenn der Lehrer darauf eingeht, macht er sich strafbar.

»Vorschub leisten« ist die Vermittlung oder Gewährung und Verschaffung von Gelegenheit zur Vornahme sexueller Handlungen. *Vorschub leisten*

Beispiel 10
Wer Adressen von Callgirls vermittelt; wer einer Prostituierten Kundschaft bringt oder ein Zimmer zur Verfügung stellt; wer die Adresse eines Stundenhotels weitergibt. Aber auch,

wer, ohne Personensorgeberechtigter zu sein, Jugendliche unter 16 Jahren unbeaufsichtigt Sex-Parties feiern läßt.

Sexuelle
Handlung

Eine strafbare »sexuelle Handlung« ist jede Handlung, die objektiv einen Bezug zur Sexualität hat und das »allgemeine Sittlichkeitsgefühl in geschlechtlicher Beziehung erheblich verletzt« – so in einer Gerichtsentscheidung. Das »allgemeine Sittlichkeitsgefühl« wird dabei nicht durch das tatsächliche Sexualleben der Bevölkerung bestimmt (es richtet sich nicht nach dem Kinsey-Report), sondern durch Wertvorstellungen, wie sie insbesondere im Grundgesetz ihren Niederschlag gefunden haben.

Allgemeines
Sittlichkeitsgefühl

Erheblichkeit

Strafbar sind also nicht alle sexuellen Handlungen, sondern nur Handlungen, die eine gewisse »Erheblichkeit« haben. So ist normales Küssen oder Umarmen eines Kindes nicht erfaßt, auch nicht ein Umfassen der Hüften oder Berühren des nackten Oberschenkels. Die Erheblichkeit einer sexuellen Handlung ergibt sich nicht nur aus der Art der Handlung, sondern auch aus dem Alter des Minderjährigen. Ein Zungenkuß bei einem 13jährigen Jugendlichen ist erheblicher als bei einem 17jährigen. Unter demselben Gesichtspunkt ist auch eng aneinandergepreßtes Tanzen zu beurteilen.

Gesamteindruck
der Handlung

Um die Erheblichkeit zu beurteilen, ist der »Gesamteindruck« der Handlung heranzuziehen, also das Alter, die Umgebung, die Absicht des Täters, aber auch das Verhalten des Minderjährigen. Im Zweifel dürfte es wohl pädagogisch richtiger sein, eine Strafverfolgung nicht anzustrengen, um nicht durch die Befragung durch die Polizei, den Richter, die Staatsanwälte und Verteidiger einen größeren Schaden anzurichten als durch die Handlung selbst (vergl. auch Beispiel 1).

Sexueller Mißbrauch von Kindern (§176 StGB)

Kinder = noch
nicht 14jährige

Bei der Durchsicht der in der Tabelle aufgeführten verbotenen Handlungen zeigt sich, daß der Gesetzgeber Kinder, also die noch nicht 14jährigen, von jeder Art der Sexualität freihalten will.

Umfassender
Schutz

Um den Schutz so umfassend wie möglich zu gestalten, wird die Strafdrohung gegenüber jedem ausgesprochen. So sind nicht nur die Eltern, die Erzieher oder Ausbildende betroffen, sondern auch Passanten auf der Straße, Arbeitskollegen und Nachbarn. Der Gesetzgeber will erreichen, daß Kinder bis zum 14. Lebensjahr in ihrer Entwicklung nicht durch sexuelle Handlungen gestört werden. Davon ist jedoch eine vernünftige und umfassende Sexualerziehung ausgenommen. Arztspiele von Kindern untereinander sind zwar vom Grundsatz her erfaßt, doch entfällt hier eine Strafbarkeit, weil Kinder strafunmündig sind (siehe Kapitel 14).

Sexueller Mißbrauch von Jugendlichen (§ 182 StGB)

Jugendliche
unter 16 Jahren

Mit dieser Strafvorschrift sollen männliche **und** weibliche Jugendliche vor sexuellem Mißbrauch geschützt werden. Bestraft wird der sexuelle Mißbrauch von Jugendlichen unter 16 Jahren durch Personen über 18 Jahren unter Ausnutzung einer Zwangslage oder gegen Entgelt.

Strafbar ist auch sexueller Mißbrauch, der von über 21jährigen Personen an Jugendlichen unter 16 Jahren verübt wird, wenn der Täter dabei die fehlende Fähigkeit des Opfers zur sexuellen Selbstbestimmung ausnutzt.

Sexueller Mißbrauch von Schutzbefohlenen (§ 174 StGB)

Dem Jugendlichen über 14 Jahren billigt der Gesetzgeber bereits eine gewisse Eigenverantwortlichkeit zu. Hier schützt er deshalb nur den Bereich, in welchem dem Jugendlichen die Selbstbestimmung nur schwer möglich sein wird. Dies ist auch der Bereich der Abhängigkeits- oder Obhutsverhältnisse. Sie sollen von jeder Art sexueller Betätigung freigehalten werden. Eine Abstufung findet für die 16- bis 18jährigen insoweit statt, als für die Älteren das Abhängigkeitsverhältnis mißbraucht werden muß, was bei den Jüngeren für den Straftatbestand nicht erforderlich ist.

Förderung sexueller Handlungen Minderjähriger (§ 180 StGB) und Förderung der Prostitution (§ 180a StGB)

Eine dritte Gruppe von mit Strafe bedrohten Tatbeständen soll verhindern, daß Jugendliche Gelegenheit erhalten, sich sexuell zu betätigen. So wird jedes Vorschubleisten sexueller Handlungen mit Strafe bedroht, ebenso das Verleiten zur Prostitution oder auch das Gewähren von Unterkunft zur Ausübung der Prostitution durch noch nicht 18jährige. *Prostitution*

Beispiel 11
Eine 17jährige, die sich ihr Geld durch Prostitution verdienen will, steht vor großen Schwierigkeiten. Eine Wohnung oder eine sonstige Bleibe darf ihr nicht zur Ausübung ihres Gewerbes überlassen werden. Ein Kfz kann sie noch nicht führen. Sie ist somit auf die wenigen Fälle der Freier mit »sturmfreier Bude« angewiesen, so daß sie nach Meinung des Gesetzgebers zur Aufgabe ihres Berufes gezwungen wäre.

Verbreitung pornographischer Schriften (§ 184 StGB)

Durch das Verbot, pornographische Schriften Jugendlichen zugänglich zu machen, will der Gesetzgeber einerseits erreichen, daß die Fantasie des jungen Menschen nicht durch anstößige Abbildungen verbildet wird, andererseits will er dadurch einer Einstellung entgegenwirken, die insbesondere die Frau als bloßes Sexualobjekt betrachtet und die die körperliche Liebe zur reinen sexuellen Befriedigung herabwürdigt. *Pornographie*
Nach § 184 Abs. 4 StGB kann der Personensorgeberechtigte seinen unter 18 Jahre alten Kindern oder Mündeln pornographische Schriften überlassen, ohne von der Strafdrohung des § 184 StGB erfaßt zu werden. Ähnlich wie beim Erzieherprivileg des § 180 StGB gilt dies nur für den Personensorgeberechtigten im gesetzlichen Sinn und nicht für einen Erzieher, der sein Erziehungsrecht vom Personensorgeberechtigten übertragen bekommen hat.

Das heutige Sexualstrafrecht soll die sexuelle Selbstbestimmung des Menschen gewährleisten. Verschiedene Vorschriften tragen vor allem dem erhöhten Schutzbedürfnis des jungen Menschen Rechnung. Er soll davor bewahrt werden, daß er sexuell mißbraucht oder vorzeitig, d.h. nicht seinem Entwicklungsstand entsprechend, zu sexuellen Handlungen verführt wird. Sexuelle Handlungen mit Kindern unter 14 Jahren sind überhaupt verboten. Jugendliche zwischen 14 und 16 Jahren genießen einen besonderen Schutz, insoweit sie unter Ausnutzung einer Zwangslage oder gegen Entgelt oder unter Ausnutzung der fehlenden Fähigkeiten zur sexuellen Selbstbestimmung oder in einem Abhängigkeitsverhältnis sexuell mißbraucht werden. Bei Jugendlichen zwischen 16 und 18 Jahren sind sexuelle Handlungen nur noch strafbar, wenn sie unter Mißbrauch des Abhängigkeitsverhältnisses vorgenommen werden. Außerhalb eines solchen Verhältnisses sind nur schwerwiegende sexuelle Handlungen strafbar, wobei die Schwere der Handlung einmal durch das Alter des Jugendlichen bestimmt ist, zum anderen durch die Art der Handlung. *Teilzusammenfassung*

Schutz der Erziehung und Fürsorge

Wie beurteilt der Gesetzgeber Fälle, in denen Eltern ihr Kind ständig mit »Bier-bröckerln« unter Alkohol halten, damit es schön ruhig ist, oder ihre Kinder nicht ausreichend ernähren, um ihr Geld anderweitig ausgeben zu können, oder einen Säugling ohne jeden seelischen Kontakt aufziehen, so daß es zu schweren Entwicklungsschäden kommt, oder wenn Kinder zum Diebstahl angeleitet werden? Diese Handlungen werden durch § 170d StGB mit Strafe bedroht.

§ 170d StGB

Wer seine Fürsorge- oder Erziehungspflicht gegenüber einer Person unter 16 Jahren gröblich verletzt und dadurch den Schutzbefohlenen in Gefahr bringt, in seiner körperlichen oder psychischen Entwicklung erheblich geschädigt zu werden, einen kriminellen Lebenswandel zu führen oder der Prostitution nachzugehen, wird mit Freiheitsstrafe bis zu drei Jahren oder mit Geldstrafe bestraft.

Gröbliche Verletzung

Voraussetzung für eine Strafbarkeit sind also die gröbliche Verletzung einer Erziehungs- oder Fürsorgepflicht und die konkrete Gefahr eines Entwicklungsschadens.

Betroffener Personenkreis

Von dieser Vorschrift betroffen sind nicht nur die Eltern, sondern alle, die eine Erziehungs- oder Fürsorgepflicht haben. Diese kann sich aus Gesetzen ergeben, wie bei den Eltern, Pflegern oder Vormunden, aus einem Vertrag, wie bei Privatschulen, Internaten oder auch aus tatsächlicher Übernahme durch Verwandte oder Bekannte oder aus behördlicher Anordnung, wie bei Heimunterbringung oder Einweisung in ein Gefängnis.

Erziehungs- und Fürsorgepflicht

Die Pflicht umfaßt die seelische und körperliche Gesunderhaltung. Das bedeutet auch das Fernhalten schädlicher Einflüsse oder die ärztliche Betreuung bei Krankheit, aber auch die sittliche Erziehung, wofür die Anschauungen unserer Gesellschaft maßgeblich sind.

Grundsätze schwer zu verwirklichen

Diese Grundsätze klingen schön, doch welche Verwirklichung finden sie in der Praxis? Wann ist insbesondere die psychische Entwicklung gefährdet im Sinne dieser Vorschrift? Wann wird die Gefährdung bestraft? Gefährdungen sind z.B. Hospitalisationsschäden, Verhaltensstörungen, die auf übersteigertem Leistungsdruck der Eltern gegenüber dem Kind beruhen, sowie Jugendkriminalität durch ungenügende Erziehung in sozial schwachen Gruppen, Leistungsangst oder Schulversagen, das seine Ursachen im Fehlverhalten des Lehrers hat.

● Auch wenn durch das Fehlverhalten eine Gefahr für die psychische Entwicklung gegeben ist, wird der Verantwortliche jedoch nur bestraft werden können, falls er seine Pflichten gröblich verletzt hat.

Handeln im guten Glauben

Ob eine Verletzung gröblich ist, bemißt sich aber nicht nur an der objektiven Beurteilung, sondern auch nach subjektiven Kriterien. So werden Eltern, die ihr Kind zu Höchstleistungen zwingen, immer der Ansicht sein, nur das »Beste« zu tun; Heime sind meist nicht in der Lage, eine Bezugsperson für jedes Kind zu stellen, da ihnen das Personal fehlt; mancher Lehrer meint, nur Härte und Strenge brächten gute Leistungen der Schüler zuwege. Sie alle handeln im guten Glauben und können deshalb nicht bestraft werden.

Da das Strafrecht von niemandem verlangen kann, nur anerkannte richtige Erziehungsmethoden anzuwenden, wird das Merkmal der gröblichen Verletzung immer subjektive Momente beinhalten. Ähnlich wie bei der Frage des Vorsatzes muß hier der Betreffende gegen sein besseres Wissen handeln, um sich strafbar zu machen.

Beispiel 12
Ein Lehrer kann bestraft werden, der aus sadistischer Neigung seine Schüler hart und streng anfaßt.
Eine Kindergärtnerin, die aus Bequemlichkeit die Kinder in einem Zimmer einsperrt, kann bestraft werden.

Der Verantwortliche muß also seine Verpflichtung kennen und muß aus Gründen, die nicht zu billigen sind, dieser Verpflichtung zuwiderhandeln. Wer jedoch beruflich in der Erziehung tätig ist, ist in bestimmtem Umfang verpflichtet, seine Kenntnisse auf dem laufenden zu halten, damit er als schädlich erkannte Methoden aufgeben kann. Aber auch Eltern wird die Verpflichtung auferlegt, sich an allgemein als richtig erkannten Maßstäben zu orientieren. Eine besonders laxe Einstellung oder eine fanatisch vertretene Einzelmeinung ist im Zweifelsfall keine Entschuldigung vor dem Strafrichter. *Verpflichtung, sich zu informieren*

Das Strafgesetzbuch schützt durch eine Reihe von Normen den jungen Menschen mehr als den Erwachsenen, z.B. vor körperlichen Mißhandlungen, denen er meist wehrlos ausgeliefert wäre. Weiterhin soll sich aber auch seine geistige und seelische Entwicklung ungestört vollziehen können. Daher versucht der Gesetzgeber, alle Einflüsse, die diese Entwicklung stören könnten, von Kindern und Jugendlichen fernzuhalten. Dies gilt insbesondere für den sexuellen Bereich, dem deshalb auch die meisten Vorschriften gewidmet sind. Hier sollen vor allem sexueller Mißbrauch von Kindern und Jugendlichen verhindert und Abhängigkeitsverhältnisse von sexuellen Handlungen freigehalten werden. Auch das Erziehungsverhältnis steht unter dem Schutz des Strafrechts, d.h. wer das Erziehungsverhältnis unbefugt unterbindet, wird strafrechtlich belangt. Das Erziehungsverhältnis selbst wird vom Strafrecht insoweit geregelt, als eine mißbräuchliche Machtausübung untersagt ist. Ein Mißbrauch liegt z.B. vor, wenn jemand das Fürsorge- und Erziehungsrecht gröblich verletzt. Das Strafrecht ergänzt und unterstützt also den Jugendschutz, der bereits durch andere Gesetze gegeben ist, z.B. durch Bestimmungen des BGB. Strafrechtliche Jugendschutzbestimmungen finden sich aber auch in weiteren Gesetzen, so im »Gesetz zum Schutz der Jugend in der Öffentlichkeit« und im »Gesetz über die Verbreitung jugendgefährdender Schriften«. **Zusammenfassung**

Schutz der Jugendlichen in der Öffentlichkeit und vor jugendgefährdenden Schriften und Videofilmen

Die Vorschriften des Strafgesetzbuches, die sich mit Kindern und Jugendlichen befassen, schützen Rechtsgüter wie ungestörte Entwicklung und Selbstbestimmung vor unzulässigen Eingriffen. Dagegen sind die Gesetze, die wir in diesem Kapitel besprechen wollen, das »Gesetz zum Schutz der Jugend in der Öffentlichkeit« und das »Gesetz über die Verbreitung jugendgefährdender Schriften«, Erziehungsgesetze. Sie richteten sich in erster Linie an Gewerbetreibende und Erziehungsberechtigte im weitesten Sinne und fordern unter Strafandrohung ein bestimmtes Verhalten gegenüber Jugendlichen, wenn diese Leistungen haben wollen, die ihnen nach diesen Gesetzen vorzuenthalten sind.

Indirekt wird durch solche Gesetze das Betätigungsfeld des Jugendlichen eingeschränkt. Diese Einschränkungen dienen aber nach Meinung des Gesetzgebers zum Besten des Jugendlichen; denn sie sollen Entwicklungsschäden vermeiden. Insofern sind sie auch im Hinblick auf das Grundrecht der freien Persönlichkeitsentfaltung gerechtfertigt.

1. Einschränkungen des persönlichen Freiraums

Beim Lesen der einzelnen Vorschriften des Gesetzes zum Schutz der Jugend in der Öffentlichkeit (JSchÖG) und des Gesetzes über die Verbreitung jugendgefährdender Schriften (GjS) fällt auf, daß sie überwiegend aus minuziösen Detailregelungen bestehen. Da darf z. B. nicht einfach eine Schrift Jugendlichen nicht zugänglich gemacht werden, sondern es werden zahlreiche Umstände angeführt.

Zahlreiche Detailregelungen

§ 3 GjS
(1) Eine Schrift, deren Aufnahme in die Liste bekanntgemacht ist, darf nicht
1. einem Kind oder Jugendlichen angeboten, überlassen oder zugänglich gemacht werden,
2. an einem Ort, der Kindern oder Jugendlichen zugänglich ist oder von ihnen eingesehen werden kann, ausgestellt, angeschlagen, vorgeführt oder sonst zugänglich gemacht werden,
3. im Wege gewerblicher Vermietung oder vergleichbarer gewerblicher Gewährung des Gebrauchs, ausgenommen in Ladengeschäften, die Kindern und Jugendlichen nicht zugänglich sind und von ihnen nicht eingesehen werden können, einem anderen angeboten oder überlassen werden.
(2) Abs. 1 Nr. 3 gilt nicht, wenn die Handlung im Geschäftsverkehr mit gewerblichen Entleihern erfolgt.

Der Grund für eine derart detaillierte Beschreibung ist in unserer Verfassung zu suchen. Sie garantiert dem Bürger grundsätzlich einen uneingeschränkten Freiraum, d.h. jeder darf grundsätzlich alles tun und lassen, was nicht ausdrücklich verboten ist (vgl. Kapitel 1). Diese Freiheit wird jedoch durch die Rechte anderer, durch die verfassungsgemäße Ordnung und durch das Sittengesetz eingeschränkt (Art. 2 Abs. 1 GG).

Grundgesetzlich geschützter Freiraum

Um der Verfassung Rechnung zu tragen, muß daher jeder Eingriff in die grundsätzliche Freiheit des Bürgers so exakt definiert und so abgrenzbar wie möglich sein. Der einzelne soll ersehen können, ob und inwieweit er von einem Gesetz betroffen ist. Da aber gleichzeitig durch das Gesetz alle gleichartigen Fälle geregelt werden müssen, ist eine abstrakte Fassung erforderlich, die in präzisen juristischen Begriffen das betreffende Verbot festlegt.

Bestimmtheit des Eingriffes nötig

> **Beispiel 1**
> Bei genauerem Überlegen muß zugegeben werden, daß die Begriffe »anbieten«, »überlassen« und »zugänglich machen« in § 3 GjS jeweils andere Tätigkeitsgebiete umfassen, so daß ein Oberbegriff nicht gefunden werden kann. Um Unklarheiten auszuschließen, ist deshalb eine detaillierte Regelung notwendig.

Zwar macht es die juristische Ausdrucksweise oft erforderlich, einen »rechtskundigen Berater« um Übersetzungshilfe zu bitten, doch ist dieser Nachteil in Kauf zu nehmen, wenn anders so hohen Zielen wie Rechtsstaatlichkeit und Rechtssicherheit nicht genügt werden kann.

2. Der Zweck des JSchÖG

Wir haben in Kapitel 11 gesehen, daß die Normen des Strafrechts Abwehrrechte darstellen. So soll durch § 242 StGB, bzw. durch die Strafandrohung dieses Paragraphen, jeder davon abgehalten werden, das Eigentum eines anderen zu verletzen. Es wird im StGB nur ganz selten verlangt, daß jemand etwas tun soll, meist wird gefordert, daß er ein bestimmtes Tun zu unterlassen hat.

Strafrecht = Abwehrrecht

Das JSchÖG verlangt dagegen von den Betroffenen ein bestimmtes Handeln oder zumindest ein bestimmtes Verhalten gegenüber Jugendlichen.

JSchÖG verlangt aktives Tun

> **Beispiel 2**
> In § 1 JSchÖG heißt es: Wenn nötig, haben sie die Kinder oder Jugendlichen zum Verlassen des Ortes anzuhalten...
> In den §§ 3–10 JSchÖG heißt es: Den Kindern oder Jugendlichen darf nicht gestattet werden...

Das JSchÖG ist ein Erziehungsgesetz

Das gebotene Handeln zielt darauf ab, bestimmte Gefahren von den jungen Menschen fernzuhalten. Der Gesetzgeber geht dabei von der Vorstellung aus, daß gewisse Dinge, wie Alkoholgenuß, Rauchen, Besuch von Nachtbars, gewaltverherrlichende Videofilme usw. für den jungen Menschen Gefahren darstellen. Er verpflichtet daher jeden, in dessen Einflußbereich sich solche Gefahren befinden, zum Einschreiten.

Fernhalten von Gefahren

Die Dinge, um die es dabei geht, können für einen Erwachsenen selbstverständliche Bestandteile des Lebens sein, für den jungen Menschen aber, der noch in der Entwicklung steht, sehr wohl eine Gefahr darstellen.

Beispiel 3

Ein Erwachsener, der einen Sexfilm besucht, wird in der Regel keinen Schaden an seiner Entwicklung erleiden, denn er ist »erwachsen«, d.h. fertig entwickelt. Bei einem 14jährigen hingegen, der in der Pubertät um das Verhältnis zur Sexualität ringt, kann ein Sexfilm tiefgreifende Verwirrung hervorrufen und eine echte Gefahr für seine Entwicklung werden.

Zeitbedingtes Erziehungsmodell

Selbstverständlich geht der Gesetzgeber hierbei von einem bestimmten Erziehungs- oder Entwicklungsmodell aus, das zeitbedingt ist und aufgrund neuerer wissenschaftlicher Erkenntnisse geändert werden kann.

Zu einer solchen Änderung kam es im Jahre 1985. Jugendgefährdende Veranstaltungen, die heute keine große Rolle mehr spielen wie Catch-Veranstaltungen oder Frauenringkämpfe werden nicht mehr aufgeführt. Es ist ausreichend, solche Veranstaltungen nach den allgemeinen und pauschalen Eingriffsmöglichkeiten der §§ 1 und 10 JSchÖG im Einzelfall für Kinder und Jugendliche zu sperren.
Dafür werden neue Gefährdungen erfaßt, die von Videofilmen bestimmten Inhalts (§ 7), sogenannten elektronischen Bildschirm-Unterhaltungsspielgeräten ohne Gewinnmöglichkeit (Videospielgeräten, § 8 Abs. 3), ausgehen können. Andere Gefährdungen, die bislang schon gesetzlich erfaßt waren, sind neu formuliert und schärfer geregelt worden. So dürfen alkoholische Getränke nicht mehr in allgemein zugänglichen Automaten (§ 4 Abs. 3) angeboten werden und nicht mehr an Kinder oder Jugendliche unter 16 Jahren abgegeben werden (§ 4).

Beispiel 4

Im Gegensatz zu früher darf der noch nicht 16jährige für seinen Vater das Bier nicht mehr aus der Wirtschaft holen.

Das JSchÖG wird als Erziehungsgesetz bezeichnet. Es verlangt von den Betroffenen ein Verhalten, das Entwicklungsschäden von den Jugendlichen fernhalten soll. Hinsichtlich der schädlichen Einflüsse unterscheidet das Gesetz zwischen *absoluten* und *relativen* Gefahren.

Definition 1

Absolute Gefahren

● Absolute Gefahren sind Gefahren, die unter allen Umständen eine Gefahr für die Entwicklung darstellen.

Als absolute Gefahren im Sinne dieser Definition gelten z.B. Branntweingenuß, der Aufenthalt in Spielhallen oder Videospielgeräte, mit denen Gewalttätigkeiten dargestellt werden.

Definition 2

Relative Gefahren

● Relative Gefahren sind nur unter bestimmten Voraussetzungen gefährlich; unter anderen Umständen können sie für die Erziehung nützlich sein.

Die wichtigsten Beispiele für eine relative Gefahr sind der Kino- und Videofilm. Durch kaum ein anderes Medium wird der junge Mensch so stark beeinflußt wie durch Spielfilme. Die suggestive Wirkung von Bild und Ton und die Art der Darstellung (Größe der Leinwand, Länge der Vorführung, Geschlossenheit der Handlung, Herausstellen eines »Helden«) fördern seine Identifizierung mit einer Filmpersönlichkeit. Dabei können ebenso negative wie positive Leitbilder übernommen werden.

Positiver und negativer Jugendschutz

Bei den relativen Gefahren zeigt sich die Erziehungsabsicht des JSchÖG beson- ders deutlich. So sind Tanzveranstaltungen oder sonstige Veranstaltungen in Gaststätten, die von einem anerkannten Träger der Jugendhilfe durchgeführt werden oder der Brauchtumspflege oder der künstlerischen Betätigung dienen, auch für Kinder bis 22 Uhr und für Jugendliche unter 16 Jahren bis 24 Uhr zu- gänglich (§ 5 Abs. 2 JSchÖG). Es wird hierbei davon ausgegangen, daß solche Veranstaltungen der Erziehung förderlich sind, dies insbesondere dann, wenn die Kinder und Jugendlichen aktiv mitwirken.

Positiver Jugendschutz

Beispiel 5
Filme, die von Jugendlichen gedreht wurden, Kabaretts oder Theateraufführungen, die von Jugendlichen für Jugendliche aufgeführt werden.

Diese Formen des positiven Jugendschutzes sollen bei Maßnahmen nach dem JSchÖG im Vordergrund stehen und nicht so sehr die repressiven Formen des negativen Jugendschutzes.

Auch beim negativen Jugendschutz, also bei repressiven Maßnahmen, hat das JSchÖG den Charakter eines Erziehungsgesetzes. Es unterscheidet deutlich zwischen Maßnahmen gegen jemanden, der Jugendliche gefährdet, und Maß- nahmen für den gefährdeten Jugendlichen. Wenn z. B. bei einer Polizeikontrolle um 24 Uhr in einem etwas verrufenen Tanzlokal mehrere 14jährige aufgegriffen werden, kann zunächst einmal gegen den Gewerbetreibenden vorgegangen werden. Er ist wegen Verstoßes gegen § 5 JSchÖG mit einem Bußgeld, mit ei- ner Geld- oder Freiheitsstrafe zu belegen (§ 12 JSchÖG). Für Jugendliche sieht das Gesetz keine Strafe, sondern Erziehungsmaßnahmen vor (§ 1). Als solche kommt hier insbesondere die Aussprache mit dem Erziehungsberechtigten in Betracht. In schweren Fällen gibt es nach § 1 JSchÖG i. V. m. § 27 ff. KJHG z. B. Hilfe zur Erziehung. Ist die Gefährdung auf das Verhalten der Eltern zurückzufüh- ren, so kann ihr Erziehungsrecht nach § 1666 BGB beschränkt werden.

Negativer Jugendschutz

Erziehungs- maßnahmen

Der Jugendliche soll durch die Erziehungsmaßnahmen einerseits dazu gebracht werden, daß er künftig von sich aus die Gefahr meidet, andererseits sollen be- reits eingetretene Schädigungen wieder ausgeglichen werden.

Zweck der Maßnahmen

In der Öffentlichkeit dürfte vielfach zuwenig bekannt sein, daß das JSchÖG als Erziehungsgesetz gedacht ist. Das bedeutet auch, dem jungen Menschen sollte ein Verstoß gegen das Gesetz nicht als persönliche Schuld angelastet werden. Schließlich ahmt er ja nur seine Vorbilder, die Erwachsenen, nach, wenn er Schnaps trinkt, Zigaretten raucht oder sich in Spielhöllen herumtreibt. Das An- liegen des JSchÖG ist, den Jugendlichen durch persönliche Hilfestellung in die Lage zu versetzen, den allgemein anerkannten Werten entsprechende Zielvor- stellungen zu finden und so zu einem mündigen Mitglied der Gesellschaft zu werden. Solange jedoch alle Maßnahmen nach dem JSchÖG einen gewissen Strafcharakter haben, werden diese Ziele nur schwer erreichbar sein.

Verstoß bedeutet kein Verschulden des Jugendlichen

Das »Gesetz zum Schutz der Jugendlichen in der Öffentlichkeit« verlangt von den Betroffenen bestimmtes Handeln, um Gefahren von den Ju- gendlichen fernzuhalten wie Alkoholgenuß, Tanzveranstaltungen, Glücksspiele. Seinem Wesen nach ist es ein Erziehungsgesetz. Es unter- scheidet zwischen absoluten und relativen Gefahren. Absolute Gefahren sind unter allen Umständen von den Jugendlichen fernzuhalten, relative

Teilzusammen- fassung

Gefahren können, je nach den Umständen, für die Erziehung schädlich oder nützlich sein. Das wichtigste Beispiel dafür ist der Film. Bei Verstößen bedroht das JSchÖG nur den Verantwortlichen mit Strafe. Für den beteiligten Jugendlichen sieht es Erziehungsmaßnahmen vor.

3. Die gesetzlichen Regelungen des JSchÖG im einzelnen

Die Tabelle auf den Seiten 140/141 soll dem Leser einen Überblick über die Verbote des JSchÖG geben.

Für welche Personen gilt das Gesetz?

Für Kinder und Jugendliche

Aus der Tabelle ist ersichtlich, daß das Gesetz für Kinder (bis zu 14 Jahren) und Jugendliche (von 14 bis 18 Jahren) gilt (§ 2 Abs. 1). Ausgenommen ist eine kleine Gruppe, nämlich die verheirateten Jugendlichen (§ 2 Abs. 5). Aufgrund der Regelung über die Ehemündigkeit (§ 1 EheG) können jedoch nur 16- bis 18jährige Personen von dieser Ausnahmeregelung betroffen sein. Der Sinn dieser Ausnahme liegt darin, daß Minderjährigen, denen die Führung einer Ehe zugetraut wird, auch zugetraut werden muß, daß sie selbstverantwortlich über ihre Vergnügungen entscheiden. Es wäre auch widersinnig, z. B. einer 17jährigen Mutter das Recht zuzubilligen, ihr Kind zu erziehen, sie aber andererseits selbst unter ein Erziehungsgesetz fallen zu lassen.

Keine Geltung für verheiratete Jugendliche

Was ist unter Öffentlichkeit zu verstehen?

Zutritt ohne Auswahl nach persönlichen Merkmalen

Wer die §§ 4 und 8 JSchÖG liest, wird sich fragen, ob z. B. die Faschingsparty, die im Jugendheim gefeiert wird und zu der auch fremde Jungen und Mädchen Zutritt haben, eine verbotene Tanzveranstaltung oder ob in einem Freizeitheim der Raum, in dem ein Kickergerät, ein Lochbillard und zwei Flipper stehen, eine öffentliche Spielhalle ist, weil alle Besucher Zugang haben.

In der Rechtsprechung wird Öffentlichkeit dann angenommen, wenn »unbestimmt viele und unbestimmt welche, nicht durch persönliche Beziehung verbundene« Personen Zutritt oder Zugang haben.

● Es kommt nicht darauf an, wie viele Personen anwesend sind, oder ob der Eintritt frei oder mit Kosten verbunden ist. Entscheidend ist nur, ob persönliche Merkmale den Zutritt ermöglichen oder nicht.

Öffentlich

Museen, Theater, Kino, Badeanstalten, Straßen, Wege, öffentliche Verkehrsmittel, Faschingsbälle, Volksfeste sind daher öffentlich; denn jeder kann dorthin gehen, ohne daß dies von einem persönlichen Merkmal abhängig ist.

Geschlossen

Dagegen sind geschlossene Veranstaltungen, Hochzeitsfeiern, Parties, Betriebsfeiern nicht öffentlich; bei diesen Feiern hängt die Teilnahmeerlaubnis davon ab, daß der Betreffende ein »persönliches Merkmal« hat. Das kann je nach Art der Feier verschieden sein: Bei der Hochzeit ist es z. B. die Verwandtschaft, bei der Party die direkte oder indirekte Freundschaft zum Gastgeber usw.

Party im Jugendheim kann öffentlich sein

Ob eine Party im Jugendheim öffentlich ist oder nicht, wird also davon abhängen, wer eingeladen ist. Sind nur die Mitglieder der Jugendgruppe und deren Freunde eingeladen, so ist sie nicht öffentlich; kann dagegen jeder kommen, der Lust hat, und wird auch die Werbetrommel derart gerührt, daß der Besucherkreis bewußt auf »beliebig viele und beliebig welche« ausgedehnt ist, so ist die Festlichkeit öffentlich.

Die Frage der Öffentlichkeit ist nicht nur bedeutend für Tanzveranstaltungen, sondern auch für Filmvorführungen, für das Glücksspiel und das Rauchen.

Was ist ein Glücksspiel?

§ 8 JSchÖG unterscheidet zwei Tatbestände. Einmal ist der Aufenthalt in einer öffentlichen Spielhalle oder ähnlichen Räumen untersagt, zum anderen die Teilnahme an Spielen mit Gewinnmöglichkeit.

Aufenthalt und Teilnahme untersagt

> **Beispiel 6**
> Es ist also nicht nur das Kickern in einem Spielsalon verboten, sondern bereits der Aufenthalt darin.
> Verboten ist es, bei einem – erlaubten – Besuch in einer Gaststätte »17 und 4« mit Geldeinsatz zu spielen, nicht verboten ist es jedoch, in einer Gaststätte an einem Tischfußballgerät seine Geschicklichkeit zu erproben.

Ist nun ein Skat um einen zehntel Pfennig oder ein »Fünferl-Schafkopf« ein Glücksspiel? Die Rechtsprechung versteht unter Glücksspiel eine Spielart, »bei der die Entscheidung über Gewinn oder Verlust nicht wesentlich von den Fähigkeiten und Kenntnissen und dem Grad der Aufmerksamkeit der Spieler bestimmt wird, sondern allein oder hauptsächlich vom Zufall, d.h. vom Wirken unberechenbarer, dem Einfluß der Beteiligten entzogener Ursachen«.

Der Zufall ist gewinnentscheidend

- Glücksspiele in diesem Sinne sind: Pokern, 17 und 4, Black Jack, Würfeln, Roulett, Baccara, Spielautomaten, sogenannte einarmige Banditen usw.

Bei Skat, Schafkopf oder Schach hängt dagegen die Gewinnaussicht in erster Linie vom Geschick des Spielers ab, auch wenn er mal »gar kein Glück« beim Verteilen der Karten hatte oder ein Match mit Schwarz beginnen muß.

Aber nicht nur die Spielart ist entscheidend, sondern auch die Höhe des Einsatzes im Verhältnis zum Einkommen der Spieler. Ist der Einsatz relativ gering, so wird das Glücksspiel zum bloßen Unterhaltungsspiel.

Relative Höhe des Einsatzes

> **Beispiel 7**
> 17 und 4 um Pfennige mit Höchsteinsatz von fünf Pfennig ist bei 17jährigen Auszubildenden mit DM 800,– Einkommen wohl kein Glücksspiel.

Doch sind hier die Grenzen fließend und die Beurteilung unterschiedlich, da auch ein Steigerungseffekt nicht außer acht gelassen werden darf.

Fließende Grenzen

Es ist aber nicht nur das Spielen selbst untersagt, sondern bereits der bloße Aufenthalt in einer öffentlichen Spielhalle. Nach der Definition des Gesetzes ist eine Spielhalle ein Raum, in dem mit mechanischen oder elektronischen Vorrichtungen ausgestattete Spielgeräte aufgestellt sind oder Glücksspiele veranstaltet werden.

Aufenthalt in Spielhalle

> **Beispiel 8**
> Spielkasinos, in denen Roulett, Baccara, Black Jack u.ä. Glücksspiele ausgetragen werden, sind Spielhallen i.S. des § 8 JSchÖG. Aber auch all die kleinen Räume, in denen Flipper, Kicker, Lochbillard, Geschicklichkeitsspiele u.ä. Geräte stehen, bei denen höchstens ein Freispiel zu gewinnen ist, sind Spielhallen.
> Der Kellerraum im Jugendheim, in dem ein paar mechanische Spielgeräte stehen, ist jedoch keine Spielhalle, da das Merkmal der Öffentlichkeit fehlt.

139

Das Gesetz zum Schutz der Jugendlichen in der Öffentlichkeit (JSchÖG)

Bestimmungen	Kinder unter 6 Jahren	Kinder 6–12 Jahre	Kinder 12–14 Jahre	Jugendliche 14–16 Jahre	Jugendliche 16–18 Jahre	Bemerkungen
Besuch von Gaststätten	verboten	verboten	verboten	verboten	frei bis 24 Uhr	verboten für Kinder und Jugendliche in Gaststätten, die als Nachtbar oder Nachtclub geführt werden, oder in vergleichbaren Vergnügungsbetrieben
	außer in Begleitung eines Erziehungsberechtigten, auf Reisen, lediglich zum Essen und Trinken, zum Besuch einer Veranstaltung eines anerkannten Trägers der Jugendhilfe					
Branntwein Verkauf und Genuß § 4 Abs. 1 Nr. 1	verboten	verboten	verboten	verboten	verboten	verboten auch das öffentliche Anbieten von alkoholischen Getränken in Automaten
öffentliche Tanzveranstaltung § 5	verboten	verboten	verboten	verboten	frei bis 24 Uhr, später nur in Begleitung eines Erziehungsberechtigten	Ausnahme durch Jugendamt möglich
	außer in Begleitung eines Erziehungsberechtigten					
	frei, wenn Veranstaltung von einem anerkannten Träger der Jugendhilfe durchgeführt wird oder künstlerischer Betätigung oder Brauchtumspflege dient					
	bis 22 Uhr	bis 22 Uhr	bis 22 Uhr	bis 24 Uhr		
Glücksspiele § 8 Abs. 2	verboten	verboten	verboten	verboten	verboten	
	außer bei Volksfesten und ähnlichen Veranstaltungen, wenn nur geringer Gewinn in Waren möglich					
Spielhallen § 8 Abs. 1	verboten	verboten	verboten	verboten	verboten	
elektronische Bildschirm-Unterhaltungsspiel-Geräte (Videospielgeräte) § 8 Abs. 4	verboten	verboten	verboten	verboten	frei	auch an Geräten ohne Gewinnmöglichkeit
	wenn öffentlich zur entgeltlichen Benutzung aufgestellt, außer in Begleitung eines Erziehungsberechtigten					

Bestimmungen	Kinder unter 6 Jahren	Kinder 6–12 Jahre	Kinder 12–14 Jahre	Jugendliche 14–16 Jahre	Jugendliche 16–18 Jahre	Bemerkungen
Rauchen in der Öffentlichkeit § 9	verboten	verboten	verboten	verboten	frei	
Film § 6	frei wenn freigegeben ohne Altersbeschränkung und in Begleitung eines Erziehungsberechtigten	frei wenn freigegeben ab 6 Jahren bis 20 Uhr	frei wenn freigegeben ab 12 Jahren bis 20 Uhr	frei wenn freigegeben ab 14 Jahren und für Vorführungen bis 22 Uhr	frei wenn freigegeben unter 18 Jahren und für Vorführungen bis 24 Uhr	gilt für alle öffentlichen Filmvorführungen, auch für Werbevorspanne und Beiprogramme, nicht aber für nicht für gewerbliche Zwecke hergestellte Filme, solange sie nicht gewerblich genutzt werden
			außer in Begleitung eines Erziehungsberechtigten			
Aufenthalt an Orten mit unmittelbarer Gefahr für das körperliche und seelische Wohl § 1	verboten	verboten	verboten	verboten	verboten	verboten
	wenn die zuständige Behörde zum Verlassen aufgefordert hat					
Videofilme – Anbieten, Überlassen oder sonst Zugänglichmachen § 7 Abs. 3	verboten	verboten	verboten	verboten	verboten	Diese Videofilme dürfen nicht im Einzelhandel außerhalb von Geschäftsräumen, in Kiosken und anderen Verkaufsstellen, die der Kunde nicht zu betreten pflegt, oder im Versandhandel angeboten oder überlassen werden. Kein bespielter Bildträger darf in Automaten angeboten werden.
	wenn sie von der obersten Landesbehörde nicht oder nicht unter 18 Jahren freigegeben sind					

Zugang für jeden

Entscheidend ist, ob die Räume jedermann zugänglich sind. Unerheblich ist die Bezeichnung; auch eine »Sporthalle« oder ein »Sportpalast« ist eine Spielhalle, wenn die Merkmale des § 8 JSchÖG zutreffen.

Gefährdung durch
Nichtstun und
Milieu

Der Aufenthalt darin und das Spielen sind dem Jugendlichen untersagt, weil er nach Ansicht des Gesetzgebers zum Nichtstun und zum leichten Gelderwerb verführt wird und weil das dort anwesende Publikum einen gefährlichen Einfluß haben kann.

Was wird unter Branntwein verstanden?

Erhöhter Alkohol-
gehalt durch
Verdampfen

Die Bezeichnung »Branntwein« rührt vom Herstellungsprozeß her. Ein Schnaps wird »gebrannt«, d.h. aus der natürlichen Grundsubstanz (Wein, Most o.ä.) wird durch Erhitzen Wasser entzogen, so daß sich der Alkoholgehalt erhöht. Alle Getränke, deren Alkoholgehalt auf diese Weise erhöht wurde, sind Branntweine im Sinne des Gesetzes, auch wenn die Ausgangssubstanz kein Obstwein ist, z.B. Whisky, Kartoffelschnäpse, Liköre, Wermut u.ä. Getränke.

● Der Genuß von Branntwein darf auch in Form von Mixgetränken nicht gestattet werden, wenn der Branntwein überwiegt.

Sogenannte Longdrinks wie Gin-Tonic können daher ausgenommen sein, wenn das Mischverhältnis entsprechend ist.

Natürlicher Gehalt
an Alkohol

Alle anderen Getränke, die einen natürlichen Gehalt an Alkohol haben, sind »andere alkoholische Getränke« i.S. des § 4 Abs. 1 Nr. 2 JSchÖG, z.B. Bier, Wein, Sekt, Most, Beerenweine und Longdrinks, wenn nur geringe Mengen Branntwein enthalten sind.
Hier wird keine Ausnahme gemacht für Mischgetränke wie Radlermaß oder Weinschorle. Auch diese Getränke sind alkoholische Getränke im Sinne des Gesetzes.

4. Durchführung des Gesetzes

Eingriffsgesetz

Das JSchÖG ist ein Eingriffsgesetz des öffentlichen Rechts, d.h. es werden durch einseitige Anordnung des Staates bestimmte Rechtspositionen eingeschränkt. Wenn derartige Einschränkungen finanzielle Einbußen mit sich bringen, werden sie in aller Regel nicht freiwillig eingehalten. Welcher Spielhallenbesitzer würde wohl einem 17jährigen die Türe weisen, wenn das Gesetz ihn nicht dazu zwänge?

Strafdrohungen

Dies geschieht insbesondere durch das Androhen von Bußgeld, Geld- und Freiheitsstrafen, aber auch gewerberechtlicher Sanktionen, wie der Entziehung von Konzessionen.

Veranstalter und Gewerbetreibender

Verpflichtung,
Jugendliche
auszuschließen

Das Gesetz spricht in erster Linie Veranstalter und Gewerbetreibende an, also Besitzer von Gaststätten, Kinos, Läden, in denen Alkohol verkauft wird, Spielhallenbesitzer und Veranstalter von Tanzvergnügungen. Sie werden durch das Gesetz verpflichtet, Jugendliche, die nicht alt genug sind, auszuschließen. Sie

Aushang der
Bestimmungen

müssen die einschlägigen Bestimmungen des Gesetzes deutlich sichtbar und gut lesbar aushängen (§ 11 JSchÖG) und in Zweifelsfällen das Alter der Besucher überprüfen (§ 2 Abs. 4 S. 2 JSchÖG).

Gewerbetreibender,
zwischen Geschäftsinteressen und der
Anwendung von § 4 Abs. 1 JSchÖG
schwankend.

Darin liegt oft ein Problem; insbesondere das Alter von Mädchen kann in vielen Fällen nur schlecht geschätzt werden. 14jährige sehen oft wie 16- oder 18jährige aus, und 17jährige erscheinen häufig als erwachsen, so daß beim Verantwortlichen nicht einmal Zweifel hinsichtlich des Alters auftauchen. Andererseits ist die Überprüfung des Alters meist auch gar nicht möglich. Zwar besteht in der Bundesrepublik Deutschland eine Ausweispflicht, d.h. jeder über 16 Jahre alte Bürger muß einen Personalausweis besitzen, doch muß er ihn nicht bei sich tragen. Deshalb sieht § 4 JSchÖG vor, daß Kinder und Jugendliche auf Verlangen ihr Alter auf geeignete Weise nachweisen müssen (§ 2 Abs. 4 S. 1). Ebenso haben Erziehungsberechtigte ihre Berechtigung auf Verlangen darzulegen (§ 2 Abs. 3). Bleiben Zweifel, ist der Verantwortliche gehalten einzugreifen, d.h. zum Beispiel keinen Whisky zu verkaufen, den Filmbesuch nicht zu gestatten usw. Handeln Veranstalter oder Gewerbetreibende ihren Verpflichtungen zuwider, so können sie je nach Schwere ihrer Verfehlungen mit Bußgeld bis zu 30000 DM, Geld- oder Freiheitsstrafe belegt werden (§ 12 JSchÖG).

Überprüfung des Alters schwierig

Bußgeld, Geld- oder Freiheits-strafe

Neben diesen Strafen können auch Maßnahmen nach der Gewerbeordnung eingeleitet werden: so das Verbot, alkoholische Getränke zu verkaufen, oder bestimmte Auflagen bei der Konzessionsverlängerung oder auch Einziehung der Konzession (§ 35 Gewerbeordnung).

Maßnahmen nach der Gewerbe-ordnung

Jeder einzelne

Nicht nur die Veranstalter oder Gewerbetreibenden sind verpflichtet, die Einhaltung des JSchÖG zu gewährleisten, sondern jeder einzelne. Dabei sind die Verpflichtungen der anderen nicht so weitgehend wie die des Gewerbetreibenden oder Veranstalters (§ 12 Abs. 2 JSchÖG).

Damit ist ein Erwachsener zwar nicht verpflichtet, einen Jugendlichen daran zu hindern, etwas durch das Gesetz Verbotenes zu tun, er darf solches Verhalten aber auch nicht herbeiführen oder fördern.

Nicht herbeiführen oder fördern

Beispiel 9
Der Lehrer, der in einer Ausflugsgaststätte für seine durstigen 13jährigen Buben eine Radlermaß bestellt; der erwachsene Freund, der mit seiner 17jährigen Freundin ein öffentliches

Faschingsfest besucht und erst um drei Uhr früh den Saal verläßt; der erwachsene Freund, der seinen 17jährigen Kumpan zwecks Aufklärung bei Nacht auf einen Reeperbahnbummel mitnimmt – sie alle handeln ordnungswidrig im Sinne von § 12 JSchÖG.

Rauchen in der Öffentlichkeit

Ungeklärt ist bisher noch, wer verhindern soll, daß Jugendliche in der Öffentlichkeit rauchen. Einen Veranstalter oder Gewerbetreibenden gibt es nicht, der einzelne Passant wäre nur dann haftbar, wenn er selbst zum Rauchen aufgefordert hätte. Durch das Gesetz sind somit lediglich der Erziehungsberechtigte, der Lehrer, der Gruppenleiter oder ein sonstiger Erzieher angesprochen, ihren Einfluß geltend zu machen, daß die Jugendlichen auf der Straße nicht rauchen. Im übrigen ist der § 9 JSchÖG eine Art Rückendeckung für jeden, der Jugendlichen das Rauchen in der Öffentlichkeit verbieten will.

Der Erziehungsberechtigte

Jeder, der Obhut hat

Erziehungsberechtigter im Sinn des JSchÖG ist nicht nur der Personensorgeberechtigte, sondern jede Person über 18 Jahren, soweit sie auf Grund einer Vereinbarung mit dem Personensorgeberechtigten Aufgaben der Personensorge wahrnimmt oder soweit sie das Kind oder den Jugendlichen im Rahmen der Ausbildung oder mit Zustimmung des Personensorgeberechtigten im Rahmen der Jugendhilfe betreut.

> Beispiel 10
> Der erwachsene Freund, der mit Wissen der Eltern seine 17jährige Freundin auf eine Tanzveranstaltung mitgenommen hat, ist deswegen noch kein Erziehungsberechtigter; d. h. das Mädchen muß um 24 Uhr die Disco verlassen.

In der Erziehungsfreiheit gebunden

Eine Einflußnahme des Erziehungsberechtigten auf den Jugendlichen ist vom Gesetz nicht vorgeschrieben. Er kann sich jedoch wie jeder Beliebige strafbar machen, wenn er ein Verhalten des Jugendlichen fördert, das den Bestimmungen des JSchÖG zuwiderläuft. Insoweit ist der Erziehungsberechtigte in seiner Erziehungsfreiheit gebunden.

Beachtung im privaten Bereich

Er sollte jedoch nicht vergessen, daß das Verhalten eines jungen Menschen homogen ist; ein Jugendlicher, der zu Hause rauchen und trinken darf, wird dies auch in der Öffentlichkeit tun wollen. Der Erziehungsberechtigte soll daher im Interesse des Jugendlichen die Verbote des Gesetzes auch für den privaten Bereich beachten, um dem jungen Menschen eine Konfliktsituation zu ersparen, die eventuell zu Maßnahmen des Jugendamtes führen könnte.

5. Sanktionen überflüssig machen

Es müßte das Ziel aller Verantwortlichen sein, also der Eltern, der Erzieher, aber auch der öffentlichen Stellen, durch Maßnahmen des positiven Jugendschutzes die Sanktionen des JSchÖG überflüssig zu machen. Die einzelnen Bestimmungen sollen dabei als Richtlinien dienen.

Zielvorstellung der Präambel

Dies ist auch die Vorstellung des Gesetzgebers. Die Neufassung des Gesetzes im Jahre 1957 – sie löste eine Polizeiverordnung ab, die noch den Jugendlichen selbst bestrafte – und auch die von 1985 wurden bewußt als Erziehungsgesetz ausgelegt. Es heißt daher in der Präambel des damaligen JSchÖG:

> »Nach Art. 6 Abs. 1 des Grundgesetzes stehen Ehe und Familie unter dem besonderen Schutz der staatlichen Ordnung. Das wertvollste Gut der Familie und des Volkes ist die

heranwachsende Jugend. Daher legt der Bundestag Wert darauf, der Jugend durch vorbeugende Maßnahmen Schutz und Hilfe zu gewähren. Aus diesem Grund verpflichtet dieses Gesetz Eltern, Erzieher, Gewerbetreibende und Veranstalter sowie die zuständigen Behörden, die Jugend vor Gefährdungen in der Öffentlichkeit zu schützen.«

Das JSchÖG enthält öffentlich-rechtliches Eingriffsrecht, das Veranstaltern und Gewerbetreibenden die Pflicht auferlegt, Jugendlichen bestimmten Alters bestimmte Dinge nicht zu gestatten: den Aufenthalt in Gaststätten, den Genuß von Alkohol, den Besuch von öffentlichen Tanzveranstaltungen, nicht freigegebenen Filmveranstaltungen, den Erwerb nicht freigegebener Videokassetten, die Teilnahme an Glücksspielen und den Aufenthalt in Spielhallen. Da in den §§ 3 bis 9 nicht alle Gefährdungen erfaßt werden können, gestattet § 10 JSchÖG den zuständigen Behörden im Einzelfall anzuordnen, daß Gewerbetreibende die Anwesenheit von Kindern und Jugendlichen nicht gestatten dürfen, wenn von einer öffentlichen Veranstaltung oder einem Gewerbebetrieb Gefahren ausgehen, vor denen das Gesetz Kinder und Jugendliche schützen will. Auf diesem Weg soll Gefahren, die von Drogen, Alkoholkonsum, Jugendprostitution und Zuhälterei drohen, begegnet werden.
Das Gesetz verbietet auch das Rauchen in der Öffentlichkeit und den Aufenthalt an jugendgefährdenden Orten. Hier ist insbesondere der Erziehungsberechtigte aufgefordert, den Jugendlichen von solchen Gefahren fernzuhalten.
Da das Gesetz als Erziehungsgesetz angelegt ist, droht es Strafen nur den Verantwortlichen an, für den Jugendlichen sind Erziehungsmaßnahmen vorgesehen.

Teilzusammenfassung

6. Der Zweck des GjS

Ebenso wie das JSchÖG ist das Gesetz über die Verbreitung jugendgefährdender Schriften (GjS) ein öffentlich-rechtliches Eingriffsgesetz. Der Freiraum, der durch das GjS eingeschränkt wird, ist das im Grundgesetz eingeräumte Recht der freien Meinungsäußerung.

Einschränkungen der freien Meinungsäußerung

> Art. 5 Abs. 1 und 2 GG:
> (1) Jeder hat das Recht, seine Meinung in Wort, Schrift und Bild frei zu äußern und zu verbreiten und sich aus allgemein zugänglichen Quellen ungehindert zu unterrichten...
> (2) Diese Rechte finden ihre Schranken in den Vorschriften der allgemeinen Gesetze, den gesetzlichen Bestimmungen zum Schutz der Jugend und in dem Recht der persönlichen Ehre.

In Absatz 2 wird also dem Gesetzgeber erlaubt, dieses Grundrecht zum Schutze der Jugend einzuschränken. Filme können für Jugendliche nach § 6 JSchÖG verboten werden. Das GjS erfaßt die übrigen Massenmedien mit Ausnahme des Fernsehens. Unter Massenmedien sind hierbei alle Schriften, Ton- und Bildträger, Abbildungen und andere Darstellungen zu verstehen (§ 1 Abs. 3 GjS).
Eine Differenzierung zwischen Film und Schriften ist notwendig, da die Art der Verbote unterschiedlich sein muß.
Der Inhalt eines Films ist nur dann erfaßbar, wenn der Film vorgeführt wird. Das erfordert einen technischen Aufwand, der in der Regel nur in eigens dafür eingerichteten Vorführräumen gegeben ist. Deshalb genügt es, den Vorführraum für

Massenmedien außer Film und Fernsehen

Film

Jugendliche zu sperren. Dies ist dadurch zu erreichen, daß an die Betreffenden keine Karten verkauft werden dürfen. Weitere Verbote oder Auflagen sind hier nicht notwendig.

Übrige Massen-
medien

Ein Bild, eine Druckschrift oder eine plastische Darstellung sind ohne Hilfen jederzeit sichtbar. Schallaufnahmen wie Schallplatten oder Tonbänder sind ohne großen technischen Aufwand hörbar zu machen. Die Geräte dazu sind z. T. auch für Jugendliche erschwinglich. Solchen Medien gegenüber müssen die Verbote daher umfangreicher sein, damit der geschützte Personenkreis keine Möglichkeit bekommt, verbotene Schriften, Abbildungen oder Schallaufnahmen wahrzunehmen.

Mit der Neufassung des JSchÖG ist auch das GjS den veränderten Bedingungen in der Medienlandschaft angepaßt worden. Der Videofilm wird der »Schrift« gleichgestellt, da er ähnlich einfach betrachtet werden kann, so daß die Verbote des GjS in gleicher Weise auch für den Videofilm gelten.

7. Wie wird der Zweck erreicht?

Indizierungs-
verfahren

Das GjS enthält zunächst Vorschriften über das sogenannte »Indizierungsverfahren«, in welchem Produkte der Massenmedien überprüft werden und über ihre Jugendgefährdung befunden wird. Sodann enthält es Vorschriften darüber, was Jugendgefährdung im Sinne des Gesetzes ist und schließlich Verbote, mit denen erreicht werden soll, daß Jugendliche die indizierten Produkte von Massenmedien nicht wahrnehmen können.

Verbote

Die §§ 3, 4 und 5 GjS enthalten eine Reihe von Verboten, die das Zugänglichmachen für Kinder und Jugendliche (§ 3), den Vertrieb (§ 4) und die Werbung (§ 5) betreffen.

> § 3 GjS
> Verboten ist das Anbieten, Überlassen und Zugänglichmachen.
>
> § 4 GjS
> Verboten ist der Verkauf an Kiosken, im Versandhandel oder das Aufstellen in Leihbüchereien.
>
> § 5 GjS
> Verboten ist das Werben mit dem Hinweis auf die Indizierung oder durch Verbreiten von Werbeschriften.

Strafandrohungen

Pädagogische
Ziele

Erziehungsgesetz

Erzieherprivileg

Da das GjS ein Eingriffsgesetz ist, sind Strafvorschriften vorhanden, die gewährleisten sollen, daß seine Bestimmungen eingehalten werden (§ 21 GjS). Das Gesetz unterstützt die Ziele der Pädagogik. Es soll gewährleisten, daß sich die Entwicklung der Jugendlichen ungestört durch schädliche Einflüsse vollzieht, die sich aus den Massenmedien ergeben können. Da das GjS im weiteren Sinne auch ein Erziehungsgesetz ist, richten sich, ebenso wie im JSchÖG, die Verbote und Strafandrohungen nur gegen Erwachsene und insbesondere gegen die Händler. Für Jugendliche sind Erziehungsmaßnahmen vorgesehen. In diesem Zusammenhang ist bemerkenswert, daß der Personensorgeberechtigte keine strafbare Handlung begeht, wenn er dem Jugendlichen eine indizierte Schrift, Abbildung oder ähnliches zugänglich macht. Er soll also die Möglichkeit haben, die Erziehung des Jugendlichen so zu gestalten, wie er dies für richtig hält, ohne vom Gesetzgeber durch bestimmte Verbote daran gehindert zu werden. Er kann diese Befugnis auch nicht auf einen anderen übertragen.

8. Durchführung des Gesetzes

Es gibt drei Arten, eine Jugendgefährdung festzustellen. Dies ist im folgenden Schema dargestellt.

Verfahrensarten und Wirkung einer Indizierung nach dem GjS

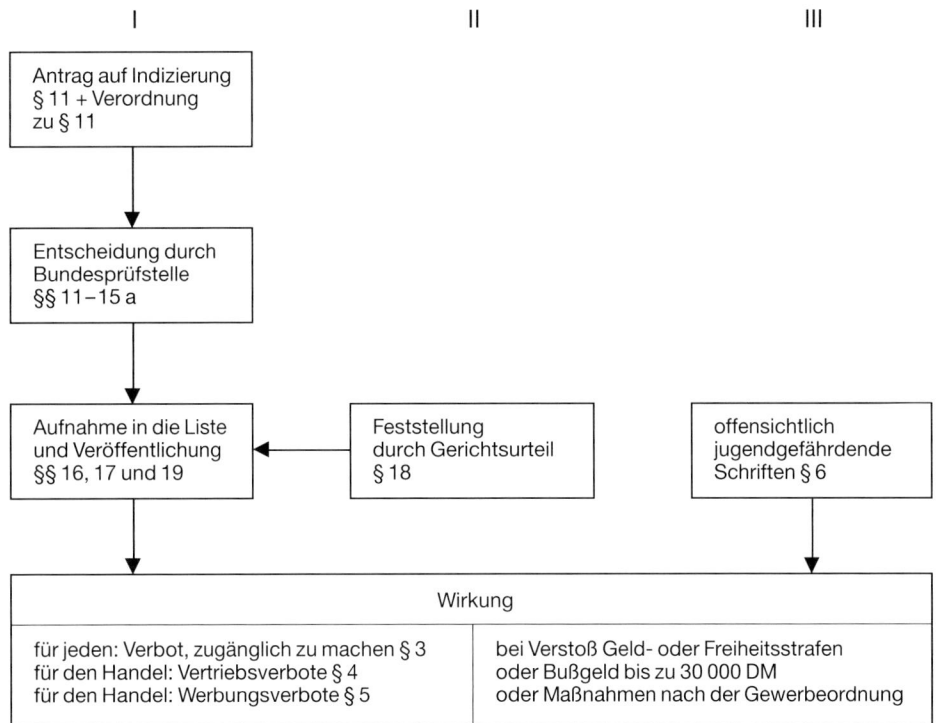

Aus dem Schema ergibt sich: Verfahrensarten, Jugendgefährdung festzustellen, sind

● Eintragung der Schrift in die Liste der jugendgefährdenden Schriften – auf Antrag oder durch Gerichtsurteil;

● Indizierung ohne Eintragung in die Liste, wenn das Werk offensichtlich jugendgefährdend ist.

Antrag auf Aufnahme in die Liste

Antragsberechtigt sind die obersten Jugendbehörden der Länder, die Landesjugendämter, Jugendämter und der Bundesminister für Jugend, Familie und Gesundheit.

Antragsberechtigte

Der Erzieher, dem bei seiner Arbeit Schriften bekannt werden, die besser indiziert, d.h. in diese Liste aufgenommen werden sollten, hat nur die Möglichkeit, einen entsprechenden Antrag bei einem Antragsberechtigten anzuregen. Das ist sicher ein Weg, vor dem viele zurückschrecken.

Bericht an Antragsberechtigten

Indizierung ohne Eintragung in die Liste

Was ist offen-sichtlich jugend-gefährdend?

Schwieriger ist die Indizierung ohne Eintrag in die Liste, wenn das Werk offen-sichtlich jugendgefährdend ist.

Nach § 6 GjS sind das
1. Schriften, die zum Rassenhaß aufstacheln oder die grausame oder sonst unmenschli-che Gewalttätigkeiten gegen Menschen in einer Art schildern, die eine Verherrlichung oder Verharmlosung solcher Gewalttätigkeiten ausdrückt oder die das Grausame oder Unmenschliche des Vorganges in einer die Menschenwürde verletzenden Weise dar-stellt (§ 131 des Strafgesetzbuches),
2. pornographische Schriften (§ 184 des Strafgesetzbuches),
3. sonstige Schriften, die offensichtlich geeignet sind, Kinder oder Jugendliche sittlich schwer zu gefährden.

Prüfungspflicht des Handels

Das GjS verpflichtet den einschlägigen Handel, ferner auch jede erwachsene Person, den Inhalt eines Buches, einer Zeitschrift oder anderer Publikationen daraufhin zu überprüfen, ob er nicht offensichtlich jugendgefährdend ist. Der BGH sagt dazu in einem Urteil:

»Angesichts der großen Bedeutung, die dem Schutz der Jugend vor verderblichem Schrift-tum zukommt, muß von einem verantwortungsbewußten Zeitschriftenhändler verlangt werden, daß er Schriften, deren einwandfreien Inhalt er nicht wegen des anerkannten Rufs des Verlages oder aufgrund sonstiger, ihm bekannter Umstände ohne weiteres vorausset-zen kann, nicht nur oberflächlich durchblättert, sondern mit der dem Anliegen des Jugend-schutzes gebührenden Sorgfalt durchsieht.«

Kenntnis der Indizierungen

Den Händler trifft aber nicht nur die Prüfungspflicht, er muß auch die Indizierun-gen kennen. Diese werden unter anderem im Bundesanzeiger, im Börsenblatt des Deutschen Buchhandels und in der Zeitschrift »Jugendschutz« veröffent-licht.

Möglichkeiten des Erziehers

Welche Möglichkeiten hat der Erzieher, z.B. ein Heimleiter, wenn er am näch-sten Kiosk Comics entdeckt, die ihm jugendgefährdend erscheinen?

Erzieher kann Ministerium benachrichtigen oder Anzeige erstatten

Falls die Gefährlichkeit nicht offensichtlich ist, d.h. die Publikation für jeden verantwortungsbewußten Betrachter gefährlich erscheint, kann er nur das zu-ständige Ministerium benachrichtigen. Bei Offensichtlichkeit darf er vom Händ-ler verlangen, das Heft nicht mehr offen auszustellen. Kommt der Händler der Aufforderung nicht nach, so kann der Erzieher entweder einen Polizeibeamten zu Hilfe holen oder eine Anzeige erstatten.
Diese Möglichkeit hat er auch, wenn er in der Auslage eine bereits indizierte Schrift entdeckt.

9. Kriterien der Jugendgefährdung

Aus diesen Gründen ist es auch für den Erzieher wichtig zu wissen, wann eine Schrift, ein Ton- oder Bildträger, Abbildungen und andere Darstellungen jugend-gefährdend sind.

Gesetzliche Maßstäbe

Das persönliche Gefühl wäre wegen der Subjektivität ein schlechter Ratgeber. Es bedarf daher gesetzlich festgelegter Merkmale, auf die sich eine Beurteilung gründen muß.

§ 1 Abs. 1 S. 2 GjS
Dazu zählen vor allem unsittliche, verrohend wirkende, zu Gewalttätigkeiten, Verbrechen oder Rassenhaß anreizende sowie den Krieg verherrlichende Schriften.

Der Gesetzgeber geht davon aus, daß unsere Gesellschaftsordnung auf einer sittlichen Ordnung und auf sittlichen Wertvorstellungen beruht, wie sie auch im Grundgesetz ihren Niederschlag gefunden haben. Die Jugend soll in diese Ordnung und in diese Wertvorstellungen hineinwachsen. Einflüsse, die eine Übernahme der sozialethischen Normen beeinträchtigen können, stellen eine sittliche Gefährdung dar.

Sozialethische Normen

Beispiel 11
Die Herabwürdigung des Menschen zum Objekt, zum bloßen Mittel. Dies ist häufig auf dem Gebiet der Sexualität zu beobachten.
Die Darstellung der Gewalt als Mittel der Konfliktregelung.
Darstellungen, die in sittlicher oder religiöser Hinsicht Ärgernis erregen, d. h. mit der herrschenden Auffassung in krassem Widerspruch stehen.
Pornographie, d. h. Darstellungen, die überwiegend auf das Erregen eines sexuellen Reizes beim Betrachter abzielen und dabei die Grenzen des sexuellen Anstandes eindeutig überschreiten.

Die Verbote des GjS werden durch zwei Vorschriften des StGB ergänzt. § 131 StGB verbietet die Herstellung und Verbreitung von Massenmedien, die Gewalttaten gegen Menschen in grausamer oder sonst unmenschlicher Weise schildern und dadurch eine Verherrlichung oder Verharmlosung solcher Gewalttaten ausdrücken. § 184 StGB untersagt die Verbreitung pornographischer Schriften. In diesen beiden Fällen ist die Strafandrohung des StGB gegen den Verantwortlichen höher als die des GjS.

Ergänzung durch Strafrechtsbestimmungen

Ziel sowohl des JSchÖG als auch des GjS ist es, den jungen Menschen frei von Störungen heranwachsen zu lassen, die ihn bei der sozialethischen Normenbildung mehr oder weniger behindern würden. Beide sind Erziehungsgesetze und schränken den im Grundgesetz garantierten Freiraum der Bürger im Interesse der Jugendlichen ein. Das JSchÖG verpflichtet Veranstalter und Gewerbetreibende, Jugendlichen bestimmten Alters den Aufenthalt in Gaststätten, den Genuß von Alkohol, den Besuch von Tanz-, Film- und ähnlichen Veranstaltungen, die Teilnahme an Glücksspielen und den Aufenthalt in Spielhallen zu verwehren. Das GjS verbietet, daß Schriften oder diesen gleichgestellte Werke, die jugendgefährdend sind, Jugendlichen zugänglich gemacht werden. Die Beurteilung der Jugendgefährdung bemißt sich nach den im Grundgesetz verankerten Wertvorstellungen, die unserer Gesellschaftsordnung zugrunde liegen. Die Jugendgefährdung kann offensichtlich sein, d. h. für jeden vernünftigen Menschen erkennbar; in diesem Fall ist es grundsätzlich verboten, Jugendlichen solche Publikationen zugänglich zu machen oder für sie zu werben. Oder die Jugendgefährdung wird auf Antrag von der Bundesprüfstelle festgestellt, die das betreffende Werk indiziert. JSchÖG und GjS bedrohen nur den für eine Jugendgefährdung verantwortlichen Erwachsenen mit Strafe; für den Jugendlichen sehen sie Erziehungsmaßnahmen vor.

Zusammenfassung

Kapitel 13

Der Schutz der Jugendlichen bei der Arbeit

Kinderarbeit
Das Jugendarbeitsschutzgesetz (abgekürzt: JArbSchG) ist als das klassische Jugendschutzgesetz anzusehen. Es regelt die Arbeitsbedingungen eines Jugendlichen, gleichgültig, ob er Auszubildender, Hilfsarbeiter oder angelernte Kraft ist, ob er voll- oder teilzeitbeschäftigt ist oder ob er in einer Fabrik oder einem kleinen Handwerksbetrieb arbeitet.

Jugend- und Kinderarbeit sind wohl das traurigste Kapitel der Industrialisierung. Besonders schreckliche Ausmaße hatten sie in der Zeit des Überganges vom Agrarstaat zum Industriestaat. Zu Beginn des 19. Jahrhunderts mußten Kinder oft täglich zehn Stunden und mehr schwere körperliche Arbeit verrichten. Die Körpergröße von fünf- bis achtjährigen Buben bot sich gerade dazu an, diese Kinder in Bergwerksstollen, deren Höhe dann besonders niedrig gehalten werden konnte, die gehauene Kohle abtransportieren zu lassen. Erst als deutlich wurde, daß Knaben, die von früher Schwerstarbeit gezeichnet waren, später keine tauglichen Soldaten mehr abgaben, hatte das Bemühen um einen Jugendarbeitsschutz Erfolg.

Kampf um Arbeitsschutz
Der Kampf um einen guten und ausreichenden Arbeitsschutz für Jugendliche richtete sich aber nicht nur gegen »ausbeuterische« Arbeitgeber, sondern auch gegen die Eltern und teilweise auch gegen die Erzieher, die in der frühen Arbeit der Kinder eine wertvolle Hinführung zu bürgerlichen Tugenden wie Fleiß und Arbeitsamkeit sahen. Die Eltern waren auch dafür dankbar, daß die Kinder in der Fabrik »beaufsichtigt« und mit einer sinnvollen Tätigkeit beschäftigt wurden, statt auf der Straße herumzulungern.

Bemerkenswert ist in diesem Zusammenhang: Um die Mitte des 19. Jahrhunderts wurde ein Jugendarbeits- und Erziehungsmodell eines Fabrikanten öffentlich belobigt und oft kopiert, das vorsah, die Kinder und Jugendlichen nach zehnstündiger Arbeit am Webstuhl noch zwei Stunden im Schreiben, Lesen und Rechnen zu unterrichten. Um unnötige Fahrzeiten zu vermeiden, brachte der Arbeitgeber die Kinder auch noch in der Nähe der Fabrik unter. Aber auch heute
Arbeit als Erziehungsmittel
noch wird die Arbeit nicht nur als Produktionsfaktor begriffen, sondern darüber hinaus als geeignetes Erziehungsmittel. Dies ist die Praxis der Strafvollzugsgesetze. Auch aus Befragungen der Bevölkerung zu dem Thema, was am besten gegen Punker und Hooligans unternommen werden könnte, geht hervor, daß ein Großteil der Befragten in einem – auch zwangsweisen – Anhalten zur Arbeit das beste Mittel sieht, um aus den Gammlern »anständige Menschen« zu machen.

Verlängerung der Lernzeit?
Demgegenüber steht die Meinung, der Jugendliche solle wenigstens bis zu seinem 18. Lebensjahr noch nicht in einen Arbeitsprozeß eingegliedert sein, um nicht körperliche und vor allem seelische Schäden zu erleiden. Besser wäre es, den Lernprozeß zu verlängern, damit sich seine geistigen Anlagen voll entfalten können.

In diesem Spannungsfeld muß sich der Gesetzgeber bewegen und versuchen, den gegensätzlichen Meinungen Rechnung zu tragen.

1. Das JArbSchG als öffentlich-rechtliches Eingriffsgesetz

Das »Gesetz zum Schutze der arbeitenden Jugend«, abgekürzt auch Jugendar-beitsschutzgesetz (JArbSchG) genannt, erfaßt den gesamten Bereich der ab-hängigen Arbeitsleistung des jungen Menschen. Es hat die Aufgabe, diesen Bereich so zu regeln, daß der Jugendliche in seiner geistigen und körperlichen Gesundheit keinen Schaden leidet und in die Lage versetzt wird, den gewählten Beruf zu erlernen bzw. sich fortzubilden. Das Gesetz strebt dieses Ziel durch eine Reihe von Mitteln an, die sich bereits bei anderen arbeitsrechtlichen Rege-lungen bewährt haben.

Aufgabe des JArbSchG

Im Gegensatz zum allgemeinen Arbeitsrecht, das zum größten Teil dem privaten Recht angehört, wurde dem JArbSchG die Form eines öffentlich-rechtlichen Gesetzes gegeben. Wie wir bei den anderen Jugendschutzgesetzen gesehen haben, bedeutet dies, daß der Gesetzgeber kraft seiner Hoheitsgewalt in den Rechtskreis der Betroffenen eingreifen kann, um seine Vorstellungen durchzu-setzen.

Grenzen, Verbote, Verpflichtungen

Eingegriffen wird durch das JArbSchG in das Recht der Vertragsfreiheit, das sonst im Arbeitsrecht grundsätzlich gilt. Die Eingriffe geschehen in verschiede-ner Weise. Entweder das Gesetz legt Grenzen fest, die nicht überschritten wer-den dürfen.

Vertragsfreiheit wird beschränkt

Beispiel 1
§ 8 JArbSchG bestimmt, daß die tägliche Arbeitszeit acht Stunden nicht übersteigen darf. Dadurch wird eine neunstündige Arbeitszeit ausgeschlossen, nicht aber eine sieben-stündige.

Oder das Gesetz spricht Verbote aus.

Beispiel 2
§ 5 und § 7 JArbSchG bestimmen: Die Beschäftigung von Kindern und von Jugendlichen unter 15 Jahren ist verboten.

Oder das Gesetz legt Verpflichtungen auf.

Beispiel 3
§ 47 JArbSchG bestimmt: Wer Jugendliche im Betrieb beschäftigt, muß das JArbSchG und die Anschrift der zuständigen Aufsichtsbehörde an geeigneter Stelle auslegen, damit alle Jugendlichen sich über den Inhalt des Gesetzes informieren können.

Dabei darf man nicht übersehen, daß sich solche Eingriffe nicht nur gegen den Arbeitgeber richten. Vielmehr wird auch in das Recht des Jugendlichen einge-griffen, seine Arbeitskraft so zu verkaufen, wie er das für gut, d.h. gewinnbrin-gend, hält. So ist er in seinen Rechten dadurch beschränkt, daß man ihm be-stimmte gefährliche Arbeiten nicht übertragen darf, auch wenn er es wollte, weil sie wesentlich besser bezahlt werden.

Beschränkung auch für Jugendliche

Vielzahl von Einzelregelungen

Das JArbSchG regelt einen weitaus umfangreicheren Lebensbereich als etwa das GjS. Es muß auch wegen seiner besonderen Zielrichtung gegen Arbeitge-ber *und* Jugendliche besonders ausgewogen sein. Deshalb enthält es eine Viel-

Grundsätze,
Ausnahmen

zahl von Einzelregelungen. Um der Vielfalt von Arbeitsverhältnissen gerecht werden zu können, muß das JArbSchG einerseits bestimmte Grundsätze aufstellen, andererseits aber auch eine Reihe von Ausnahmen und Variationen zulassen.

> **Beispiel 4**
> Nach § 16 Abs. 1 JArbSchG dürfen Jugendliche an Samstagen nicht beschäftigt werden. Für Gewerbezweige, die gerade an diesen Tagen tätig sein müssen, wie Gaststätten oder Konditoreien, wäre diese Regelung jedoch wenig sinnvoll. Gleiches gilt für Krankenhäuser oder Kinderheime. Daher werden in § 16 Abs. 2 vom Grundsatz des Abs. 1 für eine Reihe von Berufen Ausnahmen zugelassen.

Wegen der Vielzahl der Regelungen und der Ausnahmen können im Rahmen dieses Kapitels nur die Grundzüge des JArbSchG besprochen werden, d.h. welche grundsätzlichen Beschränkungen und Verpflichtungen bestehen.

2. Begrenzung des Geltungsbereichs und Ausnahmen

Ein allgemeines Verbot der Arbeitsleistung von Kindern und Jugendlichen unter 15 Jahren, das keinerlei Ausnahmen zuließe, wäre – nicht zuletzt auch aus pädagogischen Gründen – nicht sinnvoll. In den §§ 1, 5, 6 und 7 JArbSchG sind daher verschiedene Ausnahmen vorgesehen:

Begrenzung des Geltungsbereichs

Gelegentliche,
geringfügige
Hilfeleistungen

Bestimmte Arbeitsleistungen erfaßt das JArbSchG überhaupt nicht, um damit eindeutig zum Ausdruck zu bringen, daß diese Arbeiten im Grunde genommen keine Beschäftigungen im arbeitsrechtlichen Sinne sind. Dies sind gelegentliche, geringfügige Hilfeleistungen, die z. B. aus Gefälligkeit oder in Einrichtungen der Jugendhilfe erbracht werden. Unter Einrichtungen der Jugendhilfe sind Einrichtungen zu verstehen, die das Jugendamt oder Träger der freien Jugendhilfe in Erfüllung ihrer Aufgaben geschaffen haben.

> **Beispiel 5**
> Die Mithilfe von Kindern bei der Errichtung eines Pfadfinderlagers, die Übernahme von Aufgaben wie Kochen, Zeltreinigen oder Einkaufen wird nicht vom JArbSchG erfaßt, da die Pfadfinderverbände Träger der freien Jugendhilfe sind und die Aufgaben nicht die Grenzen des § 1 Abs. 2 Ziff. 1c JArbSchG überschreiten.

Mithilfe im
Geschäft

Ebenso werden geringfügige, gelegentliche Hilfeleistungen nicht vom Gesetz erfaßt, wenn sie auf Grund familienrechtlicher Vorschriften erbracht werden. Die wichtigste Vorschrift dieser Art ist der § 1619 BGB, wonach Kinder verpflichtet sind, im Haus und im Geschäft der Eltern in einer den Kräften des Kindes entsprechenden Weise Dienste zu leisten.

> **Beispiel 6**
> So kann die achtjährige Tochter der Mutter gelegentlich helfen, in ihrem Laden Bonbons und Eis zu verkaufen, ohne daß eine Übertretung nach dem JArbSchG vorliegt.

Mithilfe im
Haushalt

Die Beschäftigung im Haushalt der Personensorgeberechtigten ist ohne die Beschränkung auf gelegentliche, geringfügige Hilfeleistungen zulässig. Sie darf aber nicht die Grenzen des § 1619 BGB überschreiten.

Ausnahmen vom grundsätzlichen Verbot

Die Beschäftigung von Kindern und Jugendlichen unter 15 Jahren, die der Schulpflicht unterliegen, ist nach § 5 Abs. 1 und § 7 Abs. 1 JArbSchG grundsätzlich verboten. Nach dem JArbSchG sind Kinder Personen unter 14 Jahren; sind sie über 14 Jahre, gelten sie auch als Kinder, wenn sie noch der Vollzeitschulpflicht unterliegen (§ 2 Abs. 1 und 3). Jugendliche sind Personen, die über 14 Jahre, aber noch nicht 18 Jahre alt sind (§ 2 Abs. 2). *Kinder, Jugendliche*

Ausgenommen von diesem grundsätzlichen Verbot sind z.B. Beschäftigungen im Rahmen einer Arbeitstherapie, zur Erfüllung richterlicher Weisungen oder die Mithilfe in der Landwirtschaft bis zu drei Stunden täglich, Handreichungen beim Sport oder das Austragen von Zeitungen von Kindern über 13 Jahre bis zu zwei Stunden täglich, aber nicht zwischen 18 und 8 Uhr und nicht vor dem Schulunterricht oder während des Unterrichts. Bei diesen durch § 5 Abs. 2 und 3 JArbSchG zugelassenen Ausnahmen gilt für die Durchführung der Beschäftigung im übrigen das JArbSchG (z.B. die Regelungen über die Lage der Arbeitszeit, über Ruhepausen oder über Beschäftigungsverbote). *Therapien, Weisungen*

Kinder können auch bei Film-, Fernseh- und Hörfunkaufnahmen, bei Theater- oder Musikvorführungen und bei Werbeveranstaltungen mitwirken, wenn dies auf Antrag des Verantwortlichen von der Aufsichtsbehörde unter Beachtung der Vorbehalte des § 6 JArbSchG bewilligt wurde. *Künstlerische Darbietungen*

Jugendliche unter 15 Jahren, die nicht mehr der Vollzeitschulpflicht unterliegen, können im Rahmen eines Berufsausbildungsverhältnisses oder im übrigen mit leichten und für sie geeigneten Tätigkeiten bis zu sieben Stunden täglich oder 35 Stunden wöchentlich beschäftigt werden (§ 7 Abs. 2 JArbSchG). *Berufsausbildung*

Diese geringfügige Hilfeleistung eines Ferienkindes auf dem Bauernhof fällt nicht unter den Geltungsbereich des JArbSchG.

3. Beschäftigungsverbote

Einige Beschäftigungsarten hält der Gesetzgeber für so gefährlich, daß er sie völlig verbietet. Dabei handelt es sich um:

- Akkord- und Fließbandarbeit,
- gefährliche Arbeiten,
- Beschäftigung durch bestimmte Personen.

Akkord- und Fließbandarbeit

§ 23 JArbSchG verbietet, Jugendliche mit Akkord- und Fließbandarbeit zu beschäftigen außer zu Ausbildungszwecken oder nach Abschluß der Ausbildung in diesem Beruf, wenn ihr Schutz durch eine fachkundige Aufsicht gewährleistet ist. § 23 JArbSchG soll alle Arbeitsweisen unterbinden, die durch höheres Entgelt einen unmittelbaren Anreiz zum beschleunigten Arbeiten bieten oder dem jugendlichen Arbeitnehmer ein Arbeitstempo vorschreiben, das er nicht beeinflussen kann. Somit sind alle Formen, wie Geldakkord, Schätzakkord, Stückakkord, Zeitakkord, Prämienakkord, Gruppen- oder Zwischenmeisterakkord, für Kinder und Jugendliche untersagt. Das Verbot gilt für jede Arbeit am Fließband, an Fertigungsstraßen oder Sortierbändern.

Verboten: Anreiz zu erhöhtem Arbeitstempo

Das Arbeitstempo selbst bestimmen

Der jugendliche Arbeitnehmer soll in der Lage sein, den Rhythmus und die Schnelligkeit der Arbeit selbst zu bestimmen. Er soll vor allem nicht durch den Anreiz höherer Entlohnung zu einem Arbeitstempo angespornt werden, das seine Kräfte zu schnell verbrauchen würde.

Gefährliche Arbeiten

Nach § 22 JArbSchG dürfen Jugendliche nicht mit Arbeiten beschäftigt werden, die z. B.

- ihre Leistungsfähigkeit übersteigen oder
- bei denen sie sittlichen Gefahren ausgesetzt sind.

Arbeiten, die ihre körperlichen Kräfte übersteigen

Mit Arbeiten, die ihre Leistungsfähigkeit übersteigen, sind in erster Linie schwere körperliche Arbeiten gemeint. Da dies ein recht dehnbarer Begriff ist, sind zu seiner Präzisierung eine Reihe von Verordnungen erlassen worden. Auf sie soll hier nicht näher eingegangen werden, weil sie in erster Linie den Arbeitgeber angehen. Der Sinn dieses Verbots ist nicht zuletzt darin zu sehen, daß der Arbeitgeber, aber auch etwa die Kollegen im Betrieb, gehindert werden, Jugendlichen gerade solche Arbeiten aufzubürden, die schon von Erwachsenen als schwer empfunden werden und vor denen sie sich vielleicht gerne drücken möchten.

Andere gefährliche Arbeiten

Gefährliche Arbeiten im Sinne von § 22 JArbSchG sind ferner Arbeiten, bei denen besondere Gesundheitsgefahren durch Gase, Staub oder Hitzeeinwirkung drohen.

Sittliche Gefährdung

Sittlichen Gefahren wären Jugendliche ausgesetzt, wenn sie z. B. in Nachtklubs, in Stripteaselokalen oder in Druckereien arbeiten, wo Pornographie hergestellt wird.

Überprüfungspflicht des Arbeitgebers

Das Gesetz und die dazu erlassenen Verordnungen geben aber nur Anhaltspunkte dafür, welche Arbeiten für Jugendliche verboten sind. Der Arbeitgeber ist verpflichtet, die Belastung der Jugendlichen durch die Arbeit laufend zu überprüfen. Zeigt sich, daß die Belastung zu groß wird, so muß er ihnen einen anderen Arbeitsplatz zuweisen.

Kommt der Arbeitgeber dieser Verpflichtung, die er natürlich auch delegieren kann, nicht nach, so kann er mit Bußgeld bis zu DM 20000,– oder ausnahmsweise mit Freiheitsstrafe bis zu einem Jahr bestraft werden.

Beschäftigung durch bestimmte Personen

§ 25 JArbSchG schließt bestimmte Personen als Arbeitgeber und Ausbilder von Jugendlichen aus. Denn Gefahren können dem jugendlichen Arbeitnehmer nicht nur von der Arbeit selbst drohen, sondern unter Umständen auch von Vorgesetzten und Kollegen. Wie wir im Strafrecht gesehen haben, wird dort der Mißbrauch eines Abhängigkeitsverhältnisses unter Strafe gestellt. Es wäre nun sehr widersprüchlich, wenn es Personen, die sich dessen schuldig gemacht haben, weiterhin erlaubt wäre, Jugendliche zu beschäftigen oder sie bei der Arbeit anzuleiten. Daher verbietet das JArbSchG allen Personen, die einschlägig vorbestraft sind, und denen, die wegen eines sonstigen Verbrechens zu mindestens zwei Jahren Freiheitsstrafe verurteilt wurden, die Beschäftigung oder Anleitung und Beaufsichtigung von Jugendlichen.

Vorbestrafte Arbeitgeber und Ausbilder

Beispiel 7
Jugendliche beschäftigen oder bei der Arbeit anleiten darf nicht, wer wegen sexuellen Mißbrauchs von Schutzbefohlenen, homosexueller Handlungen mit Männern unter 18 Jahren, sexueller Nötigung, Zuhälterei, Verbreitung pornographischer Schriften, Mißhandlung Abhängiger, Vernachlässigung der Fürsorge- oder Erziehungspflicht vorbestraft ist. Auch wer nach dem GjS oder dem JSchÖG wenigstens zweimal verurteilt wurde, darf Jugendliche nicht beschäftigen oder anleiten.

Das Verbot endet erst, wenn fünf Jahre seit Rechtskraft des Urteils oder – bei Vollzug einer Freiheitsstrafe – fünf Jahre seit Verbüßung der Strafe verstrichen sind; d.h. dann darf ein solcher Arbeitgeber wieder Jugendliche beschäftigen oder ein solcher Betriebsangehöriger wieder Jugendliche bei der Arbeit anleiten. Aber auch wenn keine Verurteilung erfolgt, die betreffende Person aber ungeeignet erscheint, Jugendliche zu beaufsichtigen oder anzuleiten, kann das Gewerbeaufsichtsamt als zuständige Behörde ein Verbot gemäß § 27 Abs. 2 JArbSchG aussprechen. Diese Möglichkeit ist sicherlich die effektivere, weil relativ schnell eingegriffen und damit ernsthaften Gefahren vorgebeugt werden kann. Erforderlich ist jedoch, daß der Jugendliche über Vorkommnisse Mitteilung macht, die ein solches Verbot rechtfertigen, und dies von den Verantwortlichen, also z.B. von den Erziehern, dem Jugendamt bzw. dem Gewerbeaufsichtsamt bekanntgegeben wird.

Ende des Verbots

Verbot durch Gewerbeaufsichtsamt

4. Regelung der Arbeitszeit

Über die Regelung der Arbeitszeit hinaus, die durch die Arbeitszeitordnung getroffen wird, setzt das JArbSchG für den jugendlichen Arbeitnehmer eine Reihe von Sonderbestimmungen fest. Diese Sonderbestimmungen regeln

- die Länge der Arbeitszeit,
- die Lage der Arbeitszeit,
- die Ruhepausen und
- den Urlaub der Jugendlichen.

Länge der Arbeitszeit

Die tägliche Arbeitszeit darf für Jugendliche acht Stunden, bei wöchentlicher Berechnung 40 Stunden nicht übersteigen, es sei denn ein Arbeitstag zwischen zwei Feiertagen wird hereingearbeitet oder die Arbeitszeit an einzelnen Werktagen auf weniger als acht Stunden verkürzt (§ 8 JArbSchG). Abweichende Regelungen in Tarifverträgen oder bei Ausnahmen in Notfällen (§§ 21a, 21) sind möglich.

Acht Stunden pro Tag, 40 Stunden pro Woche

Der Berufsschultag zählt als Arbeitstag, wenn mindestens fünf Stunden Unterricht stattfinden (§ 9 Abs. 1 Ziff. 2 JArbSchG). Bei Blockunterricht von minde-

Berufsschultag

stens 25 Stunden an mindestens fünf Tagen wird die Woche mit 40 Stunden angerechnet. Eine Unterrichtsstunde wird mit 45 Minuten gerechnet.

Lage der Arbeitszeit

Nachtarbeits-
verbot

Zur Nachtzeit, also von 20 Uhr abends bis 6 Uhr früh, dürfen Jugendliche grundsätzlich nicht beschäftigt werden. Ausnahmen gelten für über 16jährige Arbeitnehmer, die z. B. in Gaststätten, Bäckereien oder Schichtbetrieben beschäftigt sind (§ 14 Abs. 2 JArbSchG).

Samstagsruhe

An Samstagen dürfen Jugendliche nicht beschäftigt werden (§ 16 JArbSchG). Auch hierfür sind eine Reihe von Ausnahmen zulässig.

> Beispiel 8
> Für Kfz-Reparaturwerkstätten, für Bäcker oder Krankenpfleger gelten Ausnahmen.

Sonn- und
Feiertage

An Sonn- und gesetzlichen Feiertagen besteht Arbeitsverbot (§§ 17, 18 JArbSchG). Aber auch hiervon sind Ausnahmen zugelassen, wenn dies durch die Besonderheit der Arbeit erforderlich ist.

Zwölf Stunden
Freizeit

Bei allen Ausnahmen muß jedoch beachtet werden, daß die tägliche Freizeit nach Beendigung der Arbeit zwölf Stunden nicht unterschreiten darf (§ 13 JArbSchG).

Ruhepausen

Nach viereinhalb
Stunden

Die Arbeitszeit ist für Jugendliche nach spätestens viereinhalb Stunden durch eine Ruhepause zu unterbrechen (§ 11 Abs. 2 JArbSchG).

● Unter Arbeitszeit ist hierbei die Zeit vom Beginn bis zum Ende der Arbeit ohne die Ruhepausen zu verstehen.

60 bzw.
30 Minuten

Die »Zigarettenpausen« nach jeder Stunde, die in manchen Betrieben üblich sind, gelten jedoch nicht als Ruhepausen, da Arbeitsunterbrechungen von mindestens 15 Minuten Dauer vorgeschrieben sind. Die Länge der Pausen muß bei sechs- bis achtstündiger Arbeitszeit insgesamt mindestens 60 Minuten, bei viereinhalb- bis sechsstündiger Arbeitszeit insgesamt mindestens 30 Minuten betragen.

Urlaub

25 bis 30
Werktage

Nach § 19 JArbSchG hat der jugendliche Arbeitnehmer Anspruch auf einen bezahlten Urlaub von 30 Werktagen, wenn er noch nicht 16 Jahre, 27 Werktagen, wenn er noch nicht 17 Jahre, und 25 Werktagen, wenn er noch nicht 18 Jahre alt ist; maßgebend ist das Alter zu Beginn des Kalenderjahres. Für jugendliche Arbeitnehmer im Bergbau kommen jeweils drei Tage hinzu. Der Urlaub soll in einem Stück genommen werden und soll Berufsschülern in der Ferienzeit gegeben werden.

Keine andere
Arbeit im Urlaub

Während des Urlaubs darf der jugendliche Arbeitnehmer keine andere Erwerbstätigkeit leisten. Im übrigen gelten ähnliche Bestimmungen wie im allgemeinen Arbeitsrecht, wie Abgeltung des Anspruchs in Geld, wenn der Urlaub nicht genommen werden kann, oder Übertragung des Anspruchs auf den neuen Arbeitgeber.

5. Besondere Verpflichtungen des Arbeitgebers

Die §§ 28 bis 50 JArbSchG legen dem Arbeitgeber eine Reihe von besonderen Verpflichtungen auf, die alle dem Ziel dienen, daß sich die Entwicklung des Jugendlichen auch am Arbeitsplatz möglichst ungestört von schädlichen Einflüssen vollziehen kann. Im Rahmen dieses Kapitels wird aber nur summarisch darauf eingegangen. Eine der wichtigsten Verpflichtungen ist:

- Der Jugendliche muß vor Antritt der Arbeit ärztlich untersucht werden. Der Arbeitgeber hat hierfür die nötige Zeit freizugeben und den Untersuchungsbefund insoweit zu beachten, als er den Jugendlichen mit den darin als schädlich aufgeführten Arbeiten nicht beschäftigt (§§ 32 bis 46 JArbSchG).

Ärztliche Untersuchung

Fernhalten von Gefahren

Eine Gruppe von Verpflichtungen des Arbeitgebers hat den Zweck, die Arbeitsbedingungen des Jugendlichen so zu gestalten, daß Gefährdungen sittlicher und körperlicher Art nicht eintreten können. Neben der Verpflichtung, die einzelnen bereits besprochenen Verbote und Auflagen zu beachten, hat er dafür zu sorgen, daß jugendliche Arbeitnehmer nicht gezüchtigt werden und andere Arbeitnehmer sie nicht mißhandeln oder sittlich gefährden (§§ 28 und 31 JArbSchG).

Züchtigungsverbot

> Beispiel 9
> Eine sittliche Gefährdung können die sogenannten Montagsgespräche von Arbeitern sein, in denen sie meist stark übertrieben und in anstößiger Weise über sexuelle Erlebnisse berichten. Unter Umständen muß der Arbeitgeber versuchen, durch Platzwechsel oder Raumteilung die Gefahr zu verringern.

Körperliche Schäden sind auch durch entsprechende Maßnahmen an Maschinen, Werkzeugen und Geräten nach Möglichkeit zu verhindern. Die Gewerbeämter können dazu besondere Vorkehrungen anordnen, um Arbeitsunfälle zu vermeiden. Einer Gefährdung des Jugendlichen soll ferner seine ausreichende Information entgegenwirken. Der Arbeitgeber hat Sorge zu tragen, daß der Jugendliche in seine Tätigkeit entsprechend eingeführt wird. Er muß mit den besonderen Gefahren seiner Arbeit vertraut sein und wissen, wie er ihnen begegnen kann (§ 29 JArbSchG).

Arbeitsunfall

Einweisung

Einwandfreie Unterkunft

Arbeitgeber, die Jugendliche in ihre häusliche Gemeinschaft aufnehmen, müssen ihnen eine angemessene, in gesundheitlicher und sittlicher Beziehung einwandfreie Unterkunft und eine ausreichende und gesunde Kost gewähren. Im Krankheitsfall haben sie für ärztliche Betreuung zu sorgen. Das Gewerbeaufsichtsamt kann hinsichtlich Unterkunft, Kost und Pflege bei Krankheit Anordnungen erlassen und bestimmen, welche Anforderungen erfüllt sein müssen. Dies gilt z.B. nicht nur für Hausgehilfinnen, die beim Arbeitgeber wohnen, sondern vor allem für Lehrlingsheime und ähnliche Unterkünfte, die der Abeitgeber seinen jugendlichen Arbeitnehmern zur Verfügung stellt (§ 30 JArbSchG).
Der Arbeitgeber darf, entsprechend dem JSchÖG, dem jugendlichen Arbeitnehmer keine branntweinhaltigen Getränke ausschenken lassen. Die über 16jährigen können aber andere alkoholische Getränke erhalten (§ 31 Abs. 2 JArbSchG).

Ärztliche Betreuung

Alkohol und Tabak

Informationspflichten

Neben diesen Verpflichtungen, die der Abwehr von Gefahren dienen, hat der Arbeitgeber eine Reihe von Informationspflichten. Er muß

- das JArbSchG an einer Stelle aushängen, an der es jeder jugendliche Arbeitnehmer einsehen kann;
- im Betrieb auf einem Aushang an gut sichtbarer Stelle den Beginn und das Ende der Arbeitszeit und der Ruhepausen bekanntgeben;
- ein Verzeichnis aller jugendlichen Arbeitnehmer führen, in dem neben den Personalien der Tag der Einstellung und der bereits gewährte Urlaub vermerkt sind.

Die Aushänge haben den Zweck, dem Jugendlichen das JArbSchG bekanntzumachen, damit er über seine Rechte informiert ist und sie wahrnehmen kann. Das Verzeichnis ist für die Überwachung durch das Gewerbeaufsichtsamt gedacht (§§ 47 bis 50 JArbSchG).

6. Theorie und Praxis des JArbSchG

Viele Mißstände bleiben unbekannt

Das JArbSchG mag in seinen Bestimmungen gut sein. In vielen Fällen bleiben jedoch die Vorschriften, die es enthält, Theorie, die an der praktischen Durchführung scheitert. Ähnlich wie im Strafrecht kann nach dem JArbSchG nur dann eingegriffen werden, wenn die zuständigen Ämter von Mißständen Kenntnis bekommen. Nur in solchen Fällen ist es möglich, die Verantwortlichen zur Rechenschaft zu ziehen, Strafen zu verhängen, Auflagen und Verbote auszusprechen. Wahrscheinlich würde eine bessere Kenntnis der Behörden von den Vorgängen in den Betrieben bei den Arbeitgebern ein höheres Maß an Gesetzestreue bewirken, d.h. schon eine bessere Kontrolle könnte viele Verstöße verhindern.

Ungenügende Kontrolle

Die Kontrolle durch die Gewerbeaufsichtsämter oder die Berufsgenossenschaften ist jedoch ungenügend. Diese Stellen haben meist zu wenig Personal. In vielen Fällen werden nur Routineuntersuchungen durchgeführt, deren Zeitpunkt vorher meist auch noch bekannt ist.

Anzeigen selten

Anzeigen von geschädigten oder gefährdeten Jugendlichen sind selten. Die Jugendlichen fürchten Repressalien im Betrieb, oder sie kennen ihre Rechte nur wenig.

»Keine Herrenjahre«

Manche Angehörige der älteren Generation lehren neben Fachkenntnissen auch die Einstellung: »Lehrjahre sind keine Herrenjahre.« Viele Jugendliche werden auf diese Weise dazu gebracht, selbst eine unwürdige Behandlung oder ausbildungsfremde und ausbildungsungeeignete Arbeiten hinzunehmen. Auch von zu Hause können sie in den meisten Fällen kaum eine Unterstützung erwarten. Dieses Verharren in einer ohnmächtigen Haltung kann seitens der Gerichte auch durch noch so fortschrittliche Urteile nur allmählich im Sinne des JArbSchG beeinflußt werden.

Beispiel 10
Ein Urteil aus dem Jahre 1972 sprach einem Lehrling Schadensersatz für verlorene Jahre zu. Er hatte wegen ungenügender Unterrichtung im Betrieb die Gesellenprüfung nicht bestanden.

Auch hinsichtlich des Gefahrenschutzes, des Arbeitsschutzes und des Urlaubsrechts gibt es zahlreiche Urteile, die den Intentionen des Jugendschutzes gerecht werden. Oftmals ist es also nicht so wichtig, nach besseren Gesetzen zu rufen. Der konsequente Vollzug der vorhandenen Gesetze würde, wie im Falle des Jugendschutzes, vielen Übeln abhelfen. Auch der Erzieher, der z. B. in einem Wohnheim jugendliche Arbeitnehmer betreut, hat hier ein weites Feld an Einflußmöglichkeiten. Er sollte die Jugendlichen über ihre Rechte informieren und sie beraten, wie sie ihre Rechte wahrnehmen können. Vor allem sollte er sich nicht scheuen, sie aufzufordern, ihm Mißstände am Arbeitsplatz zu berichten. Der Erzieher hat die Möglichkeit, Mißstände oder Verstöße gegen das Gesetz dem Gewerbeaufsichtsamt oder dem Jugendamt zu melden. Gerade wegen der geringen personellen Besetzung sind besonders die Gewerbeaufsichtsämter auf derartige Hinweise geradezu angewiesen.

Möglichkeiten für den Erzieher

Das JArbSchG ist ein Jugendschutzgesetz, das den Bereich der abhängigen Arbeitsleistung regelt. Es stellt einen Interessenausgleich dar zwischen den Interessen des Jugendschutzes und den Interessen der Arbeitgeber, aber auch zwischen denen der Jugendlichen und ihrer Eltern. Den Zweck des Jugendschutzes am Arbeitsplatz strebt der Gesetzgeber dadurch an, daß er das JArbSchG als öffentlich-rechtliches Eingriffsgesetz gestaltet hat, so daß hoheitliche Eingriffe und bei Verstößen Strafen möglich sind. Eingegriffen wird über das Maß der sonstigen arbeitsrechtlichen Regelungen hinaus in das Recht der Vertragsfreiheit. Die Beschäftigung von Kindern und Jugendlichen unter 15 Jahren, die noch der Schulpflicht unterliegen, ist bis auf wenige Ausnahmen verboten. Kinder und Jugendliche dürfen nicht mit gefährlicher Arbeit oder mit Akkord- und Fließbandarbeit beschäftigt werden. Sie dürfen auch nicht von Personen ausgebildet, angeleitet oder beaufsichtigt werden, die wegen einschlägiger Vergehen bestraft wurden.

Die Arbeitszeit beträgt höchstens acht Stunden pro Tag. Nachtarbeit ist grundsätzlich ausgeschlossen, ebenso Arbeit am Samstag und am Sonntag. Während der Arbeit müssen genügend lange Pausen gewährt werden. Der Jugendliche hat einen Urlaubsanspruch von bis zu 30 Tagen. Der Arbeitgeber ist verpflichtet, Schädigungen vom Jugendlichen fernzuhalten, die ihm aus seiner Arbeit oder seiner Umgebung erwachsen können.

Das JArbSchG hätte eine bessere Wirkung, wenn die Gewerbeaufsichtsämter von den Jugendlichen besser über Verstöße informiert würden.

Zusammenfassung

Das Jugendgerichtsgesetz (JGG)

Das JGG enthält Sondervorschriften für die strafrechtliche Behandlung junger Täter. Ob die Handlung eines Jugendlichen oder eines Heranwachsenden eine strafbare Handlung ist, wird in den Strafgesetzen, in erster Linie im Strafgesetzbuch, festgelegt. Welche »Strafe« ihn trifft und welches Verfahren angewandt wird, regelt das JGG.
Da das JGG als Erziehungsgesetz angelegt ist, weicht es vom regulären Strafrecht insoweit ab, als es dem Richter für das Verfahren und die anzuwendenden Maßnahmen relativ freie Hand läßt. Leitlinie hierfür ist die Erziehung des jugendlichen Täters. Dieser Absicht dient auch die Jugendgerichtshilfe, die den erzieherischen Aspekt im Verfahren als objektive und fachkundige Beteiligte wahren und vertreten soll.

1. Ab welchem Alter ist jemand schuldfähig?

Altersgrenzen der Schuldunfähigkeit

Zu größeren Schwierigkeiten in der Beurteilung kommt es bei der Frage der Grenzziehung, der Frage also, ab welchem Alter sich ein Jugendlicher geistig und sittlich so weit entwickelt hat, daß er in gewissem Umfang strafrechtlich verantwortlich ist, also das Unrecht seiner Tat einzusehen vermag und auch gemäß dieser Einsicht handeln kann.

Beispiel 1
Zwei achtjährige Buben stoßen ihren Spielkameraden ins Wasser, um einmal zu sehen, wie ein Mensch ertrinkt. Sie wissen, daß ihre Handlung den Tod des anderen herbeiführen kann, und sie wissen auch, wie dieser Erfolg zu erreichen ist. Trotz der Gefühlskälte, die in ihrer Tat zum Ausdruck kommt, sind sie jedoch strafrechtlich nicht verantwortlich, da ihnen die geistige Voraussetzung fehlt, das Unrecht der Tat zu begreifen und sie deswegen zu unterlassen.

Bei 14 und 18 Jahren

Der Gesetzgeber ist bei dem Problem der Schuldfähigkeit vor die undankbare Aufgabe gestellt, bestimmte Grenzen festlegen zu müssen. Hinsichtlich der strafrechtlichen Verantwortlichkeit legte er sie auf 14 und 18 Jahre fest. Wegen der Unterschiede in der Entwicklung des einzelnen können solche Grenzen aber lediglich Grundsatzgrenzen sein, d.h. sie müssen Ausnahmen zulassen – nicht nur für Jugendliche, sondern allgemein.

Beispiel 2
Ein Erwachsener ist strafrechtlich nicht verantwortlich, wenn er im Zustand der Schuldunfähigkeit gehandelt hat.

Wer das Gesetz anwenden muß, hat vom Normalfall auszugehen; im Falle einer Abweichung vom Normalfall muß das Untypische nachgewiesen werden. Diese Lösung ist sinnvoll, weil in aller Regel das Untypische seltener vorkommt als das Typische.

Erwachsenenstrafrecht nicht auf Jugendliche anzuwenden

Die Grenzziehung bei 14 und 18 Jahren ist aus solchen Gründen durchlässig gehalten, allerdings nur in einer Richtung. So ist es möglich, einen 19jährigen noch wie einen 17jährigen zu beurteilen, nicht aber einen 17jährigen wie einen 19jährigen. Ebenso kann ein 15jähriger noch wie ein Strafunmündiger behandelt werden, aber nicht ein 13jähriger wie ein bereits strafmündiger 14jähriger.

Grenzen nur in einer Richtung durchlässig

● Für die Gruppe, die noch nicht unter das Erwachsenenstrafrecht fällt, aber bereits in gewissem Umfang strafmündig ist, gilt das Jugendgerichtsgesetz (JGG).

Dieses Gesetz stellt nicht besondere Straftatbestände auf, sondern regelt, wie Jugendliche zu behandeln sind, die den durch die Strafgesetze geschützten Rechtskreis eines anderen Menschen verletzt haben.

Der Begriff Jugendstrafrecht umfaßt daher sowohl die »materiellen« Strafgesetze des StGB und aller öffentlich-rechtlichen Eingriffsgesetze, die ein Nichtbeachten ihrer Vorschriften unter Strafe stellen, als auch das »formelle« JGG, das Regelungen darüber enthält, wann ein Jugendlicher strafbar ist, wie er bestraft werden kann und welche Verfahrensweisen dabei anzuwenden sind.

Jugendstrafrecht

2. Der Geltungsbereich des JGG

Das JGG befaßt sich mit dem Jugendlichen, d.h. mit dem Täter, der zur Tatzeit das 14., aber noch nicht das 18. Lebensjahr vollendet hat, und mit dem Heranwachsenden, d.h. mit dem Täter, der zur Tatzeit das 18., aber noch nicht das 21. Lebensjahr vollendet hat (§ 1 Abs. 2 JGG).

Jugendlicher Heranwachsender

Für den Jugendlichen (aber nicht für den Heranwachsenden) verlangt es stets die Prüfung, ob er für die vorgeworfene Tat strafrechtlich verantwortlich ist. Die Voraussetzungen, wann ein Jugendlicher strafrechtlich verantwortlich ist, bestimmt das JGG so:

Strafrechtliche Verantwortlichkeit

§ 3 JGG
Ein Jugendlicher ist strafrechtlich verantwortlich, wenn er zur Zeit der Tat nach seiner sittlichen und geistigen Entwicklung reif genug ist, das Unrecht der Tat einzusehen und nach dieser Einsicht zu handeln.

Der Jugendliche ist also nur »bedingt strafmündig«. § 3 JGG verlangt in jedem Fall die Prüfung, ob der Jugendliche zur Tatzeit fähig war, zu erkennen, daß sein Verhalten mit einem geordneten Leben in der bestehenden Gesellschaft nicht vereinbar ist und deshalb von der Rechtsordnung nicht hingenommen werden kann. Das setzt eine gewisse intellektuelle Reife (»Einsichtsfähigkeit«) und das Vorhandensein bestimmter sittlicher Wertvorstellungen (»ethische Reife«) voraus. Dazu muß die zur Vermeidung der Tat erforderliche Willensbildungsfähigkeit (d.h. die Fähigkeit, erforderliche Hemmungen aufzubauen) kommen.

»Einsichtsfähigkeit« und »ethische Reife«

Beispiel 3
Ein 15jähriger Bogenschütze ist zornig auf seinen Spielkameraden, weil dieser sein Indianerzelt umgeworfen hat. Voll Wut legt er den Pfeil auf die Sehne und zielt auf dessen Wade. Der Wunsch ist hierbei, »dem anderen weh zu tun«. Seinem Alter entsprechend müßte er zu der Überlegung befähigt sein, daß diese Art der Rache nicht richtig ist, weil sie zu schlimme Folgen haben kann, und nach dieser Überlegung zu handeln, also den Pfeil von der Sehne zu nehmen und seine Rache auf harmlosere Weise zu befriedigen.

Führt der Jugendliche trotz dieser Fähigkeit sein Vorhaben durch, so ist er dafür auch strafrechtlich verantwortlich; die Einsichtsfähigkeit macht ihn strafmündig. Hat ein Jugendlicher diese Fähigkeit nicht, so wird er einem noch nicht 14jährigen gleichgestellt, d.h. er wird als schuldunfähig angesehen. Gegen ihn kann der Jugendrichter dann nur Erziehungsmaßnahmen nach dem KJHG anordnen (§ 3 Satz 2 JGG).

Der Heranwachsende ist immer strafmündig. § 3 JGG gilt für ihn nicht. Er steht bei jedem Strafverfahren vor dem Jugendgericht. Das Jugendgericht hat zu entscheiden, ob er nach allgemeinem Strafrecht oder nach Jugendstrafrecht verurteilt wird (§ 105 Abs. 1 JGG).

> § 105 Abs. 1 JGG
> Begeht ein Heranwachsender eine Verfehlung, die nach den allgemeinen Vorschriften mit Strafe bedroht ist, so wendet der Richter die für einen Jugendlichen geltenden Vorschriften der §§ 4 bis 8, 9 Nr. 1, §§ 10, 11 und 13 bis 32 entsprechend an, wenn
> 1. die Gesamtwürdigung der Person des Täters bei Berücksichtigung auch der Umweltbedingungen ergibt, daß er zur Zeit der Tat nach seiner sittlichen und geistigen Entwicklung noch einem Jugendlichen gleichstand, oder
> 2. es sich nach Art, den Umständen oder den Beweggründen der Tat um eine Jugendverfehlung handelt.

Die Fassung des § 105 JGG ist mißglückt. Es gibt weder den »Jugendlichen« als »Typ«, noch ist die Anwendung des allgemeinen Strafrechts, wie § 105 JGG zu sagen scheint, die Regel. Bei § 105 Abs. 1 Nr. 1 JGG kommt es darauf an, ob die Gesamtentwicklung der Persönlichkeit des Heranwachsenden abgeschlossen ist. Im Zweifelsfall findet Jugendstrafrecht Anwendung.

Jugend-
verfehlungen

Die 2. Alternative – »typische Jugendverfehlung« – macht die oft schwierige Persönlichkeitsanalyse des Täters unnötig, wenn die Tat schon nach ihrem gesamten Erscheinungsbild charakteristisch für junge Menschen ist (Beispiele dafür: Flegeleien, Lausbübereien, Trotzhandlungen, aber auch Delikte, die sich aus der Entwicklung ergeben, ohne daß sie in der Persönlichkeit verankert sind, wie Gelegenheitsdiebstähle, Kurzschlußhandlungen o. ä.).

Teilzusammen-
fassung

Das Jugendgerichtsgesetz (JGG) gilt für die 14- bis 18jährigen, die strafmündig sind, d.h. auf Grund ihrer geistigen und sittlichen Entwicklung das Unrecht einer Tat erkennen können und in der Lage sind, nach dieser Einsicht zu handeln. Der Gesetzgeber geht davon aus, im Normalfall sei diese Einsichts- und Steuerungsfähigkeit mit 14 Jahren gegeben. Wird festgestellt, daß sie im Einzelfall nicht vorhanden ist, so kann das JGG auf den betreffenden Jugendlichen nicht angewendet werden.
Die 18- bis 20jährigen Angeklagten stehen immer vor dem Jugendgericht, auch wenn sie mit über 21jährigen angeklagt sind (außer bei ganz wenigen Delikten). Das Jugendgericht hat dann zu entscheiden, ob allgemeines oder Jugendstrafrecht anzuwenden ist.

3. Verfahren nach dem JGG

Hat unser 15jähriger Bub (Beispiel 3) in seiner Wut trotz besserer Einsicht den Pfeil von der Sehne geschossen und die anvisierte Wade getroffen, so wird er in die »Mühlen der Justiz« geraten.

Das Übersichtsschema auf der nächsten Seite zeigt den Ablauf eines solchen Verfahrens.

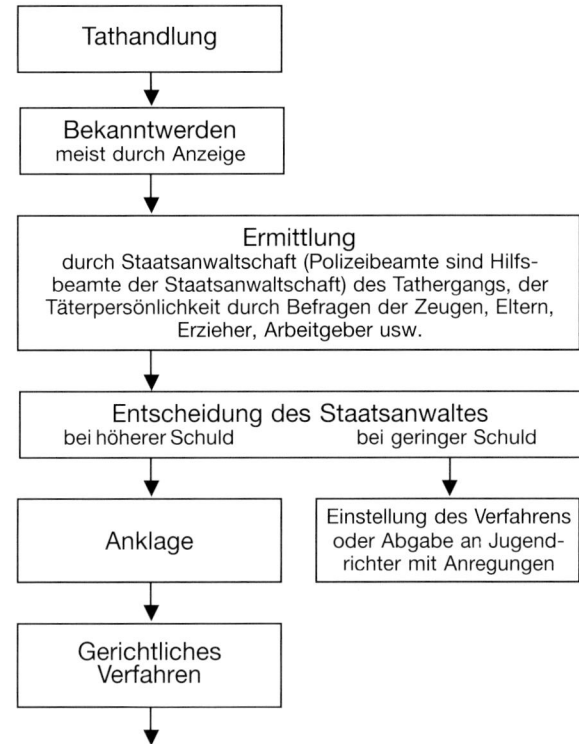

Tathandlung

↓

Bekanntwerden
meist durch Anzeige

↓

Ermittlung
durch Staatsanwaltschaft (Polizeibeamte sind Hilfs-
beamte der Staatsanwaltschaft) des Tathergangs, der
Täterpersönlichkeit durch Befragen der Zeugen, Eltern,
Erzieher, Arbeitgeber usw.

↓

Entscheidung des Staatsanwaltes
bei höherer Schuld   bei geringer Schuld

↓   ↓

Anklage | Einstellung des Verfahrens oder Abgabe an Jugend-richter mit Anregungen

↓

Gerichtliches
Verfahren

↓

Voraussetzung	Verfahrensart	Folge
Täter mangels Reife nicht ver-antwortlich oder bereits erzieherische Maßnahmen getroffen oder Täter bemüht sich um Ausgleich mit dem Verletzten	Staatsanwalt führt das Verfahren ohne Einschal-tung des Jugendrichters	eventuell Hilfen nach dem KJHG
Jugendlicher ist geständig Jugendrichter ermahnt den Jugend-lichen, erteilt Weisungen (nur Arbeitsleistung, Täter-Opfer-Aus-gleich, Verkehrsunterricht), Auflagen	Staatsanwalt regt form-loses Verfahren beim Jugendrichter an (§ 45 JGG)	nach Erledigung der jugendrichterlichen Anordnungen, Einstellung des Verfahrens durch Staatsanwalt
Antrag des Staatsanwalts auf ver-einfachtes Verfahren (§ 76 JGG), wenn keine größere Beweisauf-nahme und nur Weisungen (ohne Heimunterbringung), Erziehungs-beistandschaft, Zuchtmittel, Fahr-verbot, Entziehung der Fahrerlaub-nis mit Sperrfrist bis zu 2 Jahren, Verfall, Einziehung zu erwarten	Hauptverhandlung in der Regel ohne Staatsanwalt	Vollstreckung der vom Jugendrichter angeord-neten Maßnahmen (kein Eintrag ins polizeiliche Führungszeugnis
wegen Art der Rechtsverletzung muß mit Weisungen oder Auflagen oder mit Jugendstrafe zu rechnen sein	reguläre Hauptverhand-lung	Vollstreckung des Urteils – bei Jugendstrafe bis zu 2 Jahren grundsätzlich mit Strafaussetzung zur Bewährung

4. Das JGG als Erziehungsgesetz

Bisher haben wir darüber gesprochen, wann ein Jugendlicher für eine strafbare Handlung einzustehen hat und durch welche Verfahren er zur Rechenschaft gezogen wird. Wir wollen jetzt untersuchen, inwieweit das JGG auch als ein Jugendschutzgesetz zu verstehen ist.

Schutzgesetz, da Erziehungsgesetz

Das JGG ist insoweit ein Schutzgesetz, als es ein Erziehungsgesetz ist. Die Maßnahmen, die es vorschreibt, zielen darauf, den jugendlichen Straftäter davor zu bewahren, daß er erneut eine Straftat begeht. Er soll also davor geschützt werden, sich selbst durch nicht gesellschaftskonformes Verhalten zu schaden. Ein solcher Schutzgedanke liegt ja jeder Erziehung zugrunde, da letzten Endes jedes Hinführen zu einem anerkannten Erziehungsziel ein Einpassen in eine Gesellschaftsordnung darstellt, deren Einhaltung eine Gewähr für ein gesichertes und »unauffälliges« Leben ist. Ähnlich wie das Vertrautmachen mit Gefahren den Gefahren entgegenwirken soll, dient das Vertrautmachen mit den Spielregeln der Gesellschaft dem Schutz vor Strafsanktionen dieser Gesellschaft.

Erziehungsstrafe

Der Straftat eines Jugendlichen begegnet die Gesellschaft bis zu einer gewissen Grenze noch mit Nachsicht. Sie verlangt aber, daß der jugendliche Täter durch geeignete Maßnahmen auf den »rechten Weg« geführt wird. Die Grenze der Nachsicht liegt bei schwersten kriminellen Handlungen, wie Mord, Totschlag, schwerem Raub und bei Serientaten, wiederholtem Rückfall. Bei solchen Delikten ist Jugendstrafe, die dem Täter das Ausmaß seines Versagens und dessen Konsequenzen klarmachen soll, die Regel.

Das Hinführen auf den »rechten Weg« soll das JGG durch eine Reihe von Besonderheiten gegenüber dem normalen Strafprozeß erreichen. Solche Besonderheiten sind:

- die Abstufung der Verfahrensarten,
- die Jugendgerichtshilfe,
- die Abstufung der anzuordnenden Maßnahmen,
- die Nichtöffentlichkeit des Verfahrens.

Die Abstufung der Verfahrensarten

Erziehung durch das Verfahren selbst

Bei geringeren Vergehen hat der Jugendrichter die Möglichkeit, die Verhandlung frei und nach seinem Gutdünken zu gestalten. Dadurch kann er unter Umständen besser auf den Jugendlichen einwirken, so daß die Verhandlung selbst schon eine Erziehungsmaßnahme ist. Lediglich beim regulären Verfahren ist der äußere Ablauf einem Strafverfahren nach der Strafprozeßordnung ähnlich.

Jugendgerichtshilfe und Verteidigung

In der Jugendarbeit erfahrene Personen

Die Jugendämter wirken in Zusammenarbeit mit anerkannten Trägern der freien Jugendhilfe an den Jugendgerichtsverfahren mit; d.h. dem Gericht stehen während des gesamten Verfahrens Personen zur Seite, die in der Jugendarbeit erfahren und deswegen geeignet sind, Jugendgerichtshilfe zu leisten.

> § 38 Abs. 2 S. 1 und 2 JGG
> Die Vertreter der Jugendgerichtshilfe bringen die erzieherischen, sozialen und fürsorgerischen Gesichtspunkte im Verfahren vor dem Jugendgericht zur Geltung. Sie unterstützen zu diesem Zweck die beteiligten Behörden durch Erforschung der Persönlichkeit, der Entwicklung und der Umwelt des Beschuldigten und äußern sich zu den Maßnahmen, die zu ergreifen sind.

Die Jugendgerichtshilfe beginnt bereits beim Vorverfahren, wenn gegen den Jugendlichen ermittelt wird (§ 43 JGG). Sie bringt »die erzieherischen, sozialen und fürsorgerischen Belange« zur Geltung und äußert sich in der Hauptverhandlung umfassend zur Biographie und zur Persönlichkeit des Angeklagten (§ 38 JGG). Sie muß beim Jugendlichen zur Schuldfähigkeit und beim Heranwachsenden zur Anwendung des allgemeinen oder des Jugendstrafrechts Stellung nehmen und stets einen Vorschlag zur Ahndung machen. Der Jugendgerichtshilfe soll der Erlaß eines Haftbefehls mitgeteilt werden. Sie ist zu unterrichten, wenn der Jugendliche nach seiner Festnahme dem Jugendrichter vorgeführt wird, ebenso wenn der Haftbefehl vollstreckt wird. Sie ist vor jeder Erteilung einer Weisung zu hören.

Bericht über Jugendlichen

Mitwirkung im Verfahren

Die Jugendgerichtshilfe steht aber weder im Dienste der Verteidigung des Jugendlichen noch im Dienste der Anklage. Sie soll dafür Gewähr bieten, daß die Erziehungsfunktion des JGG beachtet wird.

Die gesetzlichen Vertreter und die Erziehungsberechtigten haben das gleiche Recht auf Anwesenheit, Anhörung und Antragstellung wie der Angeklagte. Sie sind zur Hauptverhandlung zu laden und können zum Erscheinen gezwungen werden wie ein Zeuge (§ 50 JGG). Sie können als Beistand bestellt werden, wenn nicht ein Fall der notwendigen Verteidigung vorliegt (weil dann ein Rechtsanwalt als Verteidiger bestellt werden muß). Akteneinsicht, die dem Verteidiger immer zusteht, haben sie nur, wenn sie der Vorsitzende gestattet. Sie haben wie der Angeklagte »das letzte Wort«.

Erziehungs-berechtigte im Prozeß

Stellung des Erziehers

In diesem Zusammenhang stellt sich die Frage, inwieweit der Erzieher, dem ein straffälliger Jugendlicher anvertraut ist, zur Auskunftserteilung und zur Zusammenarbeit mit der Jugendgerichtshilfe herangezogen werden kann.

Keine Doppel-funktion

Grundsätzlich ist davon auszugehen, daß der Erzieher dem Jugendlichen auf Grund seiner Aufgabe in einer Weise gegenübersteht, die eine Übertragung der Aufgaben der Jugendgerichtshilfe auf ihn problematisch machen kann. Dies gilt auch für Teilbereiche, wie z.B. die Erstellung eines Berichts zum Entwicklungsstand des Jugendlichen. Die Jugendgerichtshilfe hat die Aufgabe, das Jugendgericht objektiv über den Jugendlichen in bezug auf eine ihm angelastete Verfehlung aufzuklären. Würde der Erzieher diese Aufgabe übernehmen, käme er bei der Erfüllung seiner Erziehungsaufgabe und der übertragenen Aufklärungsarbeit notwendigerweise in einen unlösbaren Interessenkonflikt. Entweder würde er durch einen objektiven Bericht die Vertrauensgrundlage zu dem Jugendlichen zerstören, oder er würde dem Gericht einen nicht objektiven Bericht geben, der die Urteilsfindung erheblich beeinträchtigen kann. Aus diesen Überlegungen ergibt sich die Stellung des Erziehers. Er kann als Angehöriger des Jugendamtes oder eines entsprechenden Verbandes grundsätzlich als Jugendgerichtshelfer auftreten und auch als Bewährungshelfer bestellt werden, soll aber überlegen, ob er damit nicht mit seiner Stellung als Erzieher in Konflikt kommt. Er muß im Rahmen der allgemeinen Mitwirkungspflicht bei der Aufklärung von Straftaten den ermittelnden Behörden Auskunft geben. Diese Auskünfte dürfen zwar nicht wissentlich falsch sein, dürfen aber, soweit es sich um Beurteilungen und Mutmaßungen handelt, subjektiv gefärbt sein. Diese Auskunftspflicht wird durch den Grundsatz der Amtshilfe nach Art. 31 Abs. 1 GG verstärkt, wenn der Erzieher bei einer Einrichtung einer Behörde beschäftigt ist. Zu beachten ist, daß der Erzieher – im Gegensatz zu den Eltern und Geschwistern des angeklagten Jugendlichen – kein Zeugnis- und Aussageverweige-

Interessenkonflikt

Auskunftspflicht

Kein Zeugnis-
verweigerungs-
recht

rungsrecht gegenüber den Ermittlungsbehörden hat. Sollte er von der Tat selbst, z.B. durch eine »Beichte« des Jugendlichen, Kenntnis erlangt haben, so müßte er, sofern erforderlich, über dieses Geständnis vor Gericht auch unter Eid aussagen. Bei der Polizei braucht niemand als Beschuldigter oder Zeuge auszusagen.

Unter Berücksichtigung dieser Abgrenzungen sollte aber der Erzieher bemüht sein, mit der Jugendgerichtshilfe zusammenzuarbeiten, um durch gleichgerichtete Bemühungen den erstrebten Erfolg der Resozialisation erreichen zu können.

Ist der Jugendliche im Rahmen der Hilfe zur Erziehung in einem Heim oder einer vergleichbaren Einrichtung untergebracht, so ist dem Leiter des Heimes bzw. der Einrichtung die Anwesenheit in der Hauptverhandlung gestattet.

Abstufung der anzuordnenden Maßnahmen

Auch die Art der Maßnahmen, die dem Gericht zur Verfügung stehen, zeigt, daß das JGG in erster Linie ein Erziehungsgesetz ist. Der Richter hat drei Arten von Maßnahmen zur Auswahl. Eine Übersicht darüber soll die folgende Tabelle geben.

Voraussichtlicher
Erfolg

Die Auswahl der Maßnahme richtet sich nicht in erster Linie nach der Schwere der Verfehlung, sondern nach der Einsicht des Jugendlichen und der Wirkung, die die betreffende Maßnahme für seine Erziehung voraussichtlich haben wird.

Maßnahmen nach dem JGG

Erziehungsmaßregeln § 9 ff.	Weisungen	z.B. ein Ausbildungsverhältnis oder versicherungspflichtiges Arbeitsverhältnis einzugehen Verkehrsunterricht
	Erziehungs- beistandschaft	
	Erziehung im Heim oder in sonstiger betreuter Wohnform	
Zuchtmittel § 13 ff.	Verwarnung Erteilung von Auflagen	z.B. Schadenswiedergutmachung, Zahlung eines Geldbetrages an eine gemeinnützige Einrichtung
	Jugendarrest als:	Freizeitarrest (höchstens 2 Freizeiten),
		Kurzarrest (wenn zusammen- hängender Arrest sinnvoller – höchstens 4 Tage),
		Dauerarrest (mindestens 1 Woche, höchstens 4 Wochen)
Jugendstrafe § 17 ff.	Freiheitsentzug	mindestens 6 Monate, höchstens 5 Jahre (bei besonders schweren Verbrechen oder bei Heranwach- senden bis zu 10 Jahren)
	Aussetzung der Strafe zur Bewährung	bei Jugendstrafe bis zu 2 Jahren, Bewährungszeit nicht unter 2 Jahren

166

§ 5 JGG

(1) Aus Anlaß der Straftat eines Jugendlichen können Erziehungsmaßregeln angeordnet werden.

(2) Die Straftat eines Jugendlichen wird mit Zuchtmitteln oder mit Jugendstrafe geahndet, wenn Erziehungsmaßregeln nicht ausreichen.

(3) …

Dies heißt, eine schwerwiegendere Maßnahme kann erst angeordnet werden, falls eine leichtere keinen Erfolg verspricht. Dies gilt nur dann nicht, wenn wegen der Schwere der Schuld Jugendstrafe erforderlich ist.

Dem Erziehungscharakter des JGG entspricht es auch, daß eine Jugendstrafe bis zu 1 bis 2 Jahren zur Bewährung ausgesetzt werden kann. Die Zuordnung eines Bewährungshelfers und die Aufstellung eines Bewährungsplanes sollen dem Jugendlichen helfen, sich wieder in die Gesellschaftsordnung einzufügen (§ 21 JGG). Dem Jugendlichen soll also jede Möglichkeit geboten werden, sich trotz seines Verbleibens in der vertrauten Umgebung mit Unterstützung des Bewährungshelfers zu einer selbstverantwortlichen, strafrechtlich unauffälligen Persönlichkeit zu entwickeln.

Bewährung

Nichtöffentlichkeit der Verhandlung

Die Öffentlichkeit von Strafprozessen ist ein elementarer Grundsatz der Strafprozeßordnung. Ein Verstoß dagegen ist allein schon ein ausreichender Grund, ein Urteil aufzuheben.

Im Verfahren gegen Jugendliche weicht man jedoch von diesem Grundsatz ab, um den höherrangigen Zielen des Jugendschutzes gerecht zu werden; d.h. Verhandlungen vor Jugendgerichten, einschließlich der Verkündung von Entscheidungen, sind nicht öffentlich (§ 48 JGG). Dieser Vorschrift liegt die Befürchtung zugrunde, eine öffentliche Verhandlung könnte das Ziel, erzieherisch auf den Jugendlichen einzuwirken, in Frage stellen. Sie soll auch verhindern, daß der Jugendliche durch das Interesse von Zuschauern eine schädliche »negative Publizität« erfährt, die ihn auf seine Straftat vielleicht noch stolz macht. Unter solchen Umständen könnten die angestrebten Erziehungsziele nicht verwirklicht werden. Die Verhandlung gegen Heranwachsende ist grundsätzlich öffentlich. Die Öffentlichkeit kann aber für das ganze Verfahren in seinem Interesse ausgeschlossen werden (§ 109 JGG).

Übergeordneter Gesichtspunkt Jugendschutz

Das JGG ist nicht als Strafgesetz, sondern als Erziehungsgesetz ausgelegt. Die Schwere der Tat, die Einsichtsfähigkeit des Jugendlichen und sein Reifegrad entscheiden über die Art des Verfahrens. Dem Jugendrichter stehen formlose Verfahren, das vereinfachte Jugendverfahren und das reguläre Verfahren zur Verfügung. Insbesondere bei den letzten beiden Verfahrensarten ist die Mitwirkung der Jugendgerichtshilfe erforderlich. Diese Hilfe wird vom Jugendamt oder von anerkannten Trägern der freien Jugendhilfe übernommen. Die Jugendgerichtshilfe wirkt bei jedem Verfahrensabschnitt mit. Zur Vorbereitung des Verfahrens verfertigt sie einen Bericht über die Biographie des Angeklagten, seine Persönlichkeitsentwicklung, Ausbildungs- und Berufssituation, soziales Umfeld. In der Hauptverhandlung vertritt sie – ohne Partei zu sein – die erzieherischen Belange und macht einen Vorschlag zur Ahndung. Am Vollzug der Entscheidung ist die Jugendgerichtshilfe insoweit beteiligt, als sie angeordnete Weisungen überwacht, mit dem zugeteilten Bewährungshelfer zusammenarbeitet und die Resozialisierung des Jugendlichen vorbereitet.

Zusammenfassung

Der Erzieher ist im Ermittlungsverfahren und in der Hauptverhandlung zur Auskunft verpflichtet. Ein Aussageverweigerungsrecht über die Tat oder über belastende Beobachtungen steht ihm nicht zu. Die Auskunftverpflichtung ergibt sich allgemein aus dem JGG und aus dem Institut der Amtshilfe. Dies heißt jedoch nicht, daß der Erzieher selbst ganz oder teilweise die Arbeit der Jugendgerichtshilfe übernehmen soll.

Die gesetzlichen Vertreter und Erziehungsberechtigten sind zur Hauptverhandlung zu laden. Sie sind als Interessenvertreter am Verfahren beteiligt. Alle Entscheidungen sind ihnen bekanntzumachen. Im Verfahren können sie Anträge stellen und können entweder einen Verteidiger bestellen oder sich selbst als Beistand bestellen lassen. Akteneinsicht haben sie nur, wenn der Vorsitzende des Jugendgerichts sie genehmigt. Verhandlungen vor dem Jugendgericht, einschließlich der Verkündung von Entscheidungen, sind außer bei Heranwachsenden nicht öffentlich.

Das Jugendgericht kann Erziehungsmaßregeln (Weisungen, Erziehungsbeistandschaft, Erziehung in einem Heim oder in einer sonstigen betreuten Wohnform), Zuchtmittel (Verwarnung, Auferlegung besonderer Pflichten, Jugendarrest) und Jugendstrafe verhängen.

Der Vollzug der Jugendstrafe kann zur Bewährung ausgesetzt werden. In einem Bewährungsplan setzt der Richter bestimmte Weisungen fest und teilt dem Jugendlichen einen Bewährungshelfer für die gesamte Bewährungszeit oder einen Teil davon zu. Der Bewährungshelfer steht dem Probanden helfend und betreuend zur Seite. Er überwacht seine Lebensführung und die Erfüllung der erteilten richterlichen Weisungen. Grobe Verstöße und Zuwiderhandlungen sind dem Richter zu melden.

Erzieher als Arbeitnehmer

Die Erzieherin übt ihren Beruf in der Regel im Angestelltenverhältnis aus. Weil sie als Arbeitnehmerin meistens wirtschaftlich schwächer ist als der Arbeitgeber, gibt es Gesetze, die sie gegenüber dem Anstellungsträger schützen. Mit solchen Gesetzen und anderen Rechtsnormen, die das Anstellungsverhältnis mit seinen Rechten und Pflichten regeln, wollen wir uns im letzten Kapitel befassen.

Unter Arbeitsrecht verstehen wir das Sonderrecht der Personen, die in abhängiger Arbeit beschäftigt sind. Mit abhängiger Arbeit ist eine Arbeitsleistung gemeint, die jemand für einen anderen erbringt, zu dem er in einem persönlichen Abhängigkeitsverhältnis steht. *Sonderrecht der Arbeitnehmer*
Wir wollen nun klären, was ein Arbeitsverhältnis ist, wie es zustande kommt, welche Rechte und Pflichten sich daraus ergeben und wie es endet.

1. Begriff des Arbeitsverhältnisses

Definition 1
● Unter Arbeitsverhältnis verstehen wir ein Rechtsverhältnis (also Rechtsbeziehungen) zwischen einem Arbeitgeber und einem Arbeitnehmer, das durch einen Arbeitsvertrag begründet wird. *Rechtsverhältnis zwischen Arbeitgeber und Arbeitnehmer*

Arbeitgeber ist jeder, der einen anderen in einem Arbeitsverhältnis als Arbeitnehmer beschäftigt. Arbeitgeber können Privatpersonen oder juristische Personen sein (Gemeinden, Städte, Kirchengemeinden, Kirchenstiftungen und eingetragene Vereine). *Arbeitgeber*

Arbeitnehmer ist, wer auf Grund eines privatrechtlichen Vertrages zur Leistung von Diensten verpflichtet und dabei weisungsgebunden ist. *Arbeitnehmer*

Keine Arbeitnehmer sind daher Vereinsmitglieder, Vorstandsmitglieder eines Vereins und Personen, die aus ideellen Beweggründen (z.B. Ordensangehörige, Diakonissen) abhängige Arbeit leisten. Für sie gelten die arbeitsrechtlichen Bestimmungen nicht. Bei Ordensangehörigen schließen die Mutterhäuser sog. Gestellungsverträge mit den Arbeitgebern.

Jeder Arbeitnehmer ist entweder Angestellter oder Arbeiter. Als Angestellte gelten Arbeitnehmer, die kaufmännische, büromäßige, anleitende, beaufsichtigende, pflegerische, unterrichtende oder künstlerische Tätigkeiten ausüben. Alle anderen Arbeitnehmer sind Arbeiter. Das pädagogische Fach- und Hilfspersonal ist danach zur Gruppe der Angestellten, die Köchin und die Putzfrau sind zu den Arbeitern zu zählen, auch wenn sie Monatsgehälter beziehen. *Erzieher sind Angestellte*

169

Sind Praktikanten auch Arbeitnehmer?

Definition 2
- Praktikanten sind Personen, die berufliche Kenntnisse, Fertigkeiten und Erfahrungen in einem Betrieb oder einer Einrichtung erwerben sollen, weil sie diese im Rahmen ihrer Gesamtausbildung nachweisen müssen.

Vor- und Berufspraktikanten sind Arbeitnehmer

Mit den Praktikanten des Vor- und Berufspraktikums im Rahmen der Ausbildung zum staatlich anerkannten Erzieher werden besondere Ausbildungsverträge vereinbart, die sich von normalen Arbeitsverträgen vor allem dadurch unterscheiden, daß bei ihnen der Ausbildungszweck im Vordergrund steht. Auch auf sie werden die für ein Arbeitsverhältnis geltenden Vorschriften angewandt, soweit das Berufsbildungsgesetz, das gemäß § 19 für solche Ausbildungsverträge gilt, der Ausbildungsvertrag und ministerielle Ausbildungsrichtlinien nichts anderes vorsehen. Die ministeriellen Ausbildungsrichtlinien gelten für das Arbeitsverhältnis nur, wenn beide Vertragspartner (der Praktikant und der Arbeitgeber) darüber einig sind, daß sie Inhalt des Arbeitsverhältnisses sein sollen. Diese Praktikanten haben auch einen Anspruch auf eine angemessene Vergütung.

Schulpraktikanten sind keine Arbeitnehmer

Andere Praktikanten, deren Praktikum Bestandteil einer Schul- oder Hochschulausbildung ist (z. B. das Praktikum der Schüler bzw. Studenten von Fachschulen, Berufsfachschulen, Fachoberschulen, Fachakademien, Fachhochschulen und anderen Hochschulen), sind keine Arbeitnehmer. Sie sind nicht in den Betrieb eingegliedert und leisten keine abhängige Arbeit. Für sie gilt das Berufsbildungsgesetz nicht. Sie haben auch keinen Anspruch auf Vergütung.
Für Berufspraktikanten im öffentlichen Dienst (vor allem bei Gemeinden oder Städten) gilt außerdem der Tarifvertrag über die Regelung der Arbeitsbedingungen der Praktikanten.

2. Entstehung eines Arbeitsverhältnisses

Arbeitsvertrag

Ein Arbeitsverhältnis wird durch einen Arbeitsvertrag begründet. Der Arbeitsvertrag ist eine besondere Art des in den §§ 611–630 BGB geregelten Dienstvertrages. Er wird zwischen dem Arbeitgeber (Dienstberechtigten) und dem Arbeitnehmer (Dienstverpflichteten) geschlossen. Als Hauptpflichten stehen sich die Pflicht des Arbeitnehmers zur Arbeitsleistung und die Pflicht des Arbeitgebers zur Zahlung einer Vergütung gegenüber.

Bewerbung und Vorstellung

Arbeitsvermittlung durch das Arbeitsamt

Wenn ein Erzieher einen Arbeitsplatz sucht, wird er sich für Stellenangebote in Tageszeitungen und Zeitschriften interessieren. Er kann sich auch um eine Stellenvermittlung durch das Arbeitsamt bemühen. Bevor Arbeitgeber und Arbeitnehmer den Arbeitsvertrag abschließen, führen sie meistens ein Einstellungsgespräch, bei dem der Bewerber Näheres über die Arbeitsstelle und ihre Anforderungen erfährt. Der Arbeitgeber erkundigt sich dabei nach den persönlichen Verhältnissen des Bewerbers.

Welche Fragen darf der Arbeitgeber dem Bewerber stellen?

Der Arbeitgeber darf nur solche Fragen stellen, die mit der Arbeitsstelle oder der zu leistenden Arbeit im Zusammenhang stehen. Andere Fragen brauchen nicht beantwortet zu werden.

Beispiel 1

Der Bewerber muß Fragen nach der beruflichen Qualifikation – insbesondere nach Zeugnisnoten – wahrheitsgemäß beantworten;

auch Fragen nach früheren Arbeitsverhältnissen. Die Frage nach der Gewerkschaftszugehörigkeit ist grundsätzlich unzulässig. Sie ist nur berechtigt, wenn der Arbeitgeber gleichzeitig mitteilt, daß er Mitglied eines bestimmten Arbeitgeberverbandes ist und die Angaben zur Prüfung der Tarifbindung benötigt.

Ob der Bewerber oder die Bewerberin bald heiraten will, darf nicht gefragt werden, auch nicht, ob die Bewerberin schwanger ist. Von einer bloßen Vermutung der Schwangerschaft braucht sie nichts zu sagen. Von sich aus braucht sie auf eine Schwangerschaft auch nicht aufmerksam zu machen. Die Frage nach der letzten Periode (Menstruation) ist selbstverständlich erst recht unzulässig. Der Bewerber braucht frühere Krankheiten nicht zu offenbaren. Auf Frage muß er jedoch seinen Gesundheitszustand im Hinblick auf seine Einsatzbereitschaft angeben.

Die Frage nach den Vermögensverhältnissen ist beim pädagogischen Fach- und Hilfspersonal unzulässig. Nach Vorstrafen darf im öffentlichen Dienst nur gefragt werden, wenn und soweit die zu besetzende Arbeitsstelle oder die zu leistende Arbeit das erfordert. Ein Erzieher darf z.B. danach gefragt werden, ob er wegen Aufsichtspflichtverletzung oder eines Sittlichkeitsdelikts vorbestraft ist. Im allgemeinen kann der Bewerber sich als unbestraft bezeichnen, wenn die Strafe nicht im Strafregister eingetragen ist oder wegen Fristablaufs nicht mehr in das Führungszeugnis aufgenommen werden darf.

Nach der Religions- und Parteizugehörigkeit darf grundsätzlich nicht gefragt werden, nach der Religionszugehörigkeit jedoch schon, wenn der Bewerber bei einem konfessionellen Träger angestellt werden will.

Die Vorstellungskosten trägt der Arbeitgeber

Unabhängig davon, ob es zum Abschluß eines Arbeitsvertrages kommt, kann der Bewerber vom Arbeitgeber die ihm entstandenen notwendigen Auslagen (Fahrt-, Übernachtungs- und Verpflegungskosten) ersetzt verlangen, nicht aber die Abgeltung für einen Urlaubstag. Voraussetzung für diesen Anspruch ist, daß der Arbeitgeber den Bewerber aufgefordert hat, sich bei ihm vorzustellen. Will der Arbeitgeber die Auslagen nicht erstatten, muß er das dem Bewerber vor Antritt der Reise rechtzeitig und ausdrücklich mitteilen.

Vertragsabschluß durch Minderjährige

Minderjährige brauchen zum Abschluß eines Arbeits- oder Ausbildungsvertrages die Zustimmung ihrer gesetzlichen Vertreter (Einzelheiten dazu siehe Kapitel 5, Abschnitte 5 bis 7).

Form des Arbeitsvertrages

Grundsätzlich bedarf der Arbeitsvertrag keiner bestimmten Form; er braucht also insbesondere nicht schriftlich abgeschlossen zu werden. Die mündliche Einigung zwischen Arbeitgeber und Arbeitnehmer über die wichtigsten Arbeitsbedingungen genügt für den wirksamen Abschluß des Arbeitsvertrages. Vereinbaren die Vertragsparteien nur den Eintrittstermin und die Art der Arbeitsleistung, ohne über die Vergütung zu sprechen, dann genügt auch das für den wirksamen Abschluß des Arbeitsvertrages; in diesem Falle ist der Arbeitgeber zur Zahlung der üblichen Vergütung verpflichtet, § 612 Abs. 2 BGB.

Schriftform nicht notwendig

Sogar ein bestimmtes Verhalten begründet einen Arbeitsvertrag, wenn daraus auf einen Vertragsabschluß geschlossen werden kann (z.B. Aushändigung der Arbeitspapiere, Zuweisung einer bestimmten Aufgabe oder einer Gruppe von Kindern).

Tarifverträge sehen Schriftform vor	Schriftform ist häufig in Tarifverträgen vorgesehen. Die Vertragspartner können auch vereinbaren, daß der Arbeitsvertrag schriftlich abgeschlossen werden soll, wobei allerdings zweifelhaft sein kann, ob die Form konstitutive Bedeutung hat, d. h. die Gültigkeit des Vertrages von der Einhaltung der Form abhängig ist oder ob die Form nur gewählt ist, um ein Beweismittel in der Hand zu haben (deklaratorische Bedeutung der Form). Nur im ersten Falle wäre der Vertrag ungültig, wenn die Form nicht eingehalten worden ist (§ 125 S. 1 BGB). Dann läge ein sogenanntes faktisches Arbeitsverhältnis vor. Während der Dauer des faktischen Arbeitsverhältnisses richten sich nach h. A. die Rechte und Pflichten von Arbeitgeber und Arbeitnehmer grundsätzlich nach den Vorschriften, die für ein wirksames Arbeitsverhältnis gelten. Der Arbeitnehmer hat Anspruch auf eine angemessene oder übliche Vergütung. Statt einer Kündigung genügt eine form- und fristlose Beendigungserklärung.

Das Prinzip der Vertragsfreiheit

Freie Vereinbarung der Arbeitsbedingungen	Für den Arbeitsvertrag gilt grundsätzlich das Prinzip der Vertragsfreiheit, d. h. die Vertragsparteien können die Arbeitsbedingungen (Umfang und Inhalt der Rechte und Pflichten des Arbeitnehmers) frei vereinbaren. Diese Vertragsfreiheit ist jedoch zum Schutz des Arbeitnehmers, der in der Regel die schwächere Partei ist, durch zwingende gesetzliche und tarifvertragliche Regelungen in mannigfacher Hinsicht eingeschränkt.

3. Rechtliche Grundlagen des Arbeitsverhältnisses

Wesentliche Rechtsgrundlage	**a) Der Arbeitsvertrag** ● Für die wesentlichen Rechte und Pflichten zwischen Arbeitnehmer und Arbeitgeber (Vergütung, Arbeitszeit, Urlaub) ist der Arbeitsvertrag maßgeblich, wenn nicht zwingende gesetzliche Regelungen oder ein Tarifvertrag etwas anderes vorschreiben.

Welche Bedeutung hat eine Dienstordnung?

Weitere Arbeitsbedingungen	Der Arbeitsvertrag wird im sozialpädagogischen Bereich häufig durch eine sogenannte Dienstordnung ergänzt, die weitere wesentliche Arbeitsbedingungen (Rechte und Pflichten) enthalten kann.

> Beispiel 2
> So kann die Dienstordnung regeln, wann die tägliche Arbeitszeit beginnt und endet, welche Zeiten für die Vor- und Nachbereitung, die elterliche Beratung, die Mitarbeiterkonferenzen auf die Dienstzeit angerechnet werden, wann der Urlaub zu nehmen ist u. a.

Bestandteil des Arbeitsvertrages	Die Dienstordnung gehört zum Inhalt des Arbeitsvertrages, wenn sich Arbeitnehmer und Arbeitgeber darüber geeinigt und sie ausdrücklich zum Bestandteil des Vertrages erklärt haben. In diesem Falle kann sie dann auch nur geändert werden, wenn beide Vertragspartner sich darüber verständigen. Ansonsten müßte der Vertragspartner, der eine andere Regelung will, das Arbeitsverhältnis zum Zwecke der Änderung kündigen (Änderungskündigung).
Meistens nur Dienstanweisung	Meistens ist die Dienstordnung nur eine geschriebene Dienstanordnung – auch Dienstanweisung – des Arbeitgebers. Er hat auf Grund seines Direktions- oder Weisungsrechts die Berechtigung, solche Anweisungen zu geben, zu ändern oder zurückzunehmen.

b) Zwingende gesetzliche Regelungen

Den arbeitsvertraglichen Bestimmungen gehen zwingende gesetzliche oder tarifvertragliche Regelungen vor. Wenn nach dem Wortlaut oder Sinn eines Gesetzes bestimmte Arbeitsbedingungen nicht zuungunsten des Arbeitnehmers geändert werden dürfen, können Arbeitgeber und Arbeitnehmer keine Vereinbarung (vertragliche Abmachung) treffen, die den Arbeitnehmer schlechter stellt, als das Gesetz es vorsieht. Vereinbaren sie dennoch eine solche Arbeitsbedingung, hat der Arbeitnehmer gleichwohl Anspruch auf die Arbeitsbedingung, die im Gesetz festgelegt ist.

Beispiel 3

Arbeitsschutz-bestimmungen

Solche gesetzliche Regelungen finden sich insbesondere zum Schutz des Arbeitnehmers
– im Grundgesetz (GG). Nichtig wäre nach Art. 9 Abs. 3 S. 2 GG eine Vertragsbestimmung, nach der das Arbeitsverhältnis bei Eintritt des Arbeitnehmers in eine Gewerkschaft endet. Dieser Grundrechtsartikel schützt die Koalitionsfreiheit des einzelnen.
Aus dem Grundrecht der freien Berufswahl (Art. 12 GG) leitet die Rechtsprechung ab, daß der Arbeitgeber bei der Gewährung von Zuwendungen (z. B. Weihnachtsgratifikation, Erstattung von Umzugskosten) sich die Rückzahlung dieser Zuwendung für den Fall des Ausscheidens des Arbeitnehmers aus dem Arbeitsverhältnis nur für einen bestimmten Zeitraum vorbehalten darf.
Weitere Schutzbestimmungen kennen:
– Das Entgeltfortzahlungsgesetz (Gehaltsfortzahlung für Arbeitnehmer im Krankheitsfall bis zu sechs Wochen), sofern nicht der Arbeitsvertrag oder der Tarifvertrag längere Fristen vorsehen.
– Das Arbeitszeitgesetz (ArbZG). Hier ist u. a. festgelegt, welche Arbeitszeit ein Arbeitnehmer an einem Werktag höchstens leisten darf und welche Ruhepausen während der Arbeitszeit mindestens eingehalten werden müssen.
– Das Bundesurlaubsgesetz (BUrlG). Es schreibt für alle Arbeitnehmer einen bezahlten Mindesterholungsurlaub von 24 Werktagen vor, der nur dann in Geld abgegolten werden darf, wenn das Arbeitsverhältnis endet, bevor der Urlaub angetreten werden kann.
– Das Mutterschutzgesetz (MuSchG) mit seinen Beschäftigungsverboten bei Lohnfortzahlung, dem Beschäftigungsverbot für die Zeit von sechs Wochen vor bis acht Wochen nach der Entbindung, bei Mehrlings- und Frühgeburten bis zwölf Wochen, mit dem Verbot von Mehrarbeit und dem Kündigungsverbot für den Arbeitgeber während der Schwangerschaft bis zum Ablauf von vier Monaten nach der Entbindung und während des Erziehungsurlaubs.
– Das Jugendarbeitsschutzgesetz (JArbSchG), das auch für Praktikantenverhältnisse gilt, mit seinen begrenzten täglichen Arbeitszeiten, seinem verlängerten Urlaub, den Beschäftigungsverboten und -beschränkungen und den Vorschriften über die gesundheitliche Betreuung (siehe Kapitel 13).
– Das Kündigungsschutzgesetz (KSchG) mit seinem Schutz vor einer sozial ungerechtfertigten Kündigung; das ist dann der Fall, wenn die Kündigung nicht durch Gründe, die in der Person oder dem Verhalten des Arbeitnehmers liegen, oder durch dringende betriebliche Erfordernisse bedingt ist.

Nicht zwingende gesetzliche Regelungen, sogenannte nachgiebige Gesetzesbestimmungen, brauchen nur insoweit berücksichtigt zu werden, als im Arbeitsvertrag nichts Gegenteiliges vereinbart ist.

c) Der Tarifvertrag

Definition 3
● Tarifverträge sind privatrechtliche Verträge zwischen tariffähigen Parteien (Gewerkschaften, einzelnen Arbeitgebern oder Vereinigungen von Arbeitgebern).

Die Tarifvertragsparteien können im Tarifvertrag vor allem Rechtsnormen über den Abschluß (z.B. Schriftform), Inhalt (z.B. Arbeitsentgelt, Urlaub usw.) und Beendigung von Arbeitsverhältnissen (Kündigung) schaffen.

Regelt zwingend das Arbeitsver-hältnis
● Sie regeln unmittelbar und zwingend die einzelnen Arbeitsverhältnisse zwischen den Mitgliedern der Tarifvertragsparteien, d.h. sie gelten für das einzelne Arbeitsverhältnis, ohne daß dies im Arbeitsvertrag gesagt sein muß, und sie können nicht zum Nachteil des Arbeitnehmers im Arbeitsvertrag ausgeschlossen werden, wenn nicht der Tarifvertrag abweichende Abmachungen ausdrücklich zuläßt.

Wenn Vertrags-parteien tarif-gebunden sind
● Die Rechtsnormen des Tarifvertrages gelten für das Arbeitsverhältnis aber nur dann zwingend, wenn die Parteien des Arbeitsvertrags tarifgebunden, also Mitglieder von Tarifvertragsparteien sind. Der Arbeitgeber muß also zu dem betreffenden Arbeitgeberverband, der Arbeitnehmer zu der betreffenden Gewerkschaft gehören.

Kommunale Kindergärten und Heime stellen nach dem BAT an

Tarifvertrags-parteien
Im sozialpädagogischen Bereich haben wir den Bundes-Angestelltentarifvertrag (BAT) mit der Bundesrepublik Deutschland, der Tarifgemeinschaft deutscher Länder und der Vereinigung der kommunalen Arbeitgeberverbände (VkA) auf der Arbeitgeberseite und der Gewerkschaft Öffentliche Dienste, Transport und Verkehr (ÖTV) und der Tarifgemeinschaft für Angestellte im öffentlichen Dienst auf der Arbeitnehmerseite. Dieser Tarifvertrag gilt für alle Arbeitnehmer des Bundes, der Länder, Kommunen und Kommunalverbände (Gemeinden, aus Gemeinden gebildete Zusammenschlüsse, Städte, Landkreise und Bezirke), sofern sie tarifgebunden sind. Die Arbeitgeber des öffentlichen Dienstes machen allerdings in der Praxis keinen Unterschied, ob ein Arbeitnehmer der Gewerkschaft angehört oder nicht. Sie erklären in aller Regel den BAT zum Inhalt des Einzelarbeitsvertrages, indem im Arbeitsvertrag festgelegt wird, daß die Regelungen des BAT für das Arbeitsverhältnis gelten sollen. Die Tarifbestimmungen werden hier durch Vereinbarung der Vertragspartner Inhalt des Einzelarbeitsvertrages.

Freie Träger wenden den BAT häufig entsprechend an

Nichtkommunale Träger, also freigemeinnützige und sonstige Träger von sozialpädagogischen Einrichtungen, wenden häufig den BAT entsprechend an, d.h. sie machen die Regelungen des BAT oder Teile davon zum Inhalt des Arbeitsvertrages. Vor allem in der Eingruppierung (Vergütungsgruppe, Tarifklasse) der pädagogischen Mitarbeiter lehnen sich die freien Träger dem BAT in der für den Bereich der Vereinigung der kommunalen Arbeitgeberverbände (VkA) geltenden Fassung an.

Welche Bedeutung haben die AVR?

Entsprechen weit-gehend dem BAT
Freie Träger haben für ihren Bereich Arbeitsvertrags-Richtlinien (AVR) erlassen; so gibt es z.B. AVR des Deutschen Caritasverbandes und AVR des Diakonischen Werkes. Mit der Eingruppierung (Vergütungsgruppen) und den Vergü-

tungssätzen (Vergütungshöhe) lehnen sich die AVR eng an die entsprechenden Regelungen des BAT an. Die Vergütungssätze sind sogar identisch. Rechtlich sind die AVR als vorformulierte Vertragsbedingungen anzusehen. Sie müssen erst zum Inhalt des einzelnen Vertrages erklärt werden, wenn sie gültig für das einzelne Arbeitsverhältnis sein sollen. Tarifverträge sind sie nicht.

d) Betriebsvereinbarung und Dienstvereinbarung

Definition 4
● Die Betriebsvereinbarung ist nach h. M. ein privatrechtlicher Vertrag zwischen dem Arbeitgeber und dem Betriebsrat, durch den auch Arbeitsbedingungen unmittelbar und zwingend gestaltet werden können, soweit zwingende gesetzliche Vorschriften oder Tarifverträge solche Regelungen zulassen.

Eine Betriebsvereinbarung kann keine Arbeitsbedingungen regeln, die üblicherweise durch Tarifverträge geregelt werden, so z. B. nicht Vergütungen oder die Länge der wöchentlichen Arbeitszeit, wohl aber den täglichen Beginn oder das Ende der Arbeitszeit.

Der Betriebsvereinbarung entspricht im Bereich des öffentlichen Dienstes die Dienstvereinbarung. Sie ist nach h. A. ein öffentlich-rechtlicher Vertrag zwischen dem öffentlichen Arbeitgeber und dem Personalrat über bestimmte Arbeitsbedingungen. *Dienst-vereinbarung*

Betriebs- und Dienstvereinbarungen sind im sozialpädagogischen Bereich relativ selten. Regelungen über Beginn und Ende der täglichen Arbeitszeit, Anrechnung von Zeiten für die Vor- und Nachbereitung, Elternberatung, Mitarbeiterkonferenzen usw. auf die Arbeitszeit u. a. erfolgen meist in Dienstordnungen oder durch Dienstanordnungen des Arbeitgebers, zu denen er auf Grund seines Direktions- oder Weisungsrechts berechtigt ist. *Selten im sozial-pädagogischen Bereich*

e) Betriebliche Übung

Definition 5
● Unter betrieblicher Übung versteht man die tatsächliche, gleichmäßige Übung innerhalb eines Betriebes oder bei einem Anstellungsträger (Zahlung von Weihnachtsgeld oder anderen Gratifikationen, ohne durch Tarifvertrag dazu verpflichtet zu sein), die stillschweigend zum Inhalt des Arbeitsvertrages wird oder zur Auslegung des Arbeitsvertrages herangezogen werden kann.

Entscheidend ist dabei, ob die Arbeitnehmer davon ausgehen durften, daß der Arbeitgeber sich rechtlich dahin binden will, sich in Zukunft wie bisher schon zu verhalten. Die betriebliche Übung dient in der Praxis auch zur Ausfüllung der Treue- und Fürsorgepflichten und als Richtschnur und Begrenzung der Ausübung des Direktionsrechts. *Bindet den Arbeitgeber*

f) Direktionsrecht oder Weisungsrecht

Mit dem Arbeitsvertrag ist im allgemeinen nur die Art der Arbeitsverpflichtung des Arbeitnehmers festgelegt. Die Einzelheiten der Aufgabenstellung ergeben sich aus ihm nicht. *Genauere Bestimmungen der Dienst-pflichten*

● Zur Konkretisierung der jeweiligen Pflichten des Arbeitnehmers hat der Arbeitgeber daher ein Weisungs- oder Direktionsrecht.

175

- Der Arbeitgeber kann damit die im Arbeitsvertrag noch nicht genau festgelegten Leistungspflichten des Arbeitnehmers und sein Verhalten im Dienst – für das Verhalten außerhalb des Dienstes haben nach h. A. nur konfessionelle Arbeitgeber ein begrenztes Weisungsrecht – nach billigem Ermessen regeln.

Bei der Ausübung seines Direktionsrechts muß der Arbeitgeber vertragliche Vereinbarungen, Arbeitnehmerschutzgesetze, einen eventuell einschlägigen Tarifvertrag, etwaige Betriebs- oder Dienstvereinbarungen beachten. Sie gehen also dem Direktionsrecht vor. Wenn die Weisung – die für den Einzelfall oder allgemein als Dienstanordnung erteilt sein kann – gegen eine der genannten Regelungen verstößt oder sittenwidrig (z. B. Anweisung zu lügen) ist, braucht der Arbeitnehmer sie nicht zu befolgen. Der Arbeitgeber kann auch nicht zu einer strafbaren oder einer mit Geldbuße bedrohten Handlung anweisen.

Weisungsrecht im Kindergarten

Beispiel 4
Im Kindergarten werden durch allgemeine Anordnungen oder auch Einzelanweisungen die genauen Dienstzeiten, die Öffnungs- und Arbeitszeiten, die Anrechnung von Vor- und Nachbereitungszeiten auf die Arbeitszeit, die genauen Aufgaben der Leitung und Gruppenleitung geregelt. Der Arbeitgeber (Rechtsträger) kann auf Grund seines Weisungsrechts Einfluß nehmen auf die pädagogische Arbeit der Erzieherinnen in der Gruppe, auf die Zusammenarbeit der Gruppenleiterinnen untereinander und mit der Kindergartenleiterin, die Zusammenarbeit mit den Eltern und dem Elternbeirat usw. Größtenteils wird er – jederzeit widerruflich – sein Weisungsrecht gegenüber den Gruppenleiterinnen, dem pädagogischen Hilfspersonal und dem sonstigen Personal auf die Kindergartenleiterin delegieren. Im Umfang der Delegation hat dann die Kindergartenleiterin Weisungsrecht. Ähnliches gilt im Heimbereich.

Wenn es um die Ordnung der Dienststelle oder das Verhalten der Arbeitnehmer im Betrieb geht, hat der Betriebsrat oder der Personalrat bei kommunalen Arbeitgebern bzw. die Mitarbeitervertretung bei kirchlich-karitativen Trägern ein Mitwirkungsrecht.

Teilzusammen-fassung

Das Arbeitsverhältnis ist das besondere Rechtsverhältnis zwischen einem Arbeitgeber und einem Arbeitnehmer. Der Arbeitnehmer leistet abhängige Arbeit. Auch Vor- und Berufspraktikanten sind Arbeitnehmer. Das Arbeitsverhältnis wird durch einen Arbeitsvertrag begründet, der nicht schriftlich geschlossen sein muß, um wirksam zu sein. Soweit nicht zwingende gesetzliche Regelungen entgegenstehen oder ein einschlägiger Tarifvertrag etwas anderes vorsieht, können die Arbeitsbedingungen (Rechte und Pflichten aus dem Arbeitsverhältnis) zwischen dem Arbeitgeber und dem Arbeitnehmer frei vereinbart werden. Der einschlägige Tarifvertrag für angestellte Erzieher ist der BAT. Zur genaueren Festlegung der Aufgaben und Pflichten des Arbeitnehmers steht dem Arbeitgeber ein Weisungsrecht zu.

4. Pflichten des Arbeitnehmers aus dem Arbeitsverhältnis

Der Arbeitnehmer ist nach dem Arbeitsvertrag vor allem zur Arbeitsleistung verpflichtet. Außerdem hat er bestimmte »Treue- und Gehorsamspflichten«.

Arbeitspflicht

Art, Ort und Zeitumfang der Arbeitsleistung gehören zu den Arbeitsbedingungen. Sie sind im Arbeitsvertrag und in den sonstigen rechtlichen Grundlagen des Arbeitsverhältnisses (Gesetzen, Tarifvertrag) geregelt. Weil diese Arbeitsbedingungen nicht in allen Einzelheiten im Anstellungsvertrag, in Gesetzen oder im Tarifvertrag festgelegt sein können, hat der Arbeitgeber ein Weisungsrecht (siehe oben).

Welche Arbeit der Arbeitnehmer zu verrichten hat, bestimmt sich, soweit es nicht vertraglich genau festgelegt ist, danach, was von anderen Arbeitnehmern in gleicher Stellung üblicherweise verlangt werden kann. Eine andere als die vereinbarte Arbeit kann der Arbeitgeber nur in Notfällen und für begrenzte Zeit fordern. In jedem Fall muß die Arbeit den körperlichen und geistigen Fähigkeiten des Arbeitnehmers entsprechen und zumutbar sein.

Art der Arbeit

> Beispiel 5
> Wenn die Küchenhilfe in einem Kindergarten ausfällt, kann einem Erzieher für begrenzte Zeit zugemutet werden, in der Küche auszuhelfen.

Wo die Arbeit zu leisten ist, ist dem Arbeitsvertrag zu entnehmen. Auch ohne besondere Vereinbarung kann der Arbeitnehmer am gleichen Ort in eine andere Einrichtung (z. B. Kindergarten) versetzt werden.

Ort der Arbeit, Versetzung in einen anderen Kindergarten, Arbeitszeit

Die Arbeitszeit wird – wie die übrigen Arbeitsbedingungen auch – im Arbeitsvertrag vereinbart. Wenn die Vertragsparteien Dauer und Lage der Arbeitszeit nicht ausdrücklich festgelegt haben, gilt die betriebsübliche Arbeitszeit als vereinbart. Anfang und Ende der täglichen Arbeitszeit, Bereitschaftsdienst und Pausen kann der Arbeitgeber gemäß seinem Weisungsrecht bestimmen.

Der Umfang der Arbeitszeit ist allerdings durch Tarifvertrag – sofern ein solcher für das Arbeitsverhältnis gilt – und durch gesetzliche Regelungen (Arbeitszeitgesetz, Mutterschutzgesetz und Jugendarbeitsschutzgesetz) weitgehend beschränkt.

Umfang der Arbeitszeit ist durch Tarifvertrag und Gesetz beschränkt

So darf – von Notfällen abgesehen – die werktägliche Arbeitszeit 8 Stunden nicht überschreiten. Sie kann bis auf 10 Stunden verlängert werden, wenn innerhalb von 6 Kalendermonaten oder innerhalb von 24 Wochen im Durchschnitt 8 Stunden nicht überschritten werden (§ 3 ArbZG). Die Ruhepausen rechnen nicht zur Arbeitszeit (§2 Abs. 1 ArbZG). Sie müssen im voraus feststehen und die Arbeit 30 Minuten bei einer Arbeitszeit von mehr als 6 Stunden und 45 Minuten bei einer Arbeitszeit von mehr als 9 Stunden unterbrechen. Die Ruhepausen können auch in Zeitabschnitte von mindestens 15 Minuten aufgeteilt werden (§4 ArbZG).

Weitere Ausnahmen und nähere Regelungen zur Arbeitszeit, Nachtarbeit und zur Sonntags- und Feiertagsarbeit können Tarifverträge, Betriebsvereinbarungen und, wenn solche für eine Einrichtung nicht gelten, diesen entsprechende einzelvertragliche Regelungen vorsehen. Die Kirchen können entsprechende Abweichungen auch in ihren Regelungen vorsehen.

Arbeitet der Arbeitnehmer länger, als im Arbeitsvertrag vereinbart oder im Tarifvertrag geregelt ist, dann leistet er Überarbeit (Überstunden), die entweder mit Freizeit ausgeglichen oder mit einem Zuschlag vergütet wird. Der Arbeitnehmer kann Überarbeit bis zum gesetzlich erlaubten Umfang nicht verweigern.

Überarbeit (Überstunden)

Treuepflicht

Als Folge des persönlichen Charakters des Arbeitsverhältnisses hat der Arbeitnehmer auch eine Treuepflicht, der auf der anderen Seite die Fürsorgepflicht des Arbeitgebers entspricht. Grundsätzlich läßt sich dazu sagen: Je mehr Vertrauen der Arbeitgeber dem Arbeitnehmer entgegenbringt, desto größer ist die Treuepflicht des Arbeitnehmers.

*Interessen-
wahrnehmung*

Die Treuepflicht verlangt vom Arbeitnehmer, daß er die Interessen des Arbeitgebers in zumutbarem Umfang wahrnimmt. So muß er darauf achten, daß die Sachen des Arbeitgebers (z.B. Geräte, Spielsachen, Räume) nicht beschädigt und Schäden gemeldet werden. Desgleichen muß er auf drohenden Schaden

*Haftung bei
Pflichtverletzung*

an oder durch Sachen (z.B. defektes Klettergerüst, lockeres Treppengeländer) hinweisen. Verletzt der Arbeitnehmer diese Pflichten vorsätzlich oder fahrlässig, dann haftet er dem Arbeitgeber dafür. Arbeits- und Tarifvertrag begrenzen die Haftung meistens auf Vorsatz und grobe Fahrlässigkeit; so z.B. auch der BAT.

Aufsichtspflicht

Eine sehr wichtige Pflicht aus dem Arbeitsverhältnis ist die Aufsichtspflicht (siehe Kapitel 7).

Schweigepflicht

Der Arbeitnehmer hat auch eine Schweigepflicht hinsichtlich aller internen Vorgänge und Kenntnisse, z.B. Familienverhältnisse der Kinder, sogar noch nach seinem Ausscheiden aus dem Arbeitsverhältnis. Die Grenzen der Schweigepflicht liegen dort, wo ihm strafbare Handlungen bekannt werden. Strafbare Handlungen des Arbeitgebers darf der Arbeitnehmer aber nur nach sorgfältiger Prüfung anzeigen und nur, wenn ihm oder Arbeitskollegen Schaden droht oder auf andere Weise nicht Abhilfe geschaffen werden kann.

*Besondere
Treuepflicht*

Eine besondere Treuepflicht haben nach Lehre und Rechtsprechung Arbeitnehmer von kirchlich-karitativen Anstellungsträgern. Sie dürfen in ihrem dienstlichen und außerdienstlichen Verhalten nicht den Grundsätzen ihrer Kirche zuwiderhandeln. Sie und ihre Einrichtungen würden sonst gegenüber denen unglaubwürdig, die ihnen z.B. ihre Kinder anvertrauen. Der Träger einer kirchlichen Einrichtung muß nach Meinung der Kirchen darauf bestehen können, daß die für ihn handelnden Personen jene Grundsätze, die sie darstellen und durch ihr Beispiel verkünden sollen, auch selbst beachten.

Beispiel 6

Ein Erzieher ist in einem Heim der evangelischen Kirche tätig. Er tritt aus der Kirche aus. Er verletzt damit seine besondere Treuepflicht (Loyalitätspflicht gegenüber seiner Kirche). Die Erziehungsarbeit im Heim erschöpft sich nicht im sozialpädagogischen Beitrag. Sie gehört zum Wirken der Kirche in der Welt. Durch seine Loslösung von der Kirche kann er die Grundsätze der Kirche nicht mehr glaubwürdig vertreten.

Ähnliches gilt, wenn eine Erzieherin eines katholischen Kindergartens sich scheiden läßt und wieder heiratet oder eine ledige Erzieherin einen geschiedenen Mann heiratet. Sie verstoßen damit gegen den nach der katholischen Glaubenslehre wesentlichen Grundsatz der Unauflöslichkeit der Ehe.

Kündigung

Folge der Pflichtverletzung kann die Kündigung sein.

5. Pflichten des Arbeitgebers

Der Arbeitsvertrag verpflichtet den Arbeitgeber in erster Linie zur Lohnzahlung. Daneben hat er vor allem eine Fürsorgepflicht gegenüber dem Arbeitnehmer.

Lohnzahlungspflicht

Lohnabzüge

Der Arbeitgeber ist nach § 611 BGB verpflichtet, dem Arbeitnehmer den vereinbarten Lohn zu zahlen. Die Höhe des Lohnes ergibt sich häufig aus einem Tarifvertrag. Von dem Bruttolohn muß der Arbeitgeber die Lohn- und Kirchensteuer und die auf den Arbeitnehmer entfallenden Beitragsanteile zur Sozialversicherung einbehalten und abführen.

Der Angestellte behält nach dem Lohnfortzahlungsgesetz, wenn er erkrankt, seinen Lohnanspruch bis zur Dauer von sechs Wochen. *Lohnfortzahlung bei Krankheit*
Auch für die Zeit des arbeitsvertraglich oder tarifvertraglich festgelegten Erholungsurlaubs behält der Arbeitnehmer seinen Lohnanspruch. *Bezahlter Erholungsurlaub*

Fürsorgepflicht

Der Treuepflicht des Arbeitnehmers entspricht die Fürsorgepflicht des Arbeitgebers. Sie umfaßt sehr verschiedenartige Einzelpflichten. So muß der Arbeitgeber für ein erträgliches Betriebsklima sorgen; zerstrittene Arbeitnehmer soll er möglichst nicht an einem Platz – zusammen in einer Gruppe – einsetzen. Er muß dem Arbeitnehmer Einsicht in die Personalakten gewähren. Er hat auch dafür zu sorgen, daß die von den Arbeitnehmern notwendigerweise mitgebrachten Sachen sicher aufbewahrt werden können. Der Arbeitgeber ist nicht nur gegenüber den Sozialversicherungsträgern, sondern auch gegenüber dem Arbeitnehmer verpflichtet, die sozialversicherungsrechtlichen Vorschriften zu beachten, damit die Rechte des Arbeitnehmers aus der Sozialversicherung nicht beeinträchtigt werden. *Einzelpflichten*
Verletzt er vor allem die letzten beiden Pflichten, kann er vom Arbeitnehmer haftbar gemacht werden. *Haftung*

6. Beendigung des Arbeitsverhältnisses

Abgesehen von der Kündigung – dem wichtigsten und häufigsten Fall der Beendigung eines Arbeitsverhältnisses – kann ein Arbeitsverhältnis durch Zeitablauf und Auflösungsvertrag beendet werden.

Zeitablauf

Wenn ein Arbeitsverhältnis für eine bestimmte Zeit eingegangen worden ist, endet es nach Ablauf dieser Zeit, ohne daß es gekündigt werden müßte. Befristete Arbeitsverhältnisse dürfen aber nicht zur Umgehung der Schutzbestimmungen (u. a. Kündigungsschutz) führen.

> Beispiel 7
> Arbeitsverhältnis zur Aushilfe für einen Monat oder bis zur Rückkehr eines erkrankten Arbeitnehmers; Probearbeitsverhältnis, bei dem Befristung vereinbart ist; Berufsausbildungsvertrag.

Auflösungsvertrag

Die Vertragsparteien können jederzeit vertraglich vereinbaren, daß das Arbeitsverhältnis zu einem bestimmten Zeitpunkt endet. Im Arbeitsleben sagt man dazu auch »Auflösung des Arbeitsverhältnisses in beiderseitigem Einvernehmen« oder »durch einverständliche Kündigung«.

Ordentliche Kündigung

Will der Arbeitgeber oder der Arbeitnehmer das Arbeitsverhältnis durch Kündigung (das ist eine einseitige, empfangsbedürftige Erklärung eines Vertragspartners) auflösen, muß er grundsätzlich eine Kündigungsfrist einhalten (§ 622 Abs. 1 S. 2 BGB). Die gesetzliche Kündigungsfrist beträgt 4 Wochen und kann zum 15. oder zum Ende eines Kalendermonats ausgesprochen werden (§ 622 Abs.1 BGB). Die Kündigungsfrist verlängert sich **für den Arbeitgeber**, wenn das Arbeitsverhältnis länger als 2 Jahre dauert. Während der Probezeit von läng- *Kündigungsfrist*

179

	stens 6 Monaten darf mit einer Frist von 2 Wochen gekündigt werden. Tarifvertrag und Arbeitsvertrag können längere Kündigungsfristen vorsehen. Der Kündigungsgrund braucht in der Kündigungserklärung nicht angegeben zu werden.

Angabe von Gründen nicht erforderlich

stens 6 Monaten darf mit einer Frist von 2 Wochen gekündigt werden. Tarifvertrag und Arbeitsvertrag können längere Kündigungsfristen vorsehen. Der Kündigungsgrund braucht in der Kündigungserklärung nicht angegeben zu werden.

Formlos gültig

Die Kündigung ist an keine Form gebunden; sie kann also auch mündlich erklärt werden, wenn der Arbeitsvertrag oder der Tarifvertrag nicht die Schriftform vorsieht. Die Kündigung durch den Arbeitnehmer kann aber zu einer befristeten Sperre des Arbeitslosengeldes führen (§ 119 AFG).

Abmahnung

Der Kündigung muß in der Regel eine *Abmahnung* vorausgehen. Mit ihr ermahnt der Arbeitgeber den Arbeitnehmer deutlich und ernstlich und fordert ihn auf, ein genau bezeichnetes Fehlverhalten zu ändern. Er weist ihn darauf hin, daß im Wiederholungsfall das Arbeitsverhältnis gefährdet ist. Eine Abmahnung ist nur dann entbehrlich, wenn sie keinen Erfolg haben kann (z. B. wegen persönlicher oder fachlicher Ungeeignetheit oder weil das Vertrauen zerstört ist), was vom Arbeitgeber zu beweisen ist.

Kündigungsschutz

Sozial gerechtfertigt

Eine vom Arbeitgeber ausgesprochene Kündigung muß nach dem Kündigungsschutzgesetz sozial gerechtfertigt sein, sonst ist sie unwirksam. Sozial gerechtfertigt ist eine Kündigung gemäß § 1 Abs. 2 KSchG nur dann, wenn sie entweder durch Gründe in der Person oder in dem Verhalten des Arbeitnehmers oder durch dringende betriebliche Erfordernisse bedingt ist.

Beispiel 8
Gründe in der Person des Arbeitnehmers können sein:
mangelnde Leistungsfähigkeit, Unzuverlässigkeit, häufige Erkrankung;
Gründe im Verhalten des Arbeitnehmers:
mangelnde Leistungen, Verletzung der Aufsichtspflicht, Verletzung der Schweigepflicht, Verstoß gegen die besondere Treuepflicht;
dringende betriebliche Erfordernisse:
vor allem Auflösung der Einrichtung, Zusammenlegung von Gruppen. Hier muß der Arbeitgeber bei der Auswahl der Arbeitnehmer, denen gekündigt werden soll, soziale Gesichtspunkte berücksichtigen.

Das Kündigungsschutzgesetz gilt nicht, wenn das Arbeitsverhältnis beim gleichen Anstellungsträger nicht länger als sechs Monate ohne Unterbrechung bestanden hat oder vom Arbeitgeber in der Regel nicht mehr als fünf Arbeitnehmer (ausschließlich der Praktikanten) beschäftigt werden.

Klage zum Arbeitsgericht

Die Sozialwidrigkeit der Kündigung muß der Arbeitnehmer innerhalb einer Frist von drei Wochen mit einer Klage beim Arbeitsgericht geltend machen, sonst wird die Kündigung wirksam.

Außerordentliche Kündigung

Keine Kündigungsfrist

Die außerordentliche Kündigung ist eine Kündigung aus wichtigem Grund. Sie kann von beiden Seiten ohne Einhaltung einer Kündigungsfrist ausgesprochen werden.

§ 626 BGB
(1) Das Dienstverhältnis kann von jedem Vertragsteil aus wichtigem Grund ohne Einhaltung einer Kündigungsfrist gekündigt werden, wenn Tatsachen vorliegen, auf Grund derer dem Kündigenden unter Berücksichtigung aller Umstände des Einzelfalls und unter Abwägung der Interessen beider Vertragsteile die Fortsetzung des Dienstverhältnisses bis zum Ablauf der Kündigungsfrist oder bis zu der vereinbarten Beendigung des Dienstverhältnisses nicht zugemutet werden kann.

(2) Die Kündigung kann nur innerhalb von zwei Wochen erfolgen. Die Frist beginnt mit dem Zeitpunkt, in dem der Kündigungsberechtigte von den für die Kündigung maßgebenden Tatsachen Kenntnis erlangt. Der Kündigende muß dem anderen Teil auf Verlangen den Kündigungsgrund unverzüglich schriftlich mitteilen.

Eine außerordentliche Kündigung kommt in der Regel nur bei gröblicher Verletzung der Pflichten aus dem Arbeitsverhältnis in Frage.
Die Wirksamkeit der außerordentlichen Kündigung können die Vertragsparteien durch das Arbeitsgericht nachprüfen lassen.
Auch vor einer außerordentlichen Kündigung muß in der Regel eine Abmahnung erfolgen.

Gröbliche Pflichtverletzung Nachprüfung durch Arbeitsgericht

Freizeit zur Stellensuche

Nach § 629 BGB muß der Arbeitgeber nach der Kündigung dem Arbeitnehmer, wenn er es verlangt, angemessene Zeit zur Suche einer neuen Arbeitsstelle gewähren. Für diese Zeit steht dem Arbeitnehmer Anspruch auf Lohnzahlung zu.

Lohnzahlungsverpflichtung

Anspruch auf ein Zeugnis

Der Arbeitnehmer hat nach § 630 BGB auch Anspruch auf ein Zeugnis, das Art und Dauer der Beschäftigung – auf Wunsch auch Leistung und Führung des Arbeitnehmers – bescheinigt, und das zwar wohlwollend, dennoch aber wahr sein muß.

Einfaches und qualifiziertes Zeugnis

Die Erzieherin steht als Angestellte meistens in einem Arbeitsverhältnis. Das Arbeitsverhältnis entsteht durch einen Arbeitsvertrag. Die Arbeitsbedingungen (Rechte und Pflichten aus dem Arbeitsverhältnis) können zwischen Arbeitgeber und Arbeitnehmer frei vereinbart werden. Zwingende gesetzliche Regelungen oder ein einschlägiger Tarifvertrag gehen den vertraglichen Vereinbarungen vor. Zur näheren Festlegung der Vertragsverpflichtungen des Arbeitnehmers hat der Arbeitgeber ein Weisungsrecht. Besondere Pflichten des Arbeitnehmers aus dem Arbeitsverhältnis sind die Arbeitspflicht und die Treuepflicht. Der Arbeitgeber hat vor allem Lohnzahlungs- und Fürsorgepflichten. Beendigt werden kann das Arbeitsverhältnis durch Zeitablauf oder durch einen Auflösungsvertrag, in der Regel jedoch durch Kündigung. Dabei müssen die gesetzlichen Kündigungsfristen eingehalten werden. Eine vom Arbeitgeber ausgesprochene Kündigung muß sozial gerechtfertigt sein. Die Wirksamkeit der Kündigung kann vom Arbeitsgericht geprüft werden. Aus wichtigem Grund kann ein Arbeitsverhältnis auch ohne Einhaltung einer Kündigungsfrist von beiden Vertragsparteien gekündigt werden. Der Arbeitnehmer hat Anspruch auf ein Zeugnis.

Zusammenfassung

Quellen und Literatur zum weiteren Studium

1. Vorschriftensammlungen und Kommentare

Eisenberg, U.: Jugendgerichtsgesetz, Kommentar, München (insbes. für Kap. 14)

Frankfurter Kommentar zum Kinder- und Jugendhilfegesetz , Hrsg. Münder, Weinheim (insbes. für Kap. 8–10)

Maunz/Dürig: Kommentar zum Grundgesetz, München (insbes. für Kap. 2, 3 und 10)

Palandt/Bearbeiter: Bürgerliches Gesetzbuch, München (insbes. für Kap. 1, 3–7, 15)

Schmidt/Bleibtreu/Klein: Kommentar zum Grundgesetz, Neuwied (insbes. für Kap. 2, 3 und 10)

Schwarz/Dreher: Strafgesetzbuch, München (insbes. für Kap. 11)

Seipp/Fuchs: Handbuch des gesamten Jugendrechts, Rechts- und Verwaltungsvorschriften, Neuwied (insbes. für Kap. 2–4, 7–10, 12–14)

Seipp/Schnitzerling/Siegfried: Sammlung jugendrechtlicher Entscheidungen, Neuwied (insbes. für Kap. 2–4, 7–10, 12–14)

2. Lehrbücher und Bücher für die Praxis

Baltes/Rogowski: Sozialrecht, Stuttgart (insbes. für Kap. 8–10)

Fieseler, G.: Rechtsgrundlagen sozialer Arbeit, Stuttgart (insbes. für Kap. 1)

Fieseler/Herborth: Recht der Familie und Jugendhilfe, Heidelberg (insbes. für Kap. 2–4, 7–10)

Gastiger, S.: Die Bedeutung des Rechts in der sozialen Arbeit, Freiburg (insbes. für Kap. 1)

Gernert, W., Hrsg.: Freie und öffentliche Jugendhilfe, Stuttgart (insbes. für Kap. 8–10)

Harrer, J.: Jugendhilfe, Neuwied (insbes. für Kap. 8–10)

Hundmeyer, S.: Aufsichtspflicht in Kindertageseinrichtungen. Rechtlich begründete Antworten auf Fragen der Praxis zur Aufsichtspflicht, Haftung und zum Versicherungsschutz, Kronach (insbes. für Kap. 7)

Hundmeyer, S.: Rechtsgeschäfte und Haftung Minderjähriger, Stuttgart (insbes. für Kap. 5–7)

Münder, J.: Beratung, Betreuung, Erziehung und Recht, Münster (insbes. für Kap. 3, 4, 7, 8–10, 11)

Oberloskamp, H.: Kindschaftsrechtliche Fälle für die soziale Praxis, Frechen (insbes. für Kap. 2 und 3)

Oberloskamp/Adams: Jugendhilferechtliche Fälle für Studium und Praxis, Heidelberg (insbes. für Kap. 2, 7–10)

Schleicher, H.: Jugend- und Familienrecht, München (insbes. für Kap. 1–10, 14)

Seipp, P.: Rechts-ABC für den Jugendgruppenleiter, Neuwied (insbes. für Kap. 2–13)

Wagner, H.: Einführung in das Recht für Sozialarbeiter und Sozialpädagogen, Heidelberg (insbes. für Kap. 1, 5 und 6)

3. Zeitschriften

Forum Jugendhilfe, AGJ-Mitteilungen

Jugendschutz heute, Fachzeitschrift für Jugendschutz

Jugendwohl (JugWo), Zeitschrift für Kinder- und Jugendhilfe

KiTa, Kindertageseinrichtungen aktuell, Fachzeitschrift für LeiterInnen der Kindergärten, Horte, Krippen

Recht der Jugend (RdJ)

Unsere Jugend (UJ), Zeitschrift für Jugendhilfe und Wissenschaft

Abkürzungsverzeichnis

Abs.	Absatz
AFG	Arbeitsförderungsgesetz
Art.	Artikel
AVR	Arbeitsvertragsrichtlinien
ArbZG	Arbeitszeitgesetz
BayKiG	Bayerisches Kindergartengesetz
BetrVG	Betriebsverfassungsgesetz
BGB	Bürgerliches Gesetzbuch
BV	Bayerische Verfassung
BVerfG	Bundesverfassungsgericht
DV	Durchführungsverordnung
EheG	Ehegesetz
e.V.	eingetragener Verein
f.	folgender § oder folgende Seite
ff.	mehrere folgende §§ oder Seiten
FGG	Gesetz über die Angelegenheiten der Freiwilligen Gerichtsbarkeit
GG	Grundgesetz der Bundesrepublik Deutschland
GjS	Gesetz über die Verbreitung jugendgefährdender Schriften
h. A.	herrschende Ansicht
h. M.	herrschende Meinung
i. V. m.	in Verbindung mit
KJHG	Kinder- und Jugendhilfegesetz
JArbSchG	Jugendarbeitsschutzgesetz
JGG	Jugendgerichtsgesetz
JSchÖG	Gesetz zum Schutz der Jugend in der Öffentlichkeit
MuSchG	Mutterschutzgesetz
Nr.	Nummer
RelKErzG	Gesetz über die religiöse Kindererziehung
S.	Satz, Seite
s.	siehe
SGB I	Erstes Buch Sozialgesetzbuch
SGB VIII	Achtes Buch Sozialgesetzbuch
SGB X	Zehntes Buch Sozialgesetzbuch
StGB	Strafgesetzbuch
StPO	Strafprozeßordnung
StVZO	Straßenverkehrszulassungsordnung
VO	Rechtsverordnung
Ziff.	Ziffer
ZPO	Zivilprozeßordnung

Stichwortverzeichnis
(Die Ziffern sind Seitenangaben.)

Arbeitsaufgaben

Kapitel 1 bis 15

HINWEISE
zu den Arbeitsaufgaben und Ausarbeitungen für die Leser

Die Arbeitsaufgaben und Ausarbeitungen dienen der Selbstkontrolle des Studierenden. Sie sollen auch dazu anregen, den Stoff von einem anderen Gesichtspunkt her zu durchdenken, um somit eine bessere Verfügbarkeit des Gelernten zu erreichen.

Jeder Rechtsuchende und Rechtanwendende sollte sich vor Augen halten, daß das geschriebene Recht eine Art Werkzeug ist, mit dessen Hilfe man Konfliktfälle oder Interessengegensätze lösen kann. Durch das Recht werden einem aber nicht Entscheidungen abgenommen. Es gibt nur Auskunft über die Zulässigkeit oder Unzulässigkeit von getroffenen Entscheidungen.

Die Fragen und Fälle orientieren sich an diesen Zielen. Sie greifen die wesentlichen Punkte, die zum Verständnis der Einzelinformationen notwendig sind, auf und sollen einen nochmaligen Überblick über den Teil des Rechts geben, der in der erzieherischen Praxis von besonderer Bedeutung ist.

Weiter sollen sie dazu anregen, das bisherige erzieherische Handeln zu reflektieren und das künftige Handeln nach den rechtlichen Erfordernissen auszurichten.

Simon Hundmeyer

Arbeitsaufgaben zum **Kapitel 1**

1. Welche Funktion hat das Recht in unserer Gesellschaft? Ist Recht gleichbedeutend mit Gerechtigkeit?

2. Was haben die Rechts-, Sitten- und Moralordnung gemeinsam und was unterscheidet sie?

3. Wenn die Verwaltung Rechtsnormen erlassen darf, besteht dann nicht die Gefahr, daß das Recht der Gesetzgebungsorgane zum Erlaß von Rechtsnormen ausgehöhlt wird?

4. Was unterscheidet das öffentliche Recht vom privaten Recht? Welche praktische Bedeutung hat diese Unterscheidung?
   Suchen Sie in Ihrer Gesetzessammlung Beispiele für öffentliches und privates Recht.

Arbeitsaufgaben zum **Kapitel 2**

1. Was sagt das Grundgesetz der Bundesrepublik Deutschland zum Elternrecht aus? Wie wird dieses Elternrecht vom Bundesverfassungsgericht interpretiert? Woran haben sich die Eltern bei der Ausübung ihres Elternrechts zu orientieren? Unter welchen grundsätzlichen Voraussetzungen darf der Staat in das Elternrecht eingreifen?

2. Welcher Zusammenhang besteht zwischen der Grundrechtsmündigkeit und den Erziehungszielen? Ist ein 16jähriger Jugendlicher grundrechtsmündig?

Arbeitsaufgaben zum **Kapitel 3**

Welche Rechte und Pflichten umfaßt die Personensorge? Wer sind die Inhaber der Personensorge? Hat der Berufserzieher ebenfalls die Personensorge über die ihm anvertrauten Kinder?

Arbeitsaufgaben zum **Kapitel 4**

1. Ein Vater verbietet seinem 17jährigen Sohn, an einer genehmigten Demonstration teilzunehmen, bei der mehr Kindergärten in einem Stadtviertel gefordert werden.
   Ist dieses Verbot rechtens? Begründen Sie Ihre Antwort.
2. Ist die körperliche Züchtigung durch die Eltern eine strafbare Handlung? Welche Auswirkungen auf die Personensorge können sich aus einer übermäßigen Züchtigung durch die Eltern ergeben? Hat auch der Berufserzieher ein Züchtigungsrecht? Was soll der Berufserzieher tun, wenn ihm übermäßige Züchtigungen bekannt werden?

Arbeitsaufgaben zum **Kapitel 5**

1. Kann ein Minderjähriger gültige Rechtsgeschäfte abschließen?
2. Ein 17jähriger Studierender kündigt sein Zimmer und mietet ein anderes. Müssen seine Eltern davon wissen bzw. braucht er deren Zustimmung?

Arbeitsaufgaben zum **Kapitel 6**

1. Haftet ein Minderjähriger für seine unerlaubten Handlungen?
2. Wann spricht man von Deliktsfähigkeit, wann von Strafmündigkeit?

Arbeitsaufgaben zum **Kapitel 7**

1. Was muß ein Aufsichtspflichtiger tun, um seiner Aufsichtspflicht zu genügen?
2. Der neunjährige J. hält sich seit drei Wochen in einer heilpädagogischen Einrichtung der Stadt D. zur Beobachtung auf. Er hat bei einem Verkehrsunfall eine Hirnschädigung erlitten.
   In der Beobachtungszeit äußert er mehrfach Selbstmordabsichten. Während des Tages lebt er in einer Gruppe mit weiteren 16 Buben und Mädchen ungefähr gleichen Alters. Für die Gruppe sind die 26jährige Heilpädagogin H. und der 21jährige Student S., der in dieser Einrichtung seinen Zivildienst ableistet, verantwortlich.
   Während H. einen Buben zum Beobachtungsarzt begleitet und S. gerade einen Streit auf dem Flur des 1. Stocks schlichtet, öffnet J. das Fenster des im 1. Stock gelegenen Gruppenraumes, springt hinaus und verletzt sich dabei schwer.
   Haben S. und H. die Aufsichtspflicht verletzt?

Arbeitsaufgaben zum **Kapitel 8**

1. Welches sind die Ziele der Jugendhilfe?

2. Wer nimmt die Aufgaben der Jugendhilfe wahr?

3. Das Jugendamt besitzt eine dualistische Verfassung – was heißt das?

4. In der Stadt W., Landkreis M., haben sich Gewerbebetriebe angesiedelt, die vorwiegend angelernte Frauen beschäftigen. In diesen Betrieben sind Arbeitsplätze unbesetzt, während eine größere Zahl von meist geschiedenen oder alleinerziehenden Frauen von der Sozialhilfe lebt, gern aber in solchen Betrieben ganztags oder halbtags arbeiten würde, wenn sie ihre Kinder während der Arbeitszeit untergebracht wüßte. Es gibt aber weder eine Kinderkrippe noch einen Hort in W. Die beiden katholischen Kindergärten sind überfüllt. Weitere Gruppen wollen sie nicht einrichten.
Diese Situation war Thema einer Veranstaltung des »Frauentreffs« der Stadt W. Dabei stellten sich folgende Fragen:
1. Wessen Aufgabe ist es, verbindlich festzustellen, ob eine Krippe und/oder ein Hort in W. notwendig sind?
2. Ist die Stadt W. verpflichtet, diese Kindertageseinrichtungen zu errichten?
3. Können die katholischen Kindergärten verpflichtet werden, weitere Gruppen einzurichten?
4. Welche Wege sind einzuschlagen, um zu neuen bzw. weiteren Kindertageseinrichtungen zu kommen?
5. Kann auch der Träger der »Frauentreffs« (ein eingetragener Verein) eine Kindertageseinrichtung errichten und betreiben?

Arbeitsaufgaben zum **Kapitel 9**

1. Welche rechtlichen Voraussetzungen müssen für eine behördliche Heimunterbringung erfüllt sein?

2. Welches sind die Voraussetzungen für die Hilfe zur Erziehung?

3. Die Polizei greift die 16jährige J. um Mitternacht in München-Schwabing auf und macht dem zuständigen Jugendamt in München davon Mitteilung. Eine Sozialarbeiterin des Jugendamtes besucht daraufhin die Mutter M. der J. und erfährt u.a. folgendes:
J. treibe sich öfter mit Halbwüchsigen herum. Wenn sie spät nachts nach Hause komme, stünde sie am nächsten Morgen nicht auf und lasse sich von ihrer Mutter beim Ausbildenden wegen Unpäßlichkeit entschuldigen. Bei ihrem Ehemann E., dem Stiefvater von J., finde J. dafür immer Verständnis. Sie (M.) wisse, daß J. zu E. Beziehungen unterhalte, »die über das Erlaubte hinausgingen«. Sie hätte beide schon einige Male überrascht. Um E. nicht zu verlieren, hätte sie bisher geschwiegen.
Sie habe auch schon daran gedacht, J. bei der Schwester unterzubringen. E. und J. seien aber damit nicht einverstanden gewesen.
An welche Hilfen ist hier aus sozialpädagogischer Sicht zu denken? Sind die gesetzlichen Voraussetzungen dafür erfüllt?

Arbeitsaufgaben zum **Kapitel 10**

1. Hat der Gruppenleiter eines Erziehungsheimes über einen Jugendlichen, der sich im Rahmen der Hilfe zur Erziehung in seiner Gruppe befindet, die elterliche Sorge?

2. Der 15jährige S. befindet sich in einem Erziehungsheim. Nachdem er bei einem Ausgang in das nahe gelegene Dorf in eine Rauferei verwickelt und deshalb mit der Polizei in Berührung gekommen war, sprachen seine Eltern beim Leiter des Erziehungsheimes vor und äußerten u.a. folgendes: Das Heim sollte S. den Ausgang streichen, damit er nicht mehr in Versuchung käme, sich mit anderen herumzuschlagen. Es würde S. auch nicht schaden, wenn er manchmal »ein paar hinter seine Löffel bekäme«. Vielleicht wäre er dann weniger aufsässig. Zur Berufsausbildung ihres Sohnes meinten sie, die von S. gewünschte Ausbildung zum Gärtnergehilfen entspränge einer vorübergehenden Schwärmerei, die sicher nicht lange anhielte. Sie wünschten daher, daß ihr Sohn eine Schlosserlehre beginne.
Muß das Heim den Wünschen der Eltern von S. entsprechen?

3. Was ist das Ziel des Sozialdatenschutzes, woraus leitet er sich ab?
Wo ist der Sozialdatenschutz gesetzlich geregelt?
Welche Fragen darf ein gemeindlicher Kindergarten bei der Aufnahme eines Kindes stellen, nach welchen Prinzipien?
Darf die Leiterin eines Kindergartens dem Jugendamt im Rahmen eines Sorgerechtsverfahrens Auskünfte über Kinder geben?

Arbeitsaufgaben zum **Kapitel 11**

1. Der Gesetzgeber hält für die Entwicklung des Jugendlichen bestimmte Bereiche für besonders schutzwürdig; er stellt diese Bereiche unter strafrechtlichen Schutz.
Welche Bereiche sind dies?

2. Im Zusammenhang mit welchen strafrechtlichen Regelungen wird von einem »Erziehungsprivileg« gesprochen? Wen »privilegiert« das Gesetz? Geben Sie eine kurze Begründung für Ihre Aussagen.

Arbeitsaufgaben zum **Kapitel 12**

1. Worin liegt der Schutz der Jugendlichen beim Gesetz zum Schutze der Jugend in der Öffentlichkeit (JSchÖG) und beim Gesetz über die Verbreitung jugendgefährdender Schriften (GjS)?

2. Eine Gruppe der kath. Jugend der Pfarrei X (20 Jugendliche zwischen 14 und 17 Jahren) feierte mit ihrer Gruppenleiterin im Pfarrjugendheim eine Faschingsparty mit Tanz. Die Party begann um 19.00 Uhr und endete um 24.00 Uhr. Die letzten Jugendlichen verließen um 0.30 Uhr das Haus.
Die Jugendlichen hatten vor der Veranstaltung innerhalb der Gruppe für die Party gesammelt. Mit diesem Geld kaufte ein Gruppenmitglied, ein 15jähriges Mädchen, Getränke (auch Spirituosen), Würstchen und Dekorationsartikel in einem Supermarkt. Am Konsum der Getränke und Würstchen beteiligten sich alle; geraucht wurde ebenfalls.
Einige Tage darauf beschwerten sich eine Mutter und ein Vater von verschiedenen Partyteilnehmern, daß ihre Kinder (14 und 16 Jahre alt) erst gegen 1.00 Uhr allein nach Hause gekommen und offensichtlich nicht mehr ganz nüchtern gewesen seien. Sie meinten, die Gruppenleiterin hätte die Jugendschutzgesetze verletzt.
Was halten Sie von diesen Vorwürfen?

Arbeitsaufgaben zum **Kapitel 13**

Wodurch versucht das Jugendarbeitsschutzgesetz (JArbSchG) zu erreichen, daß der Jugendliche als Arbeitnehmer vor Schädigungen weitgehend bewahrt bleibt?

Arbeitsaufgaben zum **Kapitel 14**

1. Wann ist ein Jugendlicher für seine Straftat verantwortlich?

2. Welches Amt leistet Jugendgerichtshilfe und welche Funktion haben die Vertreter der Jugendgerichtshilfe?
   Kann das Amt die Aufgabe delegieren?
   Kann das Amt zur Mitarbeit am Jugendgerichtshilfebericht auch Erzieher heranziehen, die den jugendlichen Delinquenten kennen?
   Wo liegen die Grenzen einer eventuellen Mitarbeitspflicht?

Arbeitsaufgaben zum **Kapitel 15**

1. Ist der Praktikant in einer sozialpädagogischen Einrichtung Arbeitnehmer?

2. Wie entsteht ein Arbeitsverhältnis und welche Bedeutung hat ein einschlägiger Tarifvertrag für das Arbeitsverhältnis?

3. Der Arbeitgeber hat ein Weisungsrecht, was heißt das?

4. Was versteht man unter Treue- und Fürsorgepflicht bei einem Arbeitsverhältnis?

5. Wie kann ein Arbeitsverhältnis wirksam gekündigt werden?

Kinder- und Jugendpsychologie für Erziehungs- und Sozialberufe

Verf.: Kurt Müller

Dieser Band vermittelt Informationen über menschliches Verhalten und gibt Orientierungshilfen für den Umgang mit Jugendlichen und Kindern.

Aus dem Inhalt: Probleme und Begriffe der Entwicklungspsychologie; Vorgeburtliche Einflüsse und Geburt; Das neugeborene Kind und der Beginn des bewußten Erlebens; Körperliche und psychische Geschlechtsunterschiede; Identifikation und Imitation; Die geistige Entwicklung des Kindes in der Lehre Jean Piagets; Probleme der Geschlechtsreife; Sozialauffälliges Verhalten von Kindern und Jugendlichen; Homosexualität; Formen der Abhängigkeit.

8. überarbeitete Auflage 1992
256 S., kart.
Best.-Nr. 25234   DM 29,80

Soziologie für Erziehungs- und Sozialberufe

Hrsg.: Gudrun Cyprian, Hans-Peter Frey, Friedrich Heckmann

In diesem Band werden soziale Strukturen und Prozesse der Gesellschaft der Bundesrepublik Deutschland mit Berücksichtigung der neuen Bundesländer untersucht. Die Stoffauswahl ist praxisbezogen, d. h. bei Themen wie Industriegesellschaft, Familie, Schule, Partnerwahl, Beruf, ethnische Minderheiten, Kriminalität und Drogenproblemen wird immer wieder von der Frage ausgegangen, welche soziologischen Tatbestände den Erzieher unmittelbar angehen und welche sozialen Konflikte er selbst lösen muß. Die Berufsanalysen, Heimerziehung und Kindergarten runden diesen Überblick ab.

10. überarbeitete
Auflage 1996
226 S., Abb., kart.
Best.-Nr. 25145   DM 26,80

TR-Verlagsunion
80059 München